OStR Roland Hacker
OStR Dr. Alois Müller
OStR Robert Steigner

Verlag VOLL

VWL LK + GK

Bitte beachten Sie !!!

Lehrplankürzungen im Lehrplan G 9-Abitur 2011

Folgende Lernziele/Lerninhalte müssen nicht behandelt werden und sind für die Lösung der Aufgaben im G 9-Abitur 2011 nicht erforderlich:

Grundkurs

Jahrgangsstufe 13:

- Strukturpolitische Ansätze zur Erhaltung der Umwelt

Leistungskurs

Jahrgangsstufe 13:

- V 6: Vermögenspolitik

Verlag VOLL

An der Goldgrube 9, 97253 Gaukönigshofen
Telefon: 09337 996898 und 09721 4762150, Telefax 09337 996869
e-mail: michael-voll-verlag@t-online.de und voll-verlag@net-san.com
internet: www.voll-verlag.de

Konzeption, Gestaltung und Bearbeitung des Vorbereitungsheftes:
OStR Roland Hacker, Schiller-Gymnasium Hof, Universität Bayreuth,
OStR Dr. Alois Müller, Gymnasium Pegnitz,
OStR Robert Steigner, Schiller-Gymnasium Hof

Abbildung auf der Seite 17 aus: Zahlenbilder, Erich Schmidt Verlag
Abbildung auf der Seite 81 aus: globus Infografik GmbH

Druck und Verarbeitung: Böhler Verlag GmbH, 97084 Würzburg
Gedruckt auf chlorfreiem, gebleichtem Papier

ISBN 978-3-933624-11-6

Vorwort

Hallo !

Ihr alle am Grundkurs und/oder Leistungskurs Wirtschaft/Recht interessierten Schüler/innen und Lehrer/innen!

Mit der Entscheidung für den Grundkurs oder Leistungskurs Wirtschaft/Recht habt Ihr, liebe Schüler/innen, sicher eine gute Wahl getroffen. Um Euch den Einstieg in dieses interessante Fach sowie die Vorbereitung auf Schulaufgaben bzw. auf die Abiturprüfung zu erleichtern, haben wir, das Autorenteam, **den gesamten abiturrelevanten Stoff für beide Kurse** aufbereitet. Den wertgeschätzten Kolleginnen und Kollegen möge dieses Heft als willkommene Handreichung dienen.

Unser Konzept ist ausgerichtet auf

- eine komprimierte Darstellung der Lerninhalte im Repetitoriumsstil,
- unterrichtsbegleitend und im Selbststudium einsetzbar,
- in prägnanter und aktueller Form,
- aus langjähriger Unterrichtserfahrung
- unter sorgfältiger und vollständiger Beachtung der Fachlehrpläne in der geforderten Reihenfolge.

Da sich die Autoren am Lehrplan des Leistungskurses orientieren, werden darüber hinaus die **nur für den Grundkurs relevanten Bereiche,** die selbstverständlich auch für den Leistungskurs gelten, durch ein ▒ an den entsprechenden Stellen im Inhaltsverzeichnis gekennzeichnet.

Zur gezielten Prüfungsvorbereitung befinden sich im Anhang Abituraufgaben mit Lösungen. Die Aufgaben sowie die Lerninhalte sind in der hier vorliegenden 11. Auflage auf den Stand Juli 2009 aktualisiert und teilweise neubearbeitet.

Bitte beachten Sie die Lehrplankürzungen im Lehrplan G 9-Abitur 2011 (eine Seite vorblättern).

Viel Erfolg und Spaß bei der Kursarbeit wünscht

das Autorenteam

Inhaltsverzeichnis

1 Merkmale und Ziele der sozialen Marktwirtschaft

1.1 Menschenbild und Soziale Marktwirtschaft

1.1.1 Begriffe

- **Menschenbild:**
  Abhängig vom christlich-ethischen, geistig-sittlichen Wertesystem, Wertewandel, Werteverhältnis und Wertevorstellungen in einer Gesellschaft; der Mensch als (selbstständig oder erzwungen) handelndes Wirtschaftssubjekt mit unterstellter Wirtschaftsgesinnung. ⟨s. Begriff „Wirtschaftssysteme"⟩.

- **Markt:**
  Zusammentreffen von Angebot und Nachfrage (= Marktmodell) von/nach einem bestimmten Gut mit funktionierendem Marktmechanismus - insbesondere der Preisbildung - und vollständigen Marktfunktionen.

- **Marktwirtschaft: = Verkehrswirtschaft:**
  Freizügige Wirtschaftsordnung; Steuerung durch einen funktionierenden Markt ⟨s. Begriff „Markt"⟩, insbesondere Steuerung des Einsatzes der Produktionsfaktoren sowie der Verteilung des Sozialprodukts.
  Idealtyp = Modell der Freien Marktwirtschaft = „laissez-faire" - Wirtschaft der Alt-Liberalen.

- **Marktmechanismus = Preismechanismus:**
  Der (idealtypisch: polypolistische) Preisbildungsprozess. Autonome Planbildung und Entscheidungen der Wirtschaftssubjekte führen zu einem Anpassungsprozess von Angebot und Nachfrage mit der Ausbildung eines Gleichgewichtspreises bei einer Gleichgewichts-(güter-)menge. Daraus leiten sich Preisfunktionen ab, u. a. die Signalfunktion ⟨s. Begriff „Markt"⟩.

- **„sozial":**
  ⟨lat.: gesellschaftlich⟩ Staatliche/gesellschaftliche/öffentliche Sicherung der Existenz wirtschaftlich Schwacher. „Schwach" im Vergleich zum durchschnittlichen Lebenshaltungsstandard in einer bestimmten Volkswirtschaft, mit einer entsprechenden Mindesthöhe der Lebenshaltungskosten („Existenzminimum").

- **Soziale Marktwirtschaft:**
  Grundsätzlich marktwirtschaftliche Wirtschaftsordnung mit insbesondere ordnungspolitischer Einflussnahme des Staates, d. h. freie Marktwirtschaft innerhalb staatlich gesetzter Rahmenbedingungen mit der Sicherheit eines Mindest-Sozialausgleichs für die Marktteilnehmer (natürliche Personen als Wirtschaftssubjekte) ⟨s. Begriff „Sozialprinzip"⟩.

- **Sozialprinzip:**
  Marktwirtschaft ist systemimmanent sozial ⟨s. Begriff⟩: größtmögliche Leistungsfähigkeit durch ständige Erhöhung der Produktivität, angetrieben durch den Wettbewerb in einer arbeitsteiligen Volkswirtschaft, bringt bestmögliche Versorgung, soziale

Gerechtigkeit durch leistungsgerechte Einkommensverteilung und soziale Sicherung. Auftretende soziale Verteilungsprobleme und Verzerrungen (siehe Monopolisierungstendenzen, soziale verteilungspolitische Missstände, z. B. durch Lohndumping - also Missbrauch der kapitalistischen Marktmacht auf einem freien Arbeitsmarkt ohne tariflichen Mindestlohn) kann der Markt nicht lösen, daher ist es Aufgabe des Staates, ein System der sozialen Sicherung im Rahmen einer Sozialordnung neben die Marktordnung zu stellen, d. h. einen Sozialausgleich zu schaffen.

- **Wirtschaft:**
  Abstimmung und Anpassung aller planvollen Tätigkeiten des Menschen (= wirtschaftliche Vorgänge und Pläne zur Beantwortung der Grundfragen der Wirtschaft) im Rahmen einer bestimmten (i. d. R. arbeitsteiligen) Wirtschaftsordnung ⟨s. Begriff⟩, zur Sicherstellung der Versorgung und der individuellen oder kollektiven Nutzenmaximierung (= Lenkungsfunktion der Wirtschaft).

- **Wirtschaftsordnung:**
  Rechtliche, gesellschaftliche und wirtschaftspolitische Rahmenbedingungen für die Funktionsweise einer Volkswirtschaft; z. B. Marktwirtschaft ⟨s. Begriff⟩, Zentralverwaltungswirtschaft. Die den volkswirtschaftlichen Aufbau regelnden rechtlichen Normen = <u>Wirtschaftsverfassung.</u>

- **Wirtschaftssystem:**
  Eine durch historisch bedingte, philosophisch-ideologisch geprägte Wertevorstellung als wirtschaftsethische Gesinnung und wirtschaftliche Handlungsrichtlinie der Wirtschaftssubjekte in einer bestimmten Volkswirtschaft; z. B. Kapitalismus, Sozialismus. In ihrer Grundüberzeugung i. d. R. jeweils vereinbar mit bestimmten Wirtschaftsordnungen: z. B. Kapitalismus - Marktwirtschaft; Sozialismus – Zentralverwaltungswirtschaft⟨s. Begriffe „Menschenbild", „Wirtschaftsordnung"⟩.

- **Grundfragen der Wirtschaft:**
  Fragen zum Problem der Allokation der Ressourcen: Was, wie viel, wie, wer für wen - wird produziert bzw. konsumiert. Antworten erfolgen entweder zentral oder dezentral ⟨s. Begriffe „Wirtschaftsordnung", „Marktmechanismus"⟩.

1.1.2 Individual- und Sozialprinzip

1.1.2.1 Komponenten des Menschenbildes

- Das **Individualprinzip** und
- das **Sozial** (staats) **prinzip.**

Gemäß dieser Prinzipien wird der Mensch sowohl als

- ein in **Eigenverantwortung** freiheitlich wirtschaftendes **Individuum**, als auch als
- ein **soziales**, sich solidarisch unterordnendes, gesellschaftliches (= kollektives und personales) **Wesen** gesehen.

1.1.2.2 Kennzeichen des klassisch-liberalen Individualprinzips sowie des kollektiven Sozial (staats) prinzips

a) **Das Individualprinzip**

- *Leistungs(wettbewerbs)prinzip:* garantiert individuelle Verteilungsgerechtigkeit nach Leistung des einzelnen = automatische soziale Kontrolle, gleichzeitig Förderung des Gemeinwohls.

- *Grundsatz des Individualismus:* Eigennutz = Gemeinnutz (vgl. Adam Smith, Ludwig Erhard).

- *Prinzip der Eigenvorsorge:* Jeder ist für sich selbst bzw. für seine abhängigen Familienmitglieder verantwortlich.

- *Staat = Nachtwächterstaat:* Vorstellung des *Klassischen Liberalismus,* wonach dem Staat überwiegend nur eine Schutzfunktion nach innen und außen zukommt. Wirtschaftliche Abläufe regulieren sich selbst durch das freie Spiel der Marktkräfte *(= „laissez-faire-Politik“* des Staates). Vertreter: u. a. Adam Smith + 1790, David Ricardo + 1823, Jean Baptist Say + 1832. Eine Abwandlung des Klassischen Liberalismus: *Neoliberalismus* der „Freiberger Schule“ (Vertreter: u. a. Walter Eucken, Franz Böhm) mit seiner Spielart des *Ordoliberalismus* (Vertreter: u. a. Wilhelm Röpke) Mitte des 20. Jahrhunderts, wonach der Staat *Rahmenbedingungen* setzen muss. Verfolgtes Hauptziel: Existenzielle Absicherung sozial Schwacher in Notfällen unter Absicherung der freien Entfaltung der Marktkräfte (s. Grundidee der Sozialen Marktwirtschaft).

- *Funktionierender Marktmechanismus.*
  Das Individualprinzip wird als Schwerpunkt der Sozialen Marktwirtschaft gesehen

b) **Das Sozial (staats) prinzip**

- *Bedarfsprinzip:* garantiert *Versorgungsgerechtigkeit* unabhängig von der Leistung des einzelnen.

- *Grundsatz des sozialen Kollektivismus:* Gemeinnutz vor Eigennutz; d. h. Umverteilungsprinzip im staatlichen Handeln und Opferbereitschaft des einzelnen.

- *Sozialordnungs(prinzip):* Solidaritäts-, Subsidiaritäts- und Selbstverwaltungsprinzip der Sozialversicherungsträger (SVTr). *Soziale Absicherung* des einzelnen im Rahmen des Vorsorge-, Fürsorge- und Versicherungsprinzips mit *sozialem Ausgleich.*

- *Staat = soziales, kollektives Gemeinwesen;* Beantwortung der *„Sozialen Frage“,* aufgeworfen durch die kapitalistische Industrielle Revolution des 19. Jahrhunderts (s. Sozialgesetzgebung des Otto v. Bismarck 1883) sowie Beantwortung der *„Neuen Sozialen Frage“* bzw. *„Der Frage der Neuen Armut“* im ausgehenden 20. Jahrhundert, u. a. aufgrund technischer Revolutionen (vgl. strukturelle Arbeitslosigkeit). Eine Extremform der Beantwortung der „Sozialen Frage“: *Die Marxistischen Vorstellungen* über den Zusammenbruch der kapitalistischen Gesellschaftsordnung und den Neuaufbau einer kommunistisch-sozialistischen Weltordnung. Der revolutionäre Umbruch ist gekennzeichnet durch die Diktatur des Proletariats. Grund:

Von Ausbeutung und steigendem allgemeinen Pauperismus (= Massenverarmung) einer zunehmenden industriellen Reservearmee (= Arbeitslose) gekennzeichnete soziallose (unsoziale) Verhältnisse des Frühkapitalismus, insbesondere in England des 18. Jahrhunderts.

- *Staatliches Umverteilungsprinzip* (s. dazu auch „Aufbau Ost").

Die o. a. Punkte sind z. T. **dirigistische Lenkungs**-, Korrektur- und Stabilisierungs**elemente** der Sozialen Marktwirtschaft in der Bundesrepublik Deutschland.

Individual- und Sozial (staats) prinzip sind zusammen die Grundlage einer *sozial verträglichen Marktwirtschaft* gemäß dem Grundsatz:

So viel Freiheit wie möglich –
so viel Staat wie nötig

Ziel ist die *soziale Ausgewogenheit (Symmetrie),* die *sozialen Frieden* garantieren soll. Die *„Väter" der Sozialen Marktwirtschaft,* Alfred Müller-Armack (+ 1978) und Ludwig Erhard (+ 1977) als erster Bundeswirtschaftsminister, hatten die, auf eine Formel gebrachte Grundüberzeugung:

Freie wirtschaftliche und persönliche Entfaltung
+ Privateigentum
+ „die unsichtbare Hand" des Wettbewerbs zur Förderung des Gemeinwohls
+ staatliche Rahmenbedingungen und Eingriffsinstrumente
+ Arbeitsteilung
+ soziale Absicherung und sozialer Ausgleich
+ private Vorsorge

= Wohlstandsmehrung aller Bürger
= **Soziale Marktwirtschaft**

1.2 Konstitutive Merkmale

1.2.1 Freie Marktwirtschaft und Planwirtschaft - Abgrenzung

Kriterium	**Planwirtschaft** Zentralverwaltungswirtschaft Befehlswirtschaft Kommandowirtschaft	**Freie Marktwirtschaft** Verkehrswirtschaft Wettbewerbswirtschaft Vertragswirtschaft
Wirtschaftssystem	Sozialismus / Kommunismus	Kapitalismus
Grundprinzip	Kollektivprinzip	Individualprinzip
Planträger	Planbehörde = staatliche zentrale Stelle	einzelnes Wirtschaftssubjekt
Staatseinfluss	Unterordnung unter staatliche Ordnung (total); Lenkung	kein unmittelbarer Einfluss des Staates; evtl. marktkonforme Steuerung
Koordination	Befehl, Plan; Dirigismus	Markt- und Preismechanismus, Vertragsfreiheit
Regulator	Plan (Bedarfsermittlung)	Preis (zeigt Versorgungslücken)
Eigentum an den Produktionsmitteln	Gemeineigentum (Staatseigentum)	Privateigentum
Unternehmens- bzw. Betriebsziel	Planerfüllung	Gewinnmaximierung, Rentabilitätsmaximierung
Investitionsentscheidung	direkte Investitionslenkung gemäß Plan	Einzelentscheidung der Unternehmen
Produktionssteuerung	Plansoll-Erfüllung	Markterfordernisse (zentrale Rolle des Konsumenten)
Lohnpolitik	staatlich bestimmt; keine großen Unterschiede	tarifäre freie Bestimmung durch Sozialpartner; leistungsbezogen gemäß Marktstellung
Verbrauchsbestimmung	Plan und Angebotslenkung	Konsumentensouveränität
Beantwortung der Grundfragen der Wirtschaft	zentral / kollektiv	dezentral / freiheitlich
Handlungsprinzip	Organprinzip (Prinzip der planabhängigen Leistungserstellung)	Autonomieprinzip (Selbstbestimmung)

Kapitalaufbringung	Staatskapitalismus (Staatsmonopol), Gewinnabschöpfung	Verantwortungsbereich des Unternehmens: Privatwirtschaftlich
Verteilung des Sozialproduktes (des Volkseinkommens)	zentral gesteuert gemäß Gleichheitsgrundsatz	Leistungsprinzip (gemäß. Preisbildung auf Faktormärkten), nach Produktivitätsfortschritt
Außenwirtschaft	Außenhandelsmonopol	Wirtschaftssubjekte entscheiden autonom über Import und Export = Freihandel

1.2.2 Grundprinzipien der Sozialen Marktwirtschaft - ergänzend zu den systemimmanenten konstitutiven Merkmalen der Freien Marktwirtschaft

Kriterien / Prinzipien	Begriff / Wesen
Wettbewerbsprinzip	Marktwirtschaftlicher Wettbewerb (= Konkurrenz), sichergestellt durch ordnungspolitische Rahmenbedingungen (z. B. GG, GWB - s. u. Aufgaben bzw. Funktionen des Staates....)
Konjunkturpolitisches Prinzip	Verfolgung stabilitätspolitischer Ziele unter Beachtung des „Gesamtwirtschaftlichen Gleichgewichts“ im Staatshaushalt, z. B. im Rahmen der Globalsteuerung (u. a. Stabilitätsgesetz - StabG - vgl. Kap. 1.3)
Prinzip der Marktkonformität	Beeinflussung des Marktes und Erhaltung seiner Funktionsfähigkeit bei staatlichen wirtschaftspolitischen Maßnahmen und Eingriffen
Sozial (staats) prinzip	Soziale Gerechtigkeit bei leistungsgerechter Einkommensverteilung (vgl. „Begriffe“)

Kriterien / Prinzipien	Ziel
Wettbewerbsprinzip	Sicherung von: individuellen Freiheiten; wirtschaftlichem und technischem Fortschritt
Konjunkturpolitisches Prinzip	Sicherung der Funktionsfähigkeit der Marktwirtschaft; Abschwächung von Konjunkturschwankungen
Prinzip der Marktkonformität	Erhaltung des Marktmechanismus; Vermeidung von Dirigismus; Bevorzugung eines Anreiz-Sanktions-Systems (Ausnahme bei öffentlichem Interesse, z. B. Zwangsmaßnahmen im Umweltschutz mit Betriebserlaubnis bzw. -stilllegung, Produktionsverbot)

Sozial (staats) prinzip	Staatliche soziale Grundsicherung als Mittel zur Möglichkeit der Selbsthilfe i. S. d. Subsidiaritätsprinzips (Nachrangigkeit staatlicher Hilfe, Vorrangigkeit privater Eigenverantwortlichkeit zur Existenzsicherung); sozialer Fortschritt

Kriterien / Prinzipien	**Aufgabe bzw. Funktion des Staates oder sonstiger wirtschaftspolitischer Institutionen**
Wettbewerbsprinzip	Politische und gesetzliche Verhinderung von Wettbewerbsbeschränkungen aufgrund von Konzentrationsvorgängen (u. a. Gesetz gegen Wettbewerbsbeschränkungen = GWB = „Kartellgesetz“)
Konjunkturpolitisches Prinzip	Sicherstellung einer funktionierenden Wettbewerbspolitik und Geldpolitik; haushaltspolitische Maßnahmen des Staates und geldpolitische Kontrolle, evtl. Gegensteuerung durch die Europäische Zentralbank
Prinzip der Marktkonformität	Staatliche Marktsteuerung (= indirekte marktkonforme Maßnahmen); Marktlenkung (= direkte dirigistische Eingriffe) nur bei Gefährdung bzw. Sicherstellung der öffentlichen Ordnung oder Sicherheit
Sozial (staats) prinzip	Sicherstellung der Sozialordnung durch Erhaltung des sozialen „Nachkriegskonsenses“ zwischen Politik, Gewerkschaften, Unternehmen zur Erhaltung des sozialen Friedens (wird derzeit als „arbeitsplatzfeindlich“ angegriffen)

1.2.3 Ordnungspolitische Elemente der Sozialen Marktwirtschaft gemäß Grundgesetz (GG; Grundrechtsbestimmungen)

Wettbewerbsordnung		
Allgemeine Ziele	*Bestimmungen*	*GG - Artikel*
▪ Sicherung des Wettbewerbs und Erhaltung der Marktfunktion durch Setzung von Rahmenbedingungen (= „Spielregeln“) ▪ Ermöglichung einer effektiven Wachstums- und Strukturpolitik ▪ Sicherung der Leistungsfähigkeit der Wirtschaft ▪ Sicherung der Privatinitiative	**Freiheitsgrundsatz**: dezentrale Steuerung; Vertrags-, Gewerbe-, Konsumfreiheit **Koalitionsfreiheit**: garantiert u. a. Tarifautonomie, (abgeleitet) freie Preisbildung für Löhne und Güter im freien Wettbewerb **Recht auf Freizügigkeit**: freie Berufswahl, freie Wahl des Ausbildungsplatzes und der Ausbildungsstätte. Daraus ergibt sich die Forderung an den Staat, das Ziel „Vollbeschäftigung“ zu verfolgen, um die Freizügigkeit garantieren zu können.	Art. 2 Art. 9 Art. 11 Art. 12

Eigentumsordung		
Allgemeine Ziele	*Bestimmungen*	*GG - Artikel*
Grundsätzlicher Schutz des Privateigentums als Voraussetzung eines funktionierenden Wettbewerbs auf Anbieter- und Nachfragerseite	▪ Schutz des Privateigentums durch garantierte Verfügungsgewalt ▪ Soziale Bindung des Eigentums und Enteignungsmöglichkeit (= Überführung von Privateigentum in Gemeineigentum / Kollektiveigentum / vergesellschaftetes Eigentum) bei kollektivem Interesse, wenn ein dringendes gesellschaftliches Bedürfnis befriedigt werden muss.	Art. 14 Art. 14 Art. 15

Sozialordnung		
Allgemeine Ziele	*Bestimmungen*	*GG - Artikel*
Gleichbehandlung z. B. ▪ gleicher Lohn für gleiche Arbeit ▪ gleiche Bildungs- und Berufschancen ▪ gerechte Einkommens- und Vermögensverteilung; dabei: sozialer Ausgleich im Spannungsverhältnis zu Art. 2 und Art. 9 GG.	Gleichheitsgrundsatz und Sozial (staats) prinzip	Art. 3 Art. 20

Geld- und Währungsordnung		
Allgemeine Ziele	*Bestimmungen*	*GG - Artikel*
Stabile Währung und im Umfang angemessene Geldversorgung als Voraussetzung für funktionierenden Marktmechanismus.	Zielgewährleistung durch autonome Zentralbank.	Art. 88

Tarifautonomie		
Allgemeine Ziele	*Bestimmungen*	*GG - Artikel*
Fairer Interessenausgleich zwischen den Tarifvertragsparteien (= Tarifpartner, Sozialpartner)	Autonome Verhandlungen der Sozialpartner ohne Einmischung des Staates; dagegen steht nicht eine „Konzertierte Aktion“ bzw. ein „Bündnis für Arbeit“.	Art. 9

1.3. Wirtschaftliche, soziale und ökologische Ziele der Sozialen Marktwirtschaft

1.3.1 Das „Gesetz zur Förderung der Stabilität und des Wachstums der Wirtschaft“ (Stabilitätsgesetz = StabG) vom 8. Juni 1967

Wirtschaftliches Handeln ist als Teilbereich der sozialen Umwelt zu betrachten. Damit sind die wirtschaftspolitischen Ziele aus den Zielen der Gesellschaft abzuleiten, wenn auch die **Leitlinien des Gemeinwohls, wie auch die Grund- oder Endziele Freiheit, Frieden, Gerechtigkeit, Sicherheit und Wohlstand**, schwer zu quantifizieren sind und keine Aussagen über zu ergreifende Maßnahmen in der Wirtschaft erlauben. Aus ihnen müssen erst ökonomische Zielsetzungen bzw. Zielvorstellungen abgeleitet werden, mit wirtschaftspolitischer Zielpriorität entsprechend der allgemeinpolitischen Grundüberzeugung (s. Liberale, Konservative, Sozialisten).

Ein entscheidender Ansatz zur Festlegung ökonomischer bzw. wirtschaftspolitischer Zielvorstellungen findet sich in **Art. 109 I GG**, nämlich die Leitidee vom **„Gesamtwirtschaftlichen Gleichgewicht“.**
Die Rezession des Jahres 1967 (vgl. Kap. 3) führte schließlich zur Formulierung wirtschaftspolitischer Zielvorgaben in § 1 des Stabilitätsgesetzes, wobei das „Gesamtwirtschaftliche Gleichgewicht“ als Oberbegriff gilt. Alle Ziele sind gemäß StabG „gleichzeitig“ zu verfolgen. Gemäß des 1. Jahresgutachtens des Sachverständigenrates ist dies auch als „gleichrangig“ zu interpretieren.

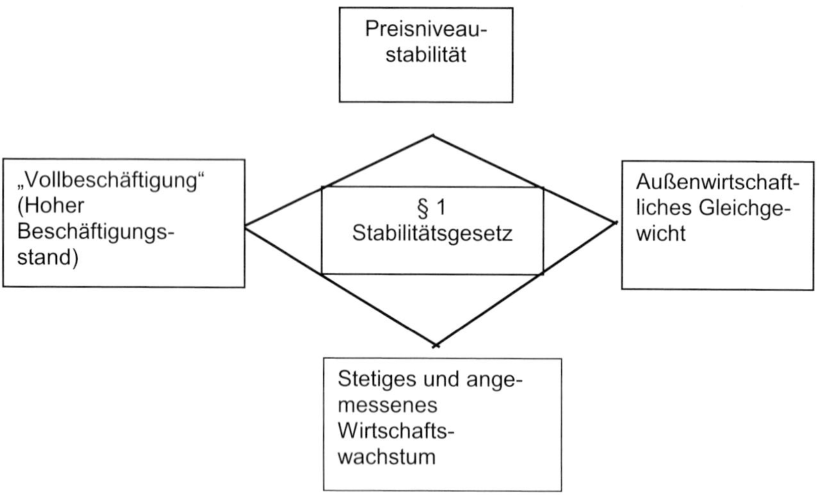

Da sich eine vollkommene wie gleichzeitige Zielerfüllung nicht verwirklichen lässt, spricht man auch vom **„Magischen Viereck“.**

U. a. durch folgende **Instrumente** sind die wirtschaftspolitischen Zielvorstellungen zu erfüllen:

- Jahreswirtschaftsbericht der Bundesregierung (§ 2 StabG)
- Konzertierte Aktion (§ 3 StabG)
- Konjunkturausgleichsrücklage (§ 5 StabG) zur Konjunktursteuerung
- Mittelfristige Finanzplanung der Bundesregierung (§ 9 StabG) (= MifriFi)
- Jahresgutachten des Sachverständigenrates (siehe Gesetz über den Sachverständigenrat [= „5 Weise"] von 1963).

Zur weiteren Information vgl. Kap. 4 bzw. 6.

1.3.2 Preisniveaustabilität

Ökonomen verstehen unter **Inflation** eine über einen längeren Zeitraum beobachtbare deutliche Zunahme des Preisniveaus, wobei das Gleichgewicht zwischen Gütermenge, bewertet in Geldeinheiten, und Geldmenge gestört ist.

Zwei Fragestellungen sollen hier untersucht werden:

1. Worin liegen die Ursachen der Angst vor einem Geldwertschwund begründet?

2. Wie kann Geldwertstabilität gemessen werden?

Ursachen der Angst: Nominalprinzip („Geldillusion" , bedeutet: „Euro gleich Euro") und seine **Auswirkungen** auf:

Vermögensverteilung

- Benachteiligung von Sparern und Gläubigern (geringerer Gegenwert an Gütern, Kreditrückzahlung mit wertlosem Inflationsgeld)

- Flucht in Sachwerte (weitere Ankurbelung der Inflation)

- Bevorzugung von Schuldnern

Einkommensverteilung

- Einkommenseinbußen bei Arbeitnehmern (Laufzeit der Tarifverträge), Rentnern, Beziehern von Transfereinkommen

- Zwangssparen über Preiserhöhungen

Aus diesen Folgen ergibt sich die Notwendigkeit der Preisniveaustabilität.

Wie wird sie gemessen?

- **Maßzahl:** *Verbraucherpreisindex für Deutschland* (VPI).

- **Richtgröße:** Inflationsrate < 3% (mengenmäßige Definition von Preisniveaustabilität gem. StabG in Deutschland, entspricht dem VPI); max. 2% gem. HVPI.

- **Berechnungsgrundlage:** *Warenkorb für Gesamtdeutschland.* Basis der Berechnung sind die Verbrauchsgewohnheiten der Bevölkerung in einem Stichjahr (Basisjahr). Der Warenkorb wurde im 5-Jahres-Abstand bis 2005 den veränderten Gewohnheiten angepasst. Die Berechnung des VPI bzw. HVPI (vgl. unten) baut auf folgenden Grundlagen auf:

  - Konstanter Warenkorb, d. h. mengenmäßiger Anteil der qualitativ unveränderten Güter (= Wägung/Gewichtung q) bleibt konstant (evtl. Modifikation während der Indexgültigkeit bei quantitativen bedeutenden Änderungen).

  - Festlegung eines Basisjahres mit der Indexzahl 100 (Basisjahr = Jahr der Zusammenstellung des Warenkorbs). Der Preis gibt die prozentuale Änderung des Wertes des Warenkorbs zwischen Basisjahr (p_0) und Berichtsjahr (p_1) an. Z. B. bedeutet der Anstieg des Index von 100 auf 103 ein Ansteigen der Lebenshaltungskosten für einen Haushalt um 3 %.

Formel für Preisindex (P)

$$P = \frac{\Sigma p_1 \times q_0}{\Sigma p_0 \times q_0} \times 100$$

Der Preis gibt die prozentuale Änderung des Wertes des Warenkorbs zwischen Basisjahr (p_o) und Berichtsjahr (p_1) an.

- **Gewichtung der Güter des Warenkorbs** in einem *Wägungsschema* gemäß der Verbrauchsgewohnheiten und Verbrauchsstruktur.

- **Probleme** des Konzepts **„Warenkorb"** als Berechnungsgrundlage **:**

  - Verbrauchergewohnheiten ändern sich. Elimination von Qualitätsänderungen durch Qualitätsbereinigungsverfahren im aktuellen Warenkorb während der Indexgültigkeit.

  - Unterschiedliche Bevölkerungsgruppen haben keine gemeinsame Lebenshaltung (z. B. Kleinverdiener besitzen keinen Zweitwohnsitz am Mittelmeer).

  - Berücksichtigung von Qualitätsänderungen und Innovationen bei Gütern und Dienstleistungen erst in der Struktur des neuen Warenkorbs.

  - Notwendigkeit der Aktualisierung des Warenkorbs und des Wägungsschemas in größeren Zeitabständen (Deutschland bis 2005 5-Jahres-Abstand).

*Die **bisher** dargestellte Ermittlung des Preisniveaus verwendet eine **Festpreisbasis** als Rechengrundlage. Ab 2005 wurde auf **Vorjahrespreisbasis umgestellt**. – Dazu mehr in Kapitel 1.3.2 (vgl. unten) und in Kapitel 2.2.2.*

- **Allgemeine Ermittlung des VPI:** Der monatliche VPI wird ermittelt anhand der Beobachtung der Preise für ca. 750 Waren und Dienstleistungen des Warenkorbs in 200 Berichtsgemeinden und ca. 40.000 Berichtsstellen (z. B. Einzelhandelsgeschäfte) und auf der Grundlage von ca. 400.000 Einzelpreisen. Die Indexrevision erfolgte bis 2005 im Abstand von 5 Jahren; beobachtet werden ca. 62.000 Haushalte im Bundesgebiet.

  Die Berechnung des **VPI** wurde seit der Indexrevision von 2000/2003 dem Berechnungsschema des **Harmonisierten Verbraucherpreisindex (HVPI)** angepasst. Der Unterschied zwischen VPI und nationalem deutschem HVPI besteht in der Hereinnahme der Kfz-Steuer und des vom Eigentümer selbst genutzten Wohneigentums in den VPI.

  Die nationalen HVPIs werden zusammengefasst im EU-HVPI und im EWWU-HVPI. Der HVPI ist die Grundlage für die Messung des Maastrichter Konvergenzkriteriums „Preisstabilität".

  Die **Warenkorbkomponenten des EWWU-HVPI** sind: *Waren* (Nahrungsmittel: verarbeitete und unverarbeitete Nahrungsmittel, Industrieerzeugnisse: ohne Energie); *Energie*; *Dienstleistungen*.

Der gesamtdeutsche Warenkorb gestaltet sich wie folgt:

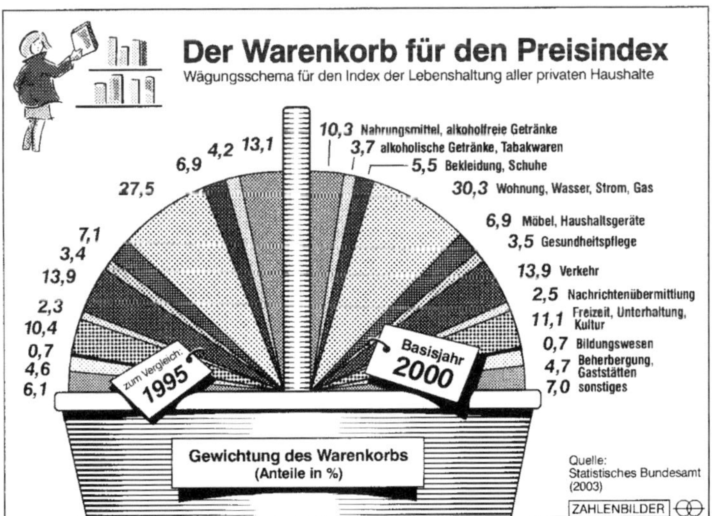

Die folgende Grafik zeigt die Entwicklung der Verbraucherpreise in Deutschland:

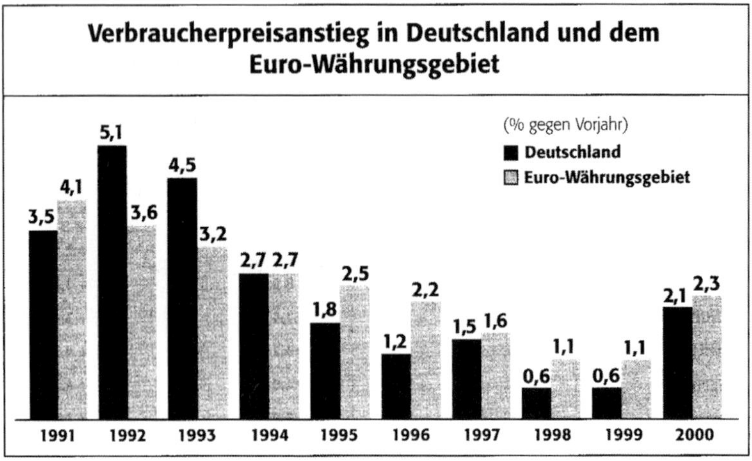

Bisher war die Berechnung des Preisniveaus und seiner Veränderungen von der Wahl des Basisjahres abhängig; Qualitätsänderungen konnten somit kaum berücksichtigt werden. Verzerrungen bei fortschreitendem Abstand vom Basisjahr und sich entwickelnder Technik waren somit systemimmanent (vgl. PC-Entwicklung). Anhand der **Vorjahrespreisbasis** (Durchschnittspreise des Vorjahres für ein Produkt) und mithilfe des statistischen **hedonischen Verfahrens** unter Verwendung eines **Kettenindex** zur Eliminierung von Jahressprüngen werden die Nachteile des Festpreisbasisverfahrens vermieden. Deutschland hat mit dieser konzeptionellen Änderung eine Richtlinie der EU in 2005 umgesetzt.

1.3.3 „Vollbeschäftigung“ (Hoher Beschäftigungsstand)

1.3.3.1 Begriffe

- *Arbeitslose:* Arbeitssuchende Personen, die arbeitsfähig und bereit sind, wöchentlich mindestens 19 Stunden zu arbeiten; amtliche Erfassung, wenn sie beim Arbeitsamt als arbeitssuchend gemeldet sind (Registrierung in der AL-Statistik).

- *Arbeitsmarkt:* Treffpunkt von Arbeitsangebot und Arbeitsnachfrage. Unterscheidung erfolgt zwischen **erstem** (unregulierter = deregulierter) und **zweitem Arbeitsmarkt** (bestimmt durch Beschäftigungspolitik; gespaltener Arbeitsmarkt Ost-West nach der „Wende“).

- *Erwerbstätige:* Personen, die in einem Arbeitsverhältnis stehen, selbstständig ein Gewerbe oder eine Landwirtschaft betreiben bzw. einen freien Beruf ausüben.

- *Erwerbsfähige:* Personen im Alter zwischen 15 und 65 Jahren, unabhängig davon, ob sie einer Erwerbstätigkeit tatsächlich nachgehen.

- *Schattenwirtschaft:* Zu unterscheiden sind legale (z. B. Hauswirtschaft) und illegale (z. B. Schwarzarbeit) Schattenwirtschaft; Schattenwirtschaft ist jede wirtschaftliche Tätigkeit außerhalb des staatlich kontrollierten Arbeitsmarktes.

- *Stille Reserve:* Nicht registrierte Arbeits- bzw. Beschäftigungslose.

- *Unterbeschäftigung:* Unterschreiten des normalen Beschäftigungsgrades in der Gesamtwirtschaft infolge konjunktureller Arbeitslosigkeit (vgl. 3.3.2).

- *Überbeschäftigung:* Beschäftigungslage, die die normale Beschäftigung oder Vollbeschäftigung übersteigt.

Maßzahl für das Erreichen bzw. die Verfehlung der „Vollbeschäftigung" ist die *Arbeitslosenquote = A:*

$$A = \frac{\text{Registrierte Arbeitslose} \times 100}{\text{Beschäftigte Arbeitnehmer} + \text{registrierte Arbeitslose}} = ...\%$$

Am Beispiel Deutschland ergibt sich folgendes Bild, wobei die Situation auf dem Arbeitsmarkt zur Zeit der Weltwirtschaftskrise mit der Situation der '90er Jahre verglichen wird:

Weltwirtschaftskrise			**'90er Jahre**		
Jahr	**Arbeitslose in Millionen**	**Arbeitslosen-quote %**	**Jahr**	**Arbeitslose in Millionen**	**Arbeitslosen-Quote %**
1928	1,4	6,7	1992	3,0	8,5
1929	1,9	9,0	1993	3,4	9,8
1930	3,1	14,6	1994	3,7	10,6
1931	4,5	22,3	1995	3,6	10,4
1932	5,6	28,1	1996	4,0	11,5

Die dargestellte Entwicklung (Zeit der Weltwirtschaftskrise 1929 - 1933 bis heute) darf nicht mit der heutigen wirtschafts- und sozialpolitischen Situation gleichgestellt werden: Heute verzeichnen Unternehmen, die Arbeitskräfte entlassen, vielfach gute Gewinne („Entlassungsproduktivität", d. h. Entlassungen infolge Rationalisierung oder Rentabilitätsstreben!) und die Leistungen der sozialen Sicherungssysteme sind wesentlich üppiger ausgestaltet als zur Zeit der Weltwirtschaftskrise.

1.3.3.2 Auswirkungen und Arten der Arbeitslosigkeit

Arbeitslosigkeit

Finanzielle Auswirkungen
↓
Einkommensrückgang
↓
Beschränkung der Ausgaben

Nicht-finanzielle Auswirkungen

↓ Beruflich
↓ *Qualifikationsverlust, Abstieg*

↓ Gesellschaftlich
↓ *Verlust der sozialen Sicherheit, Ausgrenzung*

↑

Mögliche Ausgleichsreaktionen

↑

Schwarzarbeit, Verschuldung

Umschulung, Fortbildung

Sucht, Depression, Gewalt

Ergebnis: **Vollbeschäftigung ist wirtschaftliche und gesellschaftliche Notwendigkeit**

Die bisherige Darstellung lässt allerdings die **Arten der Arbeitslosigkeit** mit ihren **Ursachen** außer Acht. Gebräuchlich ist folgende **Unterscheidung:**

Saisonale Arbeitslosigkeit

Jahreszeitlich bedingte Schwankungen von

↓ Angebot und ↓ Nachfrage

↓ Z. B. Einstellung von Bauarbeitern wegen anhaltendem strengen Frost

↓ Z. B. Abnahme von Badegästen in Nordseebädern im Winter

Friktionelle Arbeitslosigkeit

(Meist) kurzfristige Änderungen im Beschäftigungsstand

↓ Z. B. Kündigung des Arbeitnehmers aus persönlichen Gründen, Umschulung oder Zeitraum zwischen Studienabschluss und erster Beschäftigung

Strukturelle Arbeitslosigkeit		Konjunkturelle Arbeitslosigkeit
Langfristige Veränderungen in der Struktur der Volkswirtschaft infolge von Entwicklungs- bzw. Wachstumsprozessen		Allgemeine Schwankungen der Wirtschaftsentwicklung (Konjunkturzyklus)
↓	↓	↓
Branchenstruktur z. B. Produktionsverlagerung ins Ausland	Erwerbs-/ Berufsstruktur, z. B. Rationalisierung	z. B. Entlassung von Arbeitskräften aufgrund sinkender Kapazitätsauslastung in einer Rezession

1.3.4 Außenwirtschaftliches Gleichgewicht

Die **große Bedeutung außenwirtschaftlicher Beziehungen** ist für die Bundesrepublik Deutschland wie folgt zu begründen:

- Bestimmte Bodenschätze (z. B. Eisenerze) sind im Inland dauerhaft nicht verfügbar.
- Die Produktion hochwertiger Industriegüter für den Export stabilisiert die deutsche Wirtschaft, sichert auch Arbeitsplätze.
- Die Teilnahme an der internationalen Arbeitsteilung erhöht den Wohlstand im Inland.
- Positive Ausfuhrüberschüsse (Exporte - Importe, bewertet in Geldeinheiten, Ergebnis > 0) in begrenztem Umfang ermöglichen die Erfüllung finanzieller Verpflichtungen gegenüber von Entwicklungsländern und internationalen Organisationen.

Die **Erfassung der Transaktionen** mit dem Ausland erfolgt in der **Zahlungsbilanz** (vgl.Kap. 5).

Die Grundbedingung für das außenwirtschaftliche Gleichgewicht lautet:

Gold- und Devisenzuflüsse vom Ausland = Gold- und Devisenabflüsse ins Ausland

Diese Bedingung muss ohne geldpolitische bzw. währungspolitische Eingriffe für einen längeren Zeitraum (ca. 2 - 3 Jahre) gelten.

Die ergänzende **Zielvorgabe der Bundesregierung** legt das außenwirtschaftliche Gleichgewicht mit einem positiven Außenbeitrag (Exporte - Importe an Gütern und Dienstleistungen), gemessen in jeweiligen Preisen, mit einem Ergebnis von ca. 3% des BIP fest. Damit soll eine ausgeglichene Leistungsbilanz erreicht werden - eine Änderung der Nettoposition gegenüber dem Ausland (vgl. Kap. 5) wird damit nicht angestrebt. **Störungen des außenwirtschaftlichen Gleichgewichts** können zu folgenden idealtypischen Auswirkungen führen (vgl. auch Kap. 5):

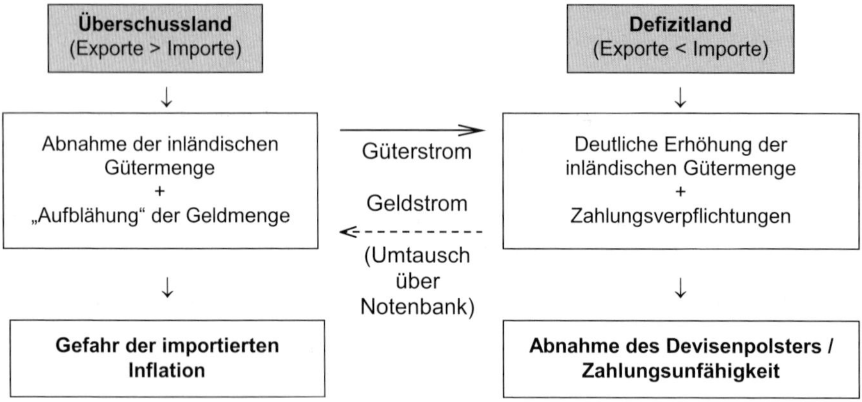

1.3.5 Stetiges und angemessenes Wirtschaftswachstum

Definition: Zunahme des realen Sozialprodukts bzw. realen Bruttoinlandsprodukts. **Real** bedeutet hier „inflationsbereinigt“ unter Bezugnahme auf die **Vorjahrespreisbasis ab 2005**. **Nominelles Wachstum** berücksichtigt die jeweils in einem Jahr vorliegenden Mengen- **und** Preisänderungen (vgl. Kap. 7).

Wachstumsursachen nach der Wachstumstheorie:

- Vermehrter Einsatz von Produktionsfaktoren: Arbeit, Kapital, Natur, technischer Fortschritt
- Steigerung der Produktivität durch: Innovationen, Rationalisierung.

Folgen:

- Positiv: z. B. Beschäftigungseffekte, Erhöhung des Lebensstandards, politisches Gleichgewicht
- Negativ: z. B. sozialer Stress, Ressourcenverbrauch, Umweltbelastung

1.3.6 Zielbeziehungen

Grundsätzlich unterscheidet man folgende **Zielbeziehungen**:

- **Komplementäre Ziele**, auch **Zielharmonie** genannt: Mit der Verfolgung eines Ziels wird auch ein anderes Ziel besser erreicht (z. B. traditionell Wirtschaftswachstum und Vollbeschäftigung); an der Schwelle vom 20. zum 21. Jahrhundert eher ein Widerspruch.

- **Konkurrierende Ziele:** Ein Spannungsverhältnis besteht zwischen zwei oder mehreren Zielen (z. B. traditionell Wachstum und Preisniveaustabilität).

- **Indifferente Ziele:** Beeinflussungen bzw. Wechselwirkungen zwischen Zielen sind nicht messbar (z. B. außenwirtschaftliches Gleichgewicht und lebenswerte Umwelt).

Fragestellung: „Wie macht man es richtig?" oder das Problem der gleichzeitigen Verwirklichung unterschiedlicher Ziele.

Beispiel:

Rezession
↓
Arbeitslosigkeit
↓
Steigerung der Staatsausgaben (Nachfrageschub)
↓
Einstellung neuer Arbeitskräfte

↓

Vollbeschäftigung

↓ ↓

Teile der zusätzlichen Nachfrage werden zum Kauf von Importgütern verwendet	Die Produktion (Angebot) kann u. U. nicht parallel zum Nachfrageschub gesteigert werden

↓ ↓

Zielkonflikt

↓ ↓

Verschlechterung der Leistungsbilanz: **Außenwirtschaftliches Gleichgewicht**	Preissteigerungen: **Preisniveaustabilität**

1.3.7 Notwendigkeit der Erweiterung des „Magischen Vierecks“

Meldungen von Umweltskandalen, Probleme bezüglich der Finanzierbarkeit des Sozialen Netzes sowie die Diskussion um eine ökologische Steuerreform (u.a. erhöhte Besteuerung des Energie- und Rohstoffverbrauchs) zeigen an, dass die Soziale Marktwirtschaft vor neuen Herausforderungen steht.
Zur Bewältigung der Zukunftsprobleme ist das „Magische Viereck“ wie folgt um weitere Ziele zu **ergänzen:**

1.3.7.1 Erweiterung zum „Magischen Sechseck“

Politisch abgesichert sind folgende weitere Ziele:

- „Erhaltung einer lebenswerten Umwelt“ (bzw. „Schonung der Umwelt“); dazu Art. 20a GG: Sicherung der gesamten ökologischen (natürlichen) Lebensgrundlage derzeitiger und künftiger Generationen - sowie Art. 141 BV: „Schutz der natürlichen Lebensgrundlage“ als Naturschutzgedanke.

- „Gerechte Einkommens- und Vermögensverteilung“ (bzw. „Ausgeglichene Einkommens- und Vermögensverteilung“ bzw. „Einkommensgerechtigkeit“ bzw. „Soziale Gerechtigkeit“); Zielableitung aus § 2 des Gesetzes über den Sachverständigenrat der Bundesregierung (Untersuchungsauftrag von Einkommen und Vermögen) in Zusammenhang mit Art. 20 GG (Sozialstaatsprinzip).

1.3.7.2 Erweiterung zum „Magischen Vieleck“

Einführung von nicht-ökonomischen Zielen in die politische Diskussion wie „Bildung“, „Versorgung mit Kollektivgütern“, „Verbesserung der Lebensqualität“ und von weiteren wirtschaftsnahen Zielen wie „Sicherung der Rohstoffbasis“, „Sicherung der Energiebasis“ oder „Nachhaltige Förderung von ....“ (im Rahmen der Strukturpolitik, vgl. Kap 7).

Dadurch können nicht nur gesellschaftliche Grundziele, wie Frieden, Sicherheit, besser realisiert werden, sondern auch gewährleistet werden, dass die Soziale Marktwirtschaft ein „Modell für die Zukunft“ ist.

1.3.8 Exkurs: Das Phillips-Theorem („Die Phillips-Kurve“)

A. W. Phillips, britischer Statistiker und Ökonom, beschrieb 1958 anhand englischer Daten über den Zeitraum von ca. 100 Jahren die **Beziehung zwischen der Nominallohnsteigerungsrate** (bzw. Geldlohnsteigerungsrate bzw. Nominallohnzuwachsrate) **und der Arbeitslosigkeit.**
Nach Phillips ist jede Lohnsteigerungsrate bis 3%, gemessen am Produktivitätsfortschritt, inflationsneutral, jede höhere Lohnsteigerungsrate wirkt inflationär.

Die Nominallohnsteigerungsrate wurde um einen Produktivitätsfortschritt in Höhe von 3% bereinigt, die verbleibende Komponente als **Inflationsrate** bezeichnet und anstelle der Lohnsteigerungsrate verwendet (= **modifizierte** Phillipskurve nach P. A. Samuelson und R. M. Solow). In einer Graphik (s. u.) ist somit die **Inflationswirkung auf die Beschäftigung** ablesbar. Dargestellt werden kann folgender inverser Zusammenhang als Forschungsergebnis:

Bei steigender Inflationsrate
sinkt die Arbeitslosenquote
(oder umgekehrt).

Oder:

Mithilfe steigender Inflationsraten lässt sich die Arbeitslosenquote senken und das Ziel der Vollbeschäftigung erreichen.

Ergebnis: Austauschbarkeit („trade off“) von Beschäftigung und Inflation (s. Keynes).

„Modifizierte Phillipskurve“

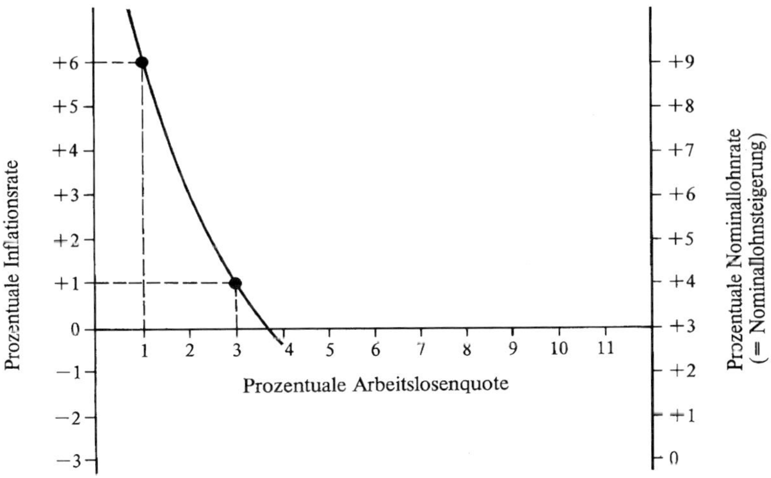

Aber:

- Dieser Zusammenhang gilt nur für kurzfristige konjunkturelle Arbeitslosigkeit, nicht für langfristig strukturelle Arbeitslosigkeit gem. der Theorie der Monetaristen (vgl. Kap. 4).
- Auch niedrige Nominallohnsteigerungen führen kurzfristig zu keinem Abbau der Arbeitslosigkeit: entweder trotz zunehmender Inflation **(s. Stagflation der 70er Jahre)** oder bei Geldwertstabilität (s. Wirtschaftswachstum mit steigender Arbeitslosigkeit der 90er Jahre).

Mögliche Situationsanalyse:

Situation: Stärkere und schnellere Erhöhung des Preisniveaus (4%) gegenüber den Nominallohnerhöhungen (3%).

Prämissen: Nur die Unternehmen schätzen die Entwicklung richtig ein, erkennen das Sinken der Reallöhne. Die Arbeitskräfte gehen von einer Inflationsrate von 2 % aus und unterliegen der Geldillusion (Euro gleich Euro).

Ergebnis: Aus Sicht der Arbeitnehmer steigt der Reallohn, aus Sicht der Arbeitgeber sinkt er. Die Arbeitnehmer bieten vermehrt ihre Arbeitskraft an, das Arbeitsangebot steigt, bis die Arbeitskräfte ihre Situation erkennen und Nachschlagsforderungen bei den Tarifverhandlungen erheben. Die Arbeitskraft wird dadurch weniger attraktiv für den Unternehmenssektor. Die Arbeitslosenquote steigt wegen durchgesetzter Reallohnerhöhung wieder auf ihr altes Niveau, ohne Beachtung der Produktivitätssteigerungen. – Heute ist dieses Ergebnis differenzierter zu betrachten, da individuelle betriebliche Lösungen zu Arbeitszeit und Lohnzahlungen vorliegen.

2 Modell des Wirtschaftskreislaufs

2.1 Begriffe

2.1.1 Allgemeine Begriffe

Abk.	Begriffe	Kennzeichen/Beschreibung
	Volkswirtschaftlicher Kreislauf	Analyseinstrument der Volkswirtschaftlichen Gesamtrechnung (seit 1995 in teilweisen Abänderungen: **ESVG** = Europäisches System der volkswirtschaftlichen Gesamtrechnungen) zeigt: ▪ Vermögensübertragungen zwischen Wirtschaftssektoren; ▪ Vermögensänderungen in den Wirtschaftssektoren mit/ohne Wert-Gegenleistung in Form von in Geld bewerteten realen Werten oder in Form von Geldwerten (Geldmitteln) oder Geldersatzleistungen (Geldsurrogate z. B. Wechsel).
	Evolutorische Volkswirtschaft	Dynamische Volkswirtschaft = sich entwickelnde Volkswirtschaft; positiv wachsend (expansiv) oder negativ wachsend (kontraktiv); Höhe und Struktur des Nettonationaleinkommens (NNE) – ehemals in etwa Volkseinkommen(Y) – verändern sich ebenso wie der Kapitalstock. Antriebskräfte der Veränderung: ▪ Sparen und Nettoinvestitionen durch Bildung von Geldvermögen und Sachvermögen (Kapitalstockbildung); ▪ wirtschaftliche Tätigkeit des Staates im Rahmen der Konsumausgaben des Staates. Gegensatz: Stationäre Volkswirtschaft = gleichbleibender Kapitalstock, nur Reinvestitionen. NNE/Y bleibt konstant, wird voll konsumiert; kein Wachstum.
	Offene/ geschlossene Volkswirtschaft	Mit/ohne Transaktionen des Sektors Ausland
	Rechnerisch geschlossener Kreislauf	Kreislauf im Gleichgewicht: In einen (Wirtschafts-)Sektor einfließende Ströme sind wertgleich den aus diesem Sektor ausfließenden Strömen; Darstellung in Gleichungs- oder Kontenform.

(Natio-nale) VGR; z. Zt.: *ESVG* **(VGR-Revision von 1999)**	(Nationale) Volkswirtschaftliche Gesamtrechnung z. Zt.: Europäisches System der Volkswirtschaftlichen Gesamtrechnungen von 1995, eingeführt in Deutschland 1999	Erfassung von Güter-, Leistungs- und Einkommensströmen einer Volkswirtschaft in einer Rechnungsperiode. **Form** der Erfassung: in der Regel Kontenform; **Grundlage:** Kreislauftheorie mit (Wirtschafts-) Sektorengliederung und aggregierten Strömen.

2.1.2 Kreislaufbegriffe – (Wirtschafts-)Sektoren nach ESVG von 1995

Allge-mein	(Wirtschafts-) Sektoren	Sektoren = Zusammenfassung von Wirtschaftseinheiten zu aggregierten volkswirtschaftlichen Größen (= Pole). Damit Differenzierung der Volkswirtschaft in Wirtschaftseinheiten zur Darstellung und Analyse von Zusammenhängen aus Daten der ESVG (ehemals: VGR). – Andere traditionelle Einteilung der Volkswirtschaft in Wirtschaftsbereiche zur Bestimmung des gesamtwirtschaftlichen Angebots etc.: Vgl. unten.
“U“ (VGR-Bezeichnung)	Summe aller privaten und staatlichen Unternehmen in einer Volkswirtschaft (= Sektor Unternehmen)	*U* **investiert**. – **Einteilung des Sektors gem. ESVG in:** • **Finanzielle Kapitalgesellschaften** (= Finanzdienstleister wie Banken, Versicherungen, Pensionskassen); • **Nichtfinanzielle Kapitalgesellschaften** (= Produktionsbereich, wie z. B. AG, GmbH, Personengesellschaften; aus dem staatlichen Bereich öffentliche Krankenhäuser und staatliche Eigenbetriebe).
[Priv.] H	Summe aller privaten Haushalte (= Sektor Haushalte)	*H* **konsumiert**. – **Einteilung des Sektors gem. ESVG in:** • Nichtselbstständige (ehemals z. B. Arbeitnehmerhaushalte); • Selbstständige • Einzelunternehmer

NPO	**Non-Profit-Organisationen** (**NPO** = Private Organisationen ohne Erwerbszweck).	Dazu gehören: • Gemeinnützige Organisationen • Kirchen • Stiftungen
St	Summe aller staatlichen bzw. öffentlichen Haushalte (= Sektor Staat)	Gebietskörperschaften (Bund, Länder, Gemeinden), Sozialversicherungsträger , Fonds/-Sondervermögen; weitere Anstalten des öffentlichen Rechts (soweit nicht in Priv. H oder in NPO); Funktion kreislauftechnisch: **Umverteilung.**
A (Aus-land)	„**Übrige Welt**" Alle Wirtschafts-subjekte mit Sitz im Ausland	Zum Sektor A gehören: • EU-Staaten • Drittländer (Nicht-EU-Staaten) • Internationale Organisationen Grenzüberschreitende Transaktionen: Waren, Dienstleistungen, Übertragungen; Ex > Im = inländische Vermögenszunahme u. u.; Ex – Im = Außenbeitrag.
VV	Vermögens-veränderung(s-konto)	Ausgleichskonto; zeigt direkte Vermögensveränderungen in den (Wirtschafts-) Sektoren; zeigt im Zeitvergleich Expansions- oder Kontraktions-Ursachen der volkswirtschaftlichen Entwicklung.

2.1.3 Kreislaufbegriffe – Ströme nach ESVG von 1995

	(Kreislauf-) Ströme	**In Geldeinheiten ausgedrückte aggregierte volkswirtschaftliche Transaktionen** zwischen den (Wirtschafts-) Sektoren, die zu Vermögensveränderungen in den Sektoren führen: **Monetäre Ströme:** ▪ reine Geldströme inklusive Geldersatzströme; ▪ in Geld bewertete reale Ströme.
C_H	Konsumausgaben der privaten Haushalte; Sektor (Priv) H	Summe aller Konsumausgaben aller privaten Haushalte in einer Rechnungsperiode.
C_{St}	Konsumausgaben des Staates (Sektor St)	**Kreislauftechnisch:** ▪ Konsumausgaben aller öffentlichen Haushalte (= Staat). **Messung/ Bewertung** (Ausgabenkonzept)**:** Bewertung staatlich abgegebener Dienstleistungen mit den entstandenen Aufwendungen: ▪ Beschaffungsausgaben, Mieten etc. für Verwaltung, Kultur, Schule etc. (= Staatliche Dienstleistungen); ▪ Löhne und Gehälter des öffentlichen Dienstes; ▪ Staatsausgaben für Aufträge an private und staatliche Unternehmen zur Beschaffung volkswirtschaftlicher Investitionsgüter (z.B. Straßenbau, öffentliche Gebäude).
Y (VGR-Be-zeich-nung)	Volkseinkommen (in etwa NNE)	**Einkommensarten:** • *Residualeinkommen:* Unternehmenseinkommen bzw. Einkommen aus selbstständiger Tätigkeit wie verteilte Gewinne; Vermögenseinkommen (Zinsen, Mieten, Pachten) [vgl. Fe]; • *Kontrakteinkommen:* Arbeitnehmerentgelt (Löhne und Gehälter). **Einkommensberechnung:** $Y = Fe + G^{unv}$

NNE (ESVG-Be-zeich-nung)	Nettonationalein-kommen = National Income = **Primärein-kommen**	Abgeleitete Größe aus dem BIP und dem Bruttonationaleinkommen BNE. Entspricht in etwa der Größe Volkseinkommen. Berechnung vgl. Kapitel 2.2.2.5.
BNE	Bruttonational-einkommen	Entspricht in etwa dem BSP. Berechnung vgl. Kapitel 2.2.2.5
Fe	Faktorein-kommen	Entgelt für Faktorleistungen (Einsatz der Produktionsfaktoren) wie Löhne/Gehälter, Zinsen, Mieten, Pachten, verteilte Gewinne.
$\mathbf{T^{ind}}$	[Indirekte Steuern] Produktions- und Importabgaben an den Staat	Steuerüberwälzung vom steuerpflichtigen und zahlungspflichtigen Sektor U auf den Steuerträger Sektor Priv. H; meist Verbrauchssteuern, insbes. MwSt.
$\mathbf{T^{dir}}$	Direkte Steuern incl. Sozialver-sicherungs-beiträge	Keine Steuerüberwälzung; Steuerzahler ist als Steuerträger dem Staat gegenüber unmittelbar steuerpflichtig (z.B. Lohn-/Einkommensteuer). Beiträge für ALVersicherung, Renten-, Kranken-, Pflegepflichtversicherung, Unfallversicherung (Einzahlung durch Unternehmen)
$\mathbf{Fe_{Ausl}}$	Saldo der Faktor-einkommen aus dem Ausland	Erwerbs- und Vermögenseinkommen **aus** der übrigen Welt (= Sektor Ausland) abzgl. der Erwerbs- und Vermögenseinkommen **an** die übrige Welt
$\mathbf{Z_U}$	(Unentgeltliche) Übertragungen, d.h. ohne direkte Gegenleistung durch den Staat an den Sektor U = Subventionen	Gestaltende und beeinflussende Wirkung auf Marktpreis, Kosten- und Wirtschaftsstruktur. **Arten:** Fördersubventionen (z. B. Unternehmens-gründungen), Anpassungssubventionen und Gestaltungssubventionen (z. B. Betriebsumstellungen), Erhaltungssubventionen (z. B. Wirtschaftszweigerhaltung).
$\mathbf{Z_H}$	(Unentgeltliche) Übertragungen durch den Staat an private Haushalte = Transferleistungen ohne direkte Gegenleistung	• Unterstützungszahlungen ohne produktive Leistung des Sektors Priv. H (z. B. Renten, Arbeitslosenunterstützung) sowie Zinsen für Staatsanleihen. • Soziale Sachtransfers: Darstellung gem. Verbrauchskonzept und Messung bei dem beanspruchenden Personenkreis.

Fo_{Ausl} **$Verb_{Aus}$**	Forderungen an das Ausland Verbindlichkeiten gegenüber dem Ausland	Fo_{anAusl} $Verb_{gegAusl}$ Vgl. unten „Außenbeitrag" (X – M)
M oder Im **X oderEx**	Import Export	Grenzüberschreitender Waren-/ Dienstleistungsverkehr. Export – Import = **Außenbeitrag (kreislaufmäßig)** = transaktionsbedingtes Nettoauslandsvermögen; entspricht: Forderungen an das Ausland (vgl. oben **Fo_{anAusl}**). **Entspricht nicht** dem Leistungsbilanzsaldo – vgl. dazu Angleichung VGR und Gliederung der Zahlungsbilanz.
S_H	Ersparnis der privaten Haushalte	= Konsumverzicht der privaten Haushalte = Entzug von Mitteln aus dem Wirtschaftskreislauf
G^{unv} (ehemals **S_U**)	Unverteilte Gewinne des Sektors U	Ersparnis des Sektors „U" = nicht ausgeschüttete/thesaurierte Gewinne zur Rücklagenbildung oder zum Verlustausgleich
S_{St}	Sparen des Sektors St	= Stilllegung von Einnahmeüberschüssen in einer Konjunkturausgleichsrücklage (= surplus saving) oder Tilgung von Schulden (vorheriges Entsparen)
Kr_{St}	Entsparen des Sektors St	Kreditaufnahme des Sektors „Staat"
Ire bzw. **I^{e}**	Reinvestitionen = Ersatzinvestitionen In Höhe der Abschreibung **D**	Wiederbeschaffungsinvestitionen in Höhe des Werteverzehrs des volkswirtschaftlichen Kapitalstocks in einer Rechnungsperiode = Anlageersatzinvestitionen; Messgröße bzw. Höhe der Investitionen = Abschreibungen **D**; Ziel = Erhaltung des Kapitalstocks.
I^{n}	Nettoinvestitionen = Neuinvestitionen	Bezüglich Quantität und Qualität über reine Ersatzbeschaffungen hinausgehende Investitionen. **Ziel:** Erhöhung des Kapitalstocks = Produktionswachstum = evolutorische Volkswirtschaft (u.a. durch die Anlageerweiterungsinvestitionen, zusätzliche Bauten und Erhöhung der Vorratsinvestitionen incl. Lagerinvestitionen). Dazu gehören auch • Ersatzbeschaffungen mit höherer technischer Effizienz (z. B. Rationalisierungsinvestitionen), • immaterielle Anlagegüter (z. B. selbsterstellte Computerprogramme), • weitere zivil nutzbare militärische Ausrüstungen und Bauten. **Gegensatz**: Desinvestitionen = Abbau des Kapitalstocks.
I^{br}	Bruttoinvestitionen	$I^{br} = I^{n} + I^{e}/I^{re}$: Summe aus Netto- und Ersatzinvestitionen

2.2 Modell des Wirtschaftskreislaufs sowie gesamtwirtschaftliche Dynamik von Größen des Kreislaufmodells

2.2.1 Offene evolutorische Volkswirtschaft mit staatlicher Aktivität (Inlandskonzept)

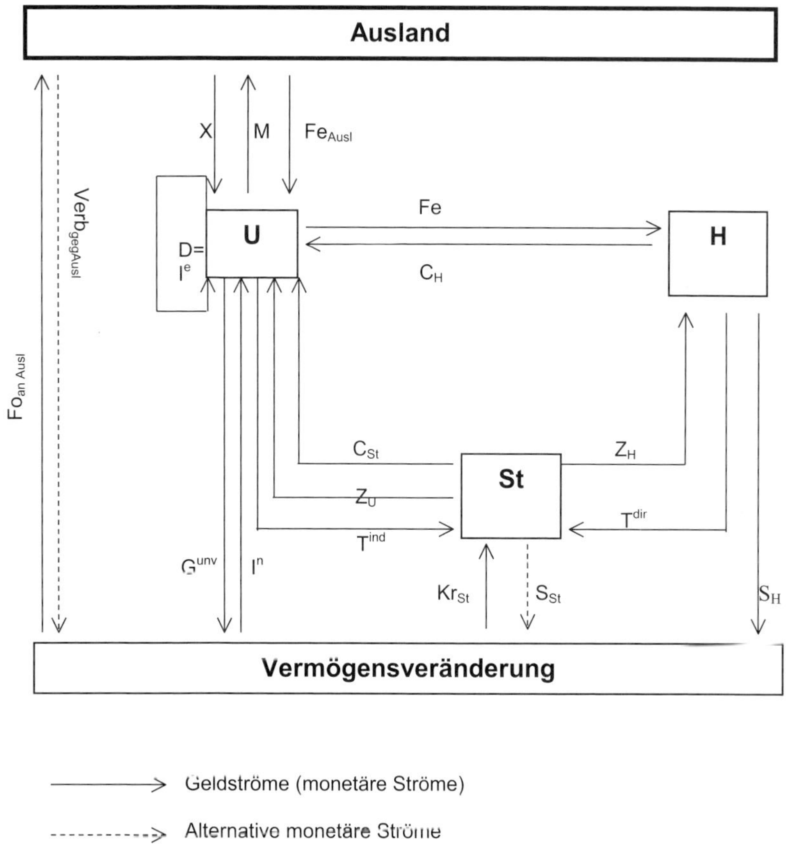

2.2.2 Gesamtwirtschaftliche Größen des Kreislaufmodells bzw. der Volkswirtschaftlichen Gesamtrechnung

2.2.2.1 Ersparnis und Investitionen

Arten des Sparens im Sektor H (= S_H):

- Freiwillig (= Zwecksparen/ Zielsparen): z.B.
  Vermögensbildung,
  Zukunftssicherung (Angst-, Vorsorgesparen).

- Unfreiwillig (= Zwangssparen): z. B.
  Preiserhöhungen,
  Steuern und sonstige Abgaben,
  Sozialversicherungsbeiträge,
  Unterversorgung der Volkswirtschaft mit Gütern.

Bestimmungsgründe des Sparens im Sektor H

- Staatliche Einflüsse: zum Beispiel Mehrwertsteuererhöhung, Gesetzliche Sparförderung
  (z. B. Vermögensbildungsgesetz)

- Einkommenshöhe und –verteilung

- Zukunftserwartungen (z. B. Inflation, Arbeitsmarkt)

- Geld-/Kapitalmarktentwicklung: zum Beispiel Zinsen, Kurse

Arten der Investitionen im Sektor U (= I):

- Anlageinvestitionen: Bauten, Ausrüstungen

- Vorratsinvestitionen inkl. Lagerinvestitionen

- Rationalisierungsinvestitionen

- Umstrukturierungsinvestitionen

oder andere Zusammenfassung (s. 2.1): Reinvestitionen, Nettoinvestitionen, Bruttoinvestition.

Bestimmungsgründe der Investitionen im Sektor U:

Absatz-/Umsatz-erwartung	Gewinnerwartung	Staatliche Maßnahmen	Zinserwartungen (z.B. für Kredite)
▪ Marktsättigungs-grad ▪ Nationale Konkurrenz ▪ Internationale Konkurrenz ▪ Politische Entwicklung (innen, außen)	▪ Marktform ▪ Konkurrenzverhalten ▪ Preisgestaltungsspielraum / Differenzierungsmöglichkeit ▪ Kostenentwicklung auf Güter-/Faktormärkten ▪ staatliche Rahmenbedingungen (Auflagen, Entlastungen) ▪ politische Entwicklung (innen, außen) ▪ Zinsniveau ▪ Außenwert der Währung	▪ konjunkturell ▪ fiskalisch ▪ strukturell ▪ ordnungs-politisch	Entwicklung der nationalen und internationalen Geld- und Kapitalmärkte

Investitionen sind Zukunftsentscheidungen, die Quantität und Qualität des erwarteten Produktionsergebnisses (= output) - damit des BIP – und damit die Situation auf dem Arbeitsmarkt und die Höhe der Steuereinnahmen des Staates entscheidend beeinflussen.

2.2.2.2 Zusammenhang zwischen S und I

Bildung von Sachkapital in U (Investieren) grundsätzlich nur möglich durch vorherige Bildung von Geldkapital (Sparen), auch wenn:

- nicht alles Gesparte zu Investitionszwecken in den Sektor U fließt;
- weniger investiert wird als gesparte Mittel dazu vorhanden sind;
- durch Geld-/Kreditschöpfungsmöglichkeiten der Banken mehr investiert werden kann als gesparte Geldmittel vorhanden sind.

Nach Ablauf einer Rechnungsperiode befinden sich I und S wertmäßig im Gleichgewicht:

I = S (Gleichgewichtsbedingung: **Keynessche Investitionsgleichung**);

genauer: $\mathbf{I^n + (Ex - Im) = S_H + G^{unv} + S_{St}}$ [C^{unv} vgl. S_U in „Kreislaufbegriffe"]

$$\Rightarrow \mathbf{S - I = Ex - Im.}$$

Der Kreislauf im Ungleichgewicht

Ausgangsbasis der Überlegungen soll ein **dreipoliger, geschlossener Kreislauf** (altes Modell nach VGR vor der Revision) sein mit den Sektoren U, H, VV. - Durch unterschiedliche (Wirtschafts-) Pläne der Sektoren U und H **ex ante** entsteht eine Ungleichgewichtssituation bzgl. der geplanten Spar- bzw. Investitionsleistungen. Konsumiert der Sektor H weniger als U geplant hat (also: S größer I), dann erfolgt **ex post** ein Ausgleich dadurch, dass im Sektor U ein Lageraufbau stattfindet (= positive ungeplante Investitionen), der als **realer Ausgleich** bezeichnet wird.

Der Lagerbestand kann nur über eine Preissenkung abgebaut werden (= **monetärer Ausgleich**). - Ist I größer S ex ante, dann erfolgt der ex - post - Ausgleich über Lagerabbau bei konstanten Preisen (= realer Ausgleich) als negative ungeplante Investition. Bei variablen Preisen (hier: Preiserhöhung) kommt es zu einer positiven unfreiwilligen Ersparnis im Sektor Unternehmenshaushalte (inflatorischer Gewinn) als monetärer Ausgleich.

2.2.2.3 Komponenten der Volkswirtschaftlichen Gesamtnachfrage (= Gesamtwirtschaftliche Nachfrage) und des Volkswirtschaftlichen Gesamtangebots (= Gesamtwirtschaftliches Angebot)

$$A_{ges} = N_{ges}$$

Die in einer Wirtschaftsperiode verfügbare Gütermenge aus dem Inland und Ausland, bewertet zu Marktpreisen (hier: Mrd €).	Die in einer Wirtschaftsperiode anhand der verfügbaren Kaufkraft nachgefragte Gütermenge im Inland und vom Ausland, bewertet zu Marktpreisen (hier: Mrd €).

$$A_{ges} = A_{Inl} + Im = C_H + C_S + I^{br} + Ex = N_{ges}$$

$$(2005)\text{: } 2241{,}00 + 796{,}26 = 1321{,}06 + 419{,}64 + 384{,}29 + 912{,}27$$

$$\mathbf{3037{,}26 = 3037{,}26}$$

Kennzeichen und Bestimmungsgründe der einzelnen Komponenten von A_{ges} und N_{ges}

A_{Inl} = **Inländisches Angebot**; in € bewertetes Ergebnis der inländischen Produktion einer Volkswirtschaft inkl. **Vorleistungen** (= produzierte und für die Produktion bereitgestellte Güter einschl. „unterstellte Bankgebühren" [FISIM] für produzierende Wirtschaftssubjekte) = **Bruttowertschöpfung inkl. Nettogütersteuern = Bruttoinlandsprodukt**.

A_{Inl} **wird erstellt**

(1) **mit dem Produktionspotential (= vorhandene Kapazität) der Volkswirtschaft** (= Bestimmungsgröße der Güter- und Faktormärkte). Das Produktionspotential ist abhängig von:

- **Menge und Qualität der verfügbaren Produktionsfaktoren** Arbeit, Natur, Kapital, know-how; insbesondere dabei von
  - der Sachkapitalausstattung (= Kapazität = Bruttoanlagevermögen) zur Erstellung des Produktionsergebnisses (= output) bei optimaler Ausnutzung, um bis zum maximal möglichen Ausnutzungsgrad freie Kapazitäten zur Bewältigung von Spitzenbelastungen zu haben (z.B. Überstunden, Wartezeitverkürzung, Leistungssteigerung)
  - den Vorräten

- den Arbeitskräften (= human ressources): s. Bildungs- und Sozialinvestitionen in den Faktor Arbeit, Menge der Arbeitskräfte
- der Arbeitszeit, Maschinenlaufzeit
- der eingesetzten Energie
- dem know-how
- der Bevölkerungszahl

- den nutzbaren technischen **Faktorkombinationen**
- der Wirtschafts- und Infrastruktur
- der erwarteten N_{ges} (ex ante)
- der Investitionsneigung
- der Direktinvestitionen des Auslands
- der möglichen **Veränderungen** der Bestimmungsgrößen des **Produktionspotentials** auch durch staatlichen Einfluss;

(2) **in den Wirtschaftsbereichen**

- Einteilung in Deutschland (*VGR-Revision von 1999* gem. EU-Vorschrift – ESVG von 1995):
  Nichtfinanzielle Kapitalgesellschaften, Finanzielle Kapitalgesellschaften, Staat, Private Haushalte und Private Organisationen ohne Erwerbszweck sowie Übrige Welt.

- *Traditionelle Einteilung* gem. alter VGR in Deutschland: Primärer, sekundärer, tertiärer Wirtschaftssektor. Erweiterung durch den „quartären Sektor" mit Informationswirtschaft und Bildung.

Im = Importe von Rohstoffen, Energie, Investitionsgütern, Konsumgütern = Angebot des Auslandes im Inland hängt ab von/vom

- der Inlandskonjunktur (Wirtschaftswachstum und Bedarf an Rohstoffen, Energie, Investitionsgütern)
- Preisgefälle Inland Ausland, d. h. von Preisunterschieden auf Güter- und Faktormärkten (bes. Konsumgüter, Arbeitskräfte); dazu siehe auch Exportsubventionen, Inflationsraten
- jeweiligen Wechselkurs
- Importrestriktionen, Kontingentierung, Zöllen (= Handelsbarrieren) (vgl. Kap. 5)
- der Weltmarktkonjunktur und -konkurrenz
- terms of trade (vgl. Kap. 5)
- Veränderungen der inländischen Wirtschaftsstruktur
- politischen und wirtschaftlichen internationalen Abkommen und Zusammenschlüssen; auch mit Ausschlusscharakter.

Ex = Export; analog Import; Nachfrage des Auslandes (= übrige Welt)

I^{br} = Bruttoinvestitionen (vgl. 2.1); Nachfrage des Sektors U und des Sektors St nach Investitionsgütern im Inland

C_{St} = Konsumausgaben des Staates = Nachfrage nach Gütern und Dienstleistungen inkl. staatliches Angebot an Dienstleistungen hängt ab von

- Höhe und Struktur der Einnahmen und Ausgaben; siehe insbesondere Möglichkeiten der Kreditaufnahme und dem damit verbundenen Schuldentilgungs- und Zinsendienst,
- wirtschaftspolitischen Absichten und Notwendigkeiten

C_H = Konsumausgaben der privaten Haushalte = (Haushalts-) Konsum; hängen ab von

- der subjektiven Bedürfnisstruktur (Nutzenbeimessung an ein Gut), d. h. von der Höhe des *verfügbaren Einkommens*, der *erwarteten Einkommensentwicklung* und von der *Preis[niveau]entwicklung*
- der Höhe und Struktur des Vermögens; z. B. Einsparmöglichkeiten bei Einkommensrückgang, wobei zunächst liquides Vermögen aufgelöst wird, um den eigenen Lebensstandard aufrecht zu halten
- der Einkommensverteilung, der Höhe des Existenzminimums und der Entwicklung der Lebenshaltungskosten, d. h. von der Sozialstruktur und der „Alterspyramide" der Bevölkerung
- der Konsumneigung (c) und Sparneigung (s) [s. o.]
- Erwartungen, Forderungen und Ansprüchen „an das Leben"
- staatlicher Abgabenlast oder Entlastung bzw. Förderung.

2.2.2.4 Gleichgewichts- bzw. Ungleichgewichtszustand von A_{ges} und N_{ges}

Gleichgewichtszustand = Nicht realisierbarer Idealzustand, d. h. realistisch ist ein dauernder **Ungleichgewichtszustand** durch Verfolgung autonomer Wirtschaftspläne der (Wirtschafts-) Kreislaufsektoren (ex-ante-Pläne). Dies induziert ex post Anpassungsprozesse und führt zu Konjunkturschwankungen, insbesondere bei Veränderungen der Komponenten von N_{ges} (s. Kap. 3).

Zum Beispiel $A_{ges} < N_{ges}$ = Angebotslücke = inflatorische Lücke; mit Zeitverzögerung steigt A_{ges}, d. h. die Volkswirtschaft expandiert quantitativ und qualitativ. Reagiert der Sektor U jedoch nur mit Preisniveauerhöhung, dann ist das Ergebnis bestenfalls eine Stagflation oder – schlimmer – eine Kontraktion der Volkswirtschaft, also: Rückgang der Produktion etc.

2.2.2.5 Bruttosozialprodukt und Bruttoinlandsprodukt

<u>**Definitionen:**</u>

Bruttosozialprodukt / BSP (Inländerkonzept) – traditionelle Berechnung:

  Bruttoproduktionswert (Gesamtwert der in einer Periode erzeugten Güter; BPW)
– Vorleistungen (Definition vgl. oben: Produzierte und für die Produktion bereitgestellte Güter)

= Nettoproduktionswert (NPW)

= Bruttowertschöpfung (BWS)

= **BSP**

Bruttoinlandsprodukt / BIP (Inlandskonzept) – traditionelle Berechnung:

  BSP
+ Erwerbs- und Vermögenseinkommen an die übrige Welt
– Erwerbs- und Vermögenseinkommen aus der übrigen Welt

= **BIP**

<u>Besonderheit:</u> Das Ökosozialprodukt als Messgröße für Lebensqualität (vgl. Kap. 7)

<u>**Kontenmäßige Darstellung des Produktionswerts**</u>

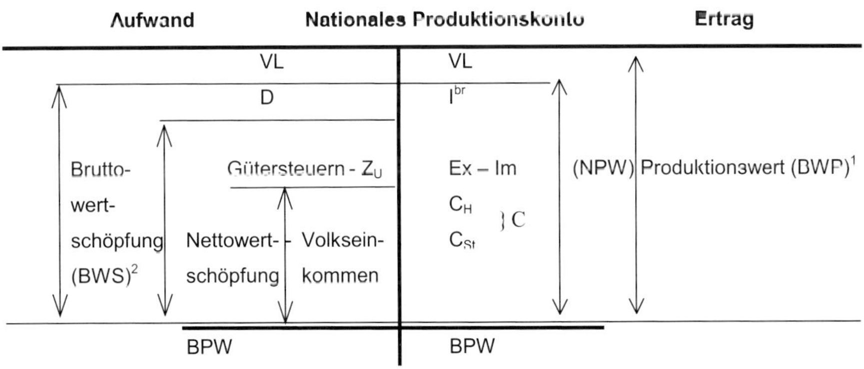

[1] Bewertung des Produktionswertes (Bruttoproduktionswert) zu Herstellpreisen

[2] Bereinigung der BWS evtl. durch „unterstellte Bankgebühren" (= „Finanzserviceleistung, indirekte Messung" – **FISM**), wobei die Bankgebühren gem. **VGR-Revision von 2005** nicht mehr vollständig den Vorleistungen zugerechnet werden, sondern nur noch im Fall produzierender Wirtschaftssubjekte. – Dazu mehr vgl. unten.

Berechnungen nach ESVG (VGR-Revision von 1999)

Entstehungsrechnung (Inlandskonzept)

Produktionswert (zu Herstellpreisen) (ehem.: Bruttoproduktionswert)

\- Vorleistungen aus den Wirtschaftsbereichen (gem. traditioneller Einteilung):

Landwirtschaft, Forstwirtschaft, Fischerei
\+ Verarbeitendes Gewerbe ohne Baugewerbe – incl. FISM
\+ Baugewerbe
\+ Handel, Gastgewerbe und Verkehr
\+ Finanzierung, Vermietung und Unternehmensdienstleister
\+ Öffentliche und private Dienstleister

= *Bruttowertschöpfung*[1]
\+ Nettogütersteuern (Gütersteuern – Gütersubventionen)[3]
= *BIP (Bruttoinlandsprodukt)*
\+ Saldo der Erwerbs- und Vermögenseinkommen aus der übrigen Welt [vgl. Fe_{Ausl}]

= *Bruttonationaleinkommen* (zu Marktpreisen) (BNE)

3 *Gütersteuern* = Produktions- und Importabgaben, die pro Einheit einer produzierten oder gehandelten Ware oder Dienstleistung zu entrichten sind (z. B. Mehrwertsteuer, Grunderwerbssteuern, Gemeindesteuern, Zölle); *Gütersubventionen* = z. B. Importsubventionen, sowie sonstige Gütersubventionen, wie z. B. Exportsubventionen

BNE = BIP + Fe_{Ausl}

Verwendungsrechnung (Inlandskonzept)

Private Konsumausgaben (Private Haushalte + NPOs)[1]
\+ Konsumausgaben des Staates
\+ Bruttoinvestitionen[2]

= *Inländische Verwendung von Gütern*
+/- Außenbeitrag (Ex - Im)

= *BIP* (zu Marktpreisen)

1 Gem. **VGR-Revision von 2005** enthalten die **priv. Konsumausgaben** nunmehr **„unterstellte Bankgebühren“** mit Ausnahme der Gebühren, die den produzierenden Wirtschaftseinheiten zugerechnet werden müssen. (vgl. oben). *Folge:* Das BIP ist höher als vor der Revision. – Eine weitere konzeptionelle Änderung (vgl. Kap. 1.3.2) bedeutet nunmehr die Berechnung des BIP nach dem **Vorjahrespreisbasis-Konzept.** Somit ändern sich nicht nur die Preisindices im Bereich „private Konsumausgaben“, sondern auch bei Ausrüstungen, Importen und Exporte gem. dem angewendeten statistischen hedonischen Verfahren (vgl. Kap. 1.3.2). *Folge:* Die BIP-Veränderungen werden flacher als beim bisherigen Verfahren und das BIP ist etwas höher als vor der Revision.

2 Anlageinvestitionen (= Ausrüstungen + Bauten + sonstige Anlagen) + Vorratsveränderungen + Nettozugang an Wertsachen

$$\textbf{BIP (zu Marktpreisen)} = C_H + C_{St} + I^{br} + Ex - Im$$

Bruttonationaleinkommen

  Bruttoinlandsprodukt (BIP) (zu Marktpreisen)
+ Erwerbs- und Vermögenseinkommen aus der übrigen Welt[1]
- Erwerbs- und Vermögenseinkommen an die übrige Welt[1]

= *Bruttosozialprodukt (BSP)*
= *Bruttonationaleinkommen* (BNE)[2]

[1] Saldo der Erwerbs- und Vermögenseinkommen mit der übrigen Welt (Fe_{Ausl})
[2] Unterscheidung zwischen BSP und BNE u. U. durch *Nettoproduktionsabgaben*, d. h.: BSP + Subventionen von der EU – Produktions- und Importabgaben an die EU = BNE

Verteilungsrechnung (Inländerkonzept)

  Bruttonationaleinkommen (BNE)
- Abschreibungen (D)
= *Nettonationaleinkommen (NNE = Primäreinkommen = National Income)*
- Nettoproduktionsabgaben (vgl. oben)

= *Volkseinkommen (= Summe der Erwerbs- und Vermögenseinkommen)*

$$\textbf{NNE} = BNE - D$$
$$\textbf{Oder: NNE} = Y + T^{ind} - Z_U$$

2.2.2.6 Darstellung des Kreislaufs in alternativer Form (am Beispiel des Sektors U)

In **Gleichungsform** = mathematische Form:

Zuströme (einfließende Ströme) = Abströme (ausfließende Ströme)

$C_H + C_{St} + Z_U + Ex + I^n = Y + G_H + T^{ind} + Im + G^{unv}$ [vgl. S_U]

(ohne Fe_{Ausl})

In **Kontenform** = wirtschaftlich-buchhalterische Form:

A(€)	U E(€)
Fe	C_H
G^{unv}	C_{St}
[vgl. S_U]	Z_U
T^{ind}	Ex
Im	I^n
-------	Fe_{Ausl}
Summe Euro	Summe Euro
linke Seite	rechte Seite

A = Abströme; E = Zuströme

Mit Hilfe dieser alternativen Darstellungen können nicht gegebene/unbekannte Ströme im Kreislauf berechnet werden.

2.2.3 Gesamtwirtschaftliche Dynamik von Größen des Kreislaufmodells

Gleichgewichtsbedingungen (s. 2.2.2)

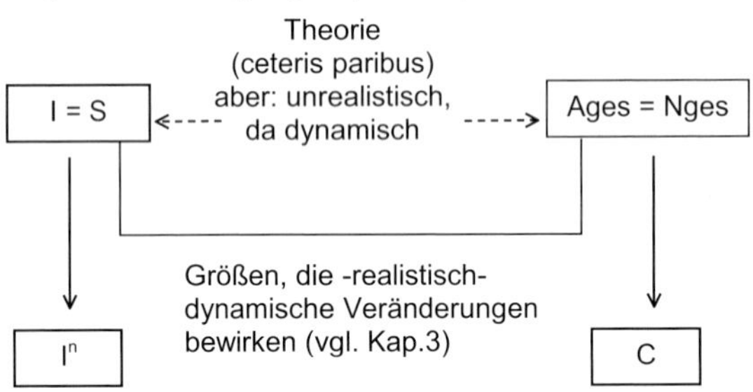

Wirkungszusammenhang und Bedeutung dynamischer / evolutorischer Veränderungen:

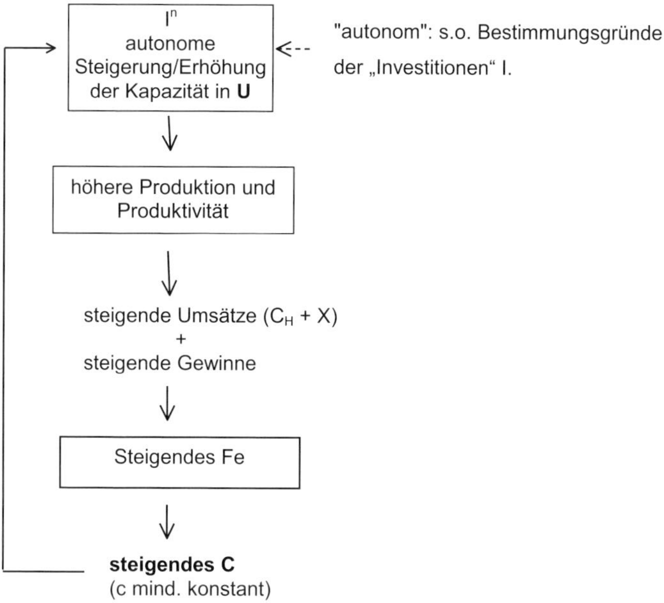

(**c** = Konsumneigung / **s** = Sparneigung: Anteil des Einkommenszuwachses, der konsumiert bzw. gespart wird)

Die gesamte Steigerung von Y (hier: Fe ohne G^{unv}) ist eine abhängige Variable von der (autonomen) Höhe von I^n und der marginalen Konsumneigung/-quote der privaten Haushalte (H) und damit von der marginalen Sparneigung /-quote von H.

$$\Delta Y = \frac{1}{1\ c} \times I^n = \frac{1}{s} \times I^n$$

D. h. bei zunehmendem I^n bzw. c steigt Y um ein Vielfaches, d. h. Y multipliziert seine Zunahme, wobei $\frac{1}{1-c}$ bzw. $\frac{1}{s} = m =$ Multiplikator ist.

Der Effekt der Y-Steigerung heißt **Multiplikatoreffekt**.

D. h. die Volkswirtschaft wächst durch höhere Produktivität bei steigendem I^n
(= evolutorische/dynamische Volkswirtschaft) = Expansion der Volkswirtschaft.

Umgekehrt: I^n sinkt bzw. bleibt konstant = Kontraktion der Volkswirtschaft (insbesondere bei steigendem Preisniveau).

$\Rightarrow$ **Die Investitionstätigkeit in U hat einen Einkommenseffekt und einen Kapazitätseffekt.**

Formelmäßige Berechnung des Volkseinkommens

$Y = Fe + G^{unv}$

$Y = BIP + Fe_{Ausl} - D - T^{ind} + Z_U$

Wirkungsablauf des Investitionsmultiplikators (hier: positiv = wachstumsorientiert, s. Kap.7)

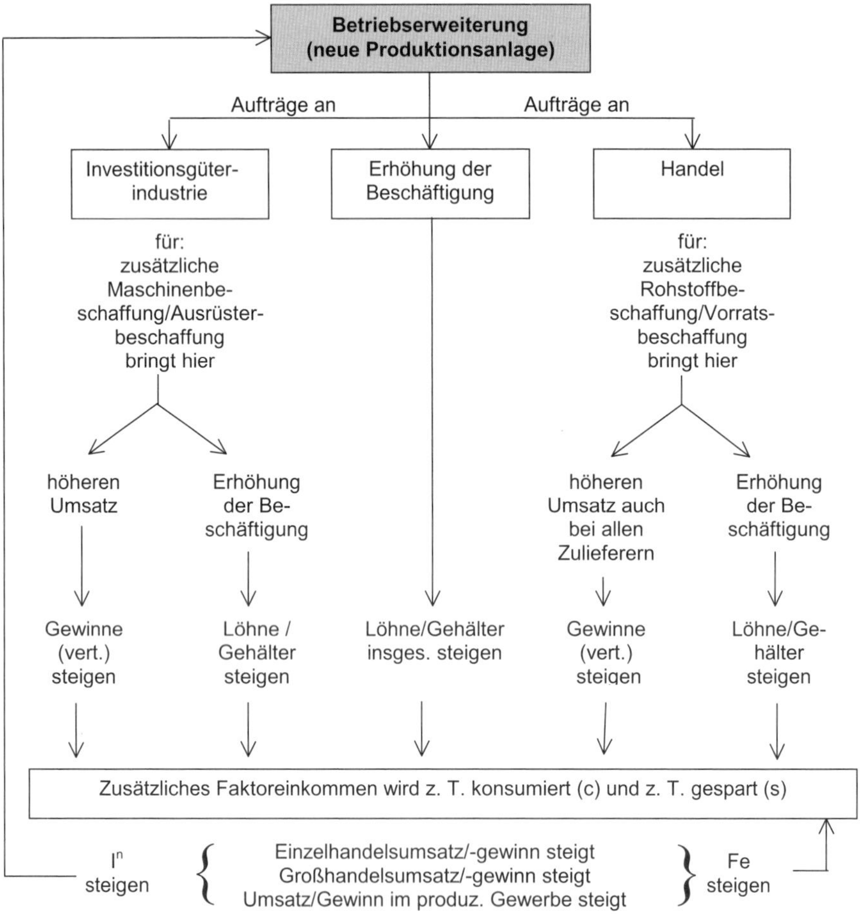

Beispiel: 1 € I^n erzeugte ca. 4 € Zunahme des Fe, d. h. m = 4 (s. o.).

3 Grundtatsachen der Konjunktur

3.1 Konjunkturbegriff und Konjunkturverlauf

3.1.1 Konjunkturbegriff und zeitliche Einteilung von Konjunkturschwankungen

Schon in der Geschichte sind **Schwankungen** bzw. Unregelmäßigkeiten **in der wirtschaftlichen Entwicklung** belegt. Man denke dabei auch an die biblische Darstellung der sieben fetten und sieben mageren Jahre in Ägypten (1. Buch Mose, Kap. 41, 29-31).

Da in der wissenschaftlichen Literatur zur Konjunkturtheorie der Konjunkturbegriff nicht einheitlich gebraucht wird, sollen an dieser Stelle lediglich zwei gängige Konjunkturbegriffe stellvertretend dargestellt sein:

- „Das periodische Auf und Ab wirtschaftlicher Aktivität“ (Dahl, Dieter, Volkswirtschaftslehre, S. 365, 2. Aufl., Wiesbaden 1975) i. S. v. „Wirtschaftlichen Wechsellagen“ (Anm. d. Verf.).

- „Schwankungen des Produktionsvolumens und des Produktionspotentials ... einer Volkswirtschaft ... infolge zusammenwirkender Veränderungen bestimmter Einflussgrößen“ (Meyers Enzyklopädisches Lexikon, Bd. 14, S. 143).

Unter Einbeziehung des **Faktors Zeit** sowie unter Beachtung des **Umfangs** und der **entscheidenden Ursache** wirtschaftlicher Schwankungen lässt sich nachstehende idealtypische Regelhaftigkeit erkennen:

Bezeichnung → **Vergleichs-kriterium** ↓	Saisonale Schwankung	Konjunkturelle Schwankung (nach Kitchin)	Kondratieff-Zyklus Russischer Statistiker (auch Kondratjew)
Zeitlicher Umfang der Schwankung	1 - 3 Monate	3 - 5 Jahre (= mittelfristig)	50 - 60 Jahre (= langfristig)
Ursache der Schwankung	Einfluss von Klima (z.B. Baugewerbe) und Konsum (z.B. Saisonartikel)	Nachfrageveränderung in Teilbereichen der Wirtschaft	Technologische Erfindungen Strukturelle Veränderungen
Umfang der Schwankung	Erfassung von Teilbereichen der Volkswirtschaft	Erfassung der gesamten Volkswirtschaft	In allen Ländern mit marktwirtschaftlicher Ordnung

Der nach Clement Juglar bezeichnete Zyklus umfasst einen Zeitraum von ca. 7 - 10 Jahren, kurze konjunkturelle Wellen von etwa 4 Jahren Dauer entdeckte A. W. M. Kitchin.

Die realen konjunkturellen Schwankungen in der Bundesrepublik Deutschland dauern in etwa 3 – 5 Jahre und zeigen daher zum Kitchin-Zyklus eine enge Parallelität.

Die graphische Umsetzung der Unterscheidung wirtschaftlicher Schwankungen zeigt in etwa folgendes Bild:

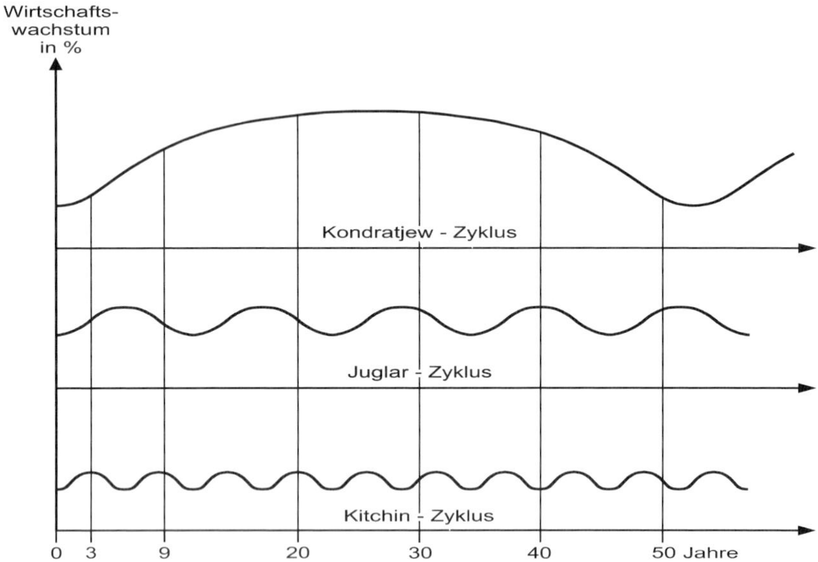

Quelle: Witthoff, H.-W., Konjunkturtheorie und Konjunkturpolitik, S. 11, Bad Homburg vor der Höhe 1994

3.1.2 Der 4-Phasen-Konjunkturzyklus

Der Begriff **Konjunkturzyklus** unterstellt, dass Konjunkturschwankungen regelhaftig auftreten. Daher kann ein Abschnitt im Konjunkturzyklus als **Konjunkturphase** bezeichnet werden.

Wie schon vorher, stellt sich auch hier das Problem einer nicht einheitlichen Terminologie. Vielen Darstellungen gemeinsam ist jedoch das Heranziehen der Wachstumsraten des realen Bruttosozialprodukts bzw. realen Bruttoinlandsprodukts (vgl. Kapitel 2) zur Erfassung der Konjunkturschwankungen.

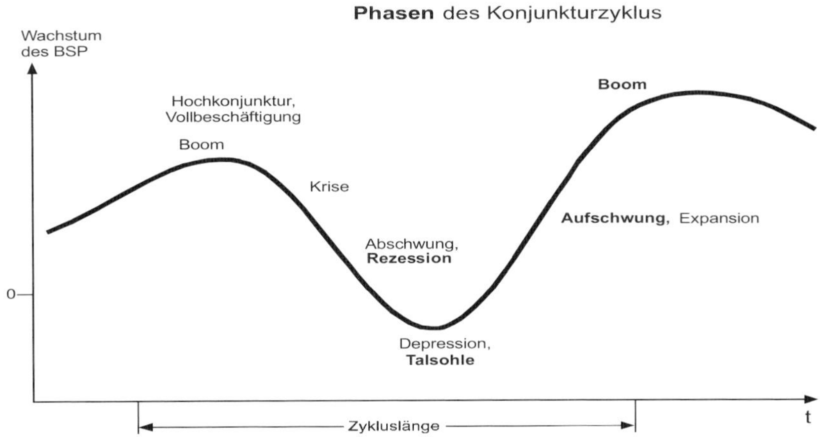

Ein Konjunkturzyklus in der Bundesrepublik Deutschland umfasst in etwa den Zeitraum von 3 - 5 Jahren.

Während der einzelnen Konjunkturphasen verhalten sich die **Konjunkturindikatoren** (Maßgrößen der wirtschaftlichen Entwicklung) typischerweise wie folgt:

Aufschwung (Expansion):

Der Aufschwung ist durch ein Ansteigen der ökonomischen Größen Beschäftigung, Einkommen sowie Nachfrage und Geldmenge gekennzeichnet. Eine zunehmende Auslastung der Produktionsfaktoren ist zu beachten. Preissteigerungen fallen zunächst noch moderat aus, da der wachsenden Nachfrage ein elastisches Angebot gegenübersteht.

Hochkonjunktur:

Mit dem Eintritt in die Boomphase gilt die ökonomische Beziehung **Nachfrage > Angebot**, was auch an den steigenden Preisen abgelesen werden kann. Die Gewerkschaften betreiben im Boom eine aggressive und offensive Lohnpolitik. Eine volle Auslastung oder ggf. Überlastung der Produktionsfaktoren ist festzustellen. Die Wachstumsraten des realen Bruttoinlandsprodukts nehmen ab, die Nachfrage der Unternehmen nach Investitionsgütern lässt nach, im Bewusstsein, dass jeder Boom in eine Krise mündet, der ein Abschwung folgt.

Abschwung (Rezession):

Ausgelöst durch die **rückläufige Investitionsgüternachfrage** werden zuerst in diesem Bereich Produktionseinschränkungen vorgenommen und Arbeitskräfte entlassen. Das Einkommensniveau der privaten Haushalte sinkt, die **Nachfrage nach Konsumgütern fällt**. Folge: Entlassungen in der Konsumgüterindustrie. Die Preissteigerungen lassen nach, Unternehmensgewinne schrumpfen, Lohnsteigerungen fallen geringer aus, die Arbeitslosigkeit wächst. Stimmungsbild: pessimistisch. Rezessionseintritt bei einem BIP-Rückgang um 0,75 % im Jahresdurchschnitt (europäische Messung).

Depression:

Sie ist gekennzeichnet durch **umfangreiche freie Produktionskapazitäten** und hohe Arbeitslosigkeit. Investitionstätigkeit und Konsumgüternachfrage sind an einem Tiefpunkt angelangt, die Banken verfügen über hohe Liquiditätsreserven, die aufgrund des Erlahmens der Wirtschaftstätigkeit nicht ausgeliehen werden können. Stimmungsbild: Niedergeschlagenheit, Zukunftsangst.
(Zum Verhalten von Staat und Europäischer Zentralbank während der Konjunkturphasen sowie zur Darstellung der Ursachen von Konjunkturschwankungen vgl. Kapitel 4.)

Die Funktionsweise der Konjunkturphasen verdeutlichen die folgenden Abbildungen:

Volkswirtschaftlicher Wirkungsmechanismus in der Hochkonjunktur

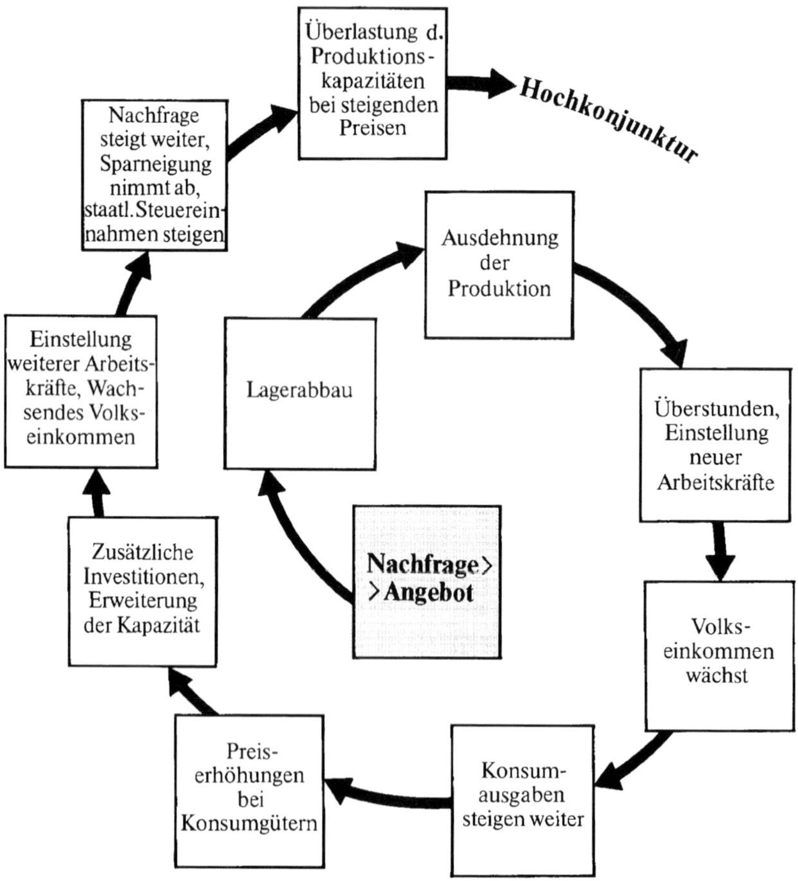

Volkswirtschaftlicher Wirkungsmechanismus in der Depression

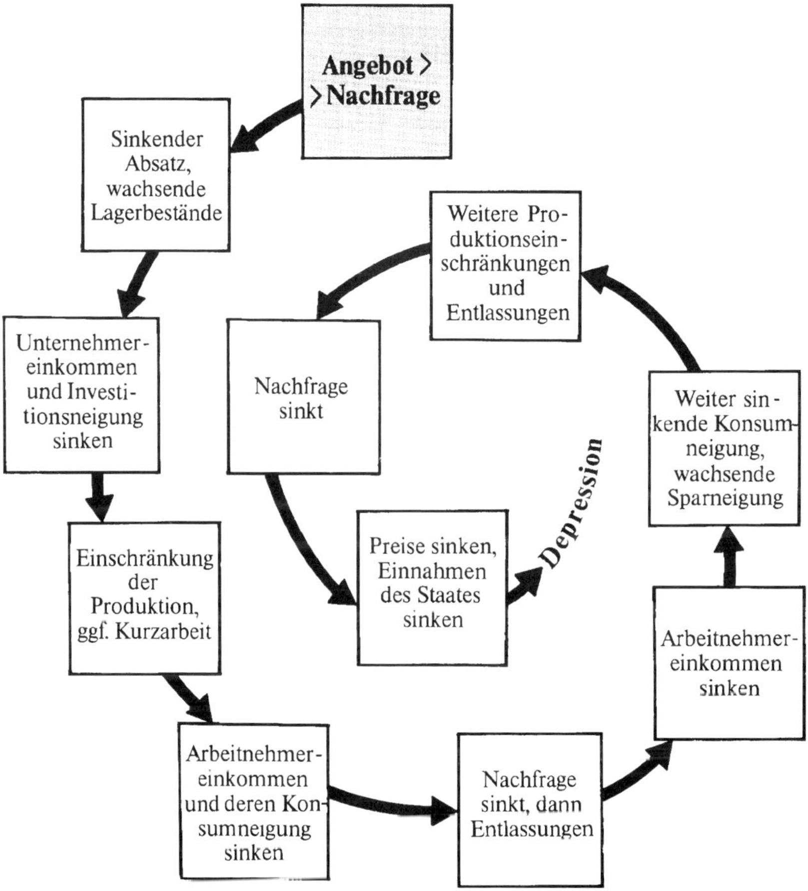

3.1.3 Konjunkturverlauf in der Bundesrepublik Deutschland

Ausgangspunkt sei die Entwicklung des realen Bruttosozialprodukts in der Bundesrepublik Deutschland:

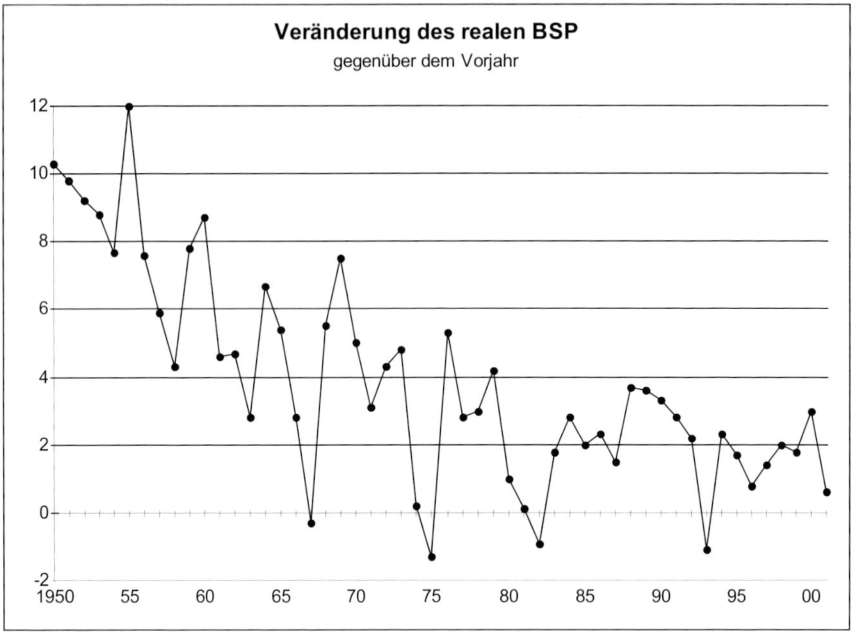

Die Interpretation der Graphik führt zu folgenden Aussagen:

- Je größer der Aufschwung jeweils war (vgl. sechziger Jahre), desto stärker gestaltete sich auch der Abschwung.

- Insgesamt zeigen die Zuwachsraten seit den sechziger Jahren eine deutliche Rückläufigkeit.

- Es ist kaum möglich, das Modell des 4-Phasen-Konjunkturzyklus auf die realen Konjunkturzyklen in der Bundesrepublik Deutschland anzuwenden, da die Darstellung nicht erkennen lässt, wann genau z. B. eine Aufschwungphase in die Hochkonjunktur mündet. Daher werden aus Gründen der Vereinfachung in der Praxis nur Aufschwung- und Abschwungphasen unterschieden.

Die nachstehende Tabelle soll anhand der Ziele des "magischen Vierecks" (vgl. Kapitel 1) die Abgrenzung der realen Zyklen erleichtern.

Konjunkturindikatoren der Bundesrepublik Deutschland (seit 91/92 mit ehemaliger DDR)

Quellen: Dt. Bundesbk., Monatsbericht, Frankf. Und BMWI (Hrsg.), Leistung in Zahlen, Bonn; div. Jge.

Jahr	Wirtschafts-wachstum in % (real) 1)	Arbeitslose n-quote in % 2)	Preisniveau-anstieg in % 3)	Veränderun g der Netto-Auslands-aktiva der DBBk in Mrd. DM 4)	Saldo der Lei-stungsbilanz in Mrd. DM; ab 1999 in Mrd. €
1950	k. Angabe	8,2	- 6,2	- 0,6	- 0,4
1960	k. Angabe	0,6	1,4	8,0	4,8
1961	5,4	0,5	2,3	- 2,3	2,8
1962	4,0	0,4	3,0	- 0,9	- 2,0
1963	3,4	0,5	3,0	2,7	0,7
1964	6,7	0,4	2,3	0,4	- 0,1
1965	5,6	0,4	3,4	- 1,3	- 6,2
1966	2,9	0,5	3,5	1,9	0,5
1967	- 0,2	1,6	1,4	- 0,1	10,0
1968	5,7	0,8	1,5	7,0	11,9
1969	7,5	0,5	2,8	-14,4	7,5
1970	5,9	0,5	3,7	22,7	3,2
1971	3,0	0,8	5,4	10,9	3,1
1972	3,6	1,1	5,6	15,2	2,6
1973	4,9	1,2	7,0	16,2	12,3
1974	0,4	2,6	7,0	- 9,1	26,6
1975	- 1,8	4,7	6,0	3,3	10,7
1976	5,3	4,6	4,3	1,3	9,7
1977	2,8	4,5	3,5	2,6	9,5
1978	3,5	4,3	2,6	12,2	18,4
1979	4,0	3,8	3,9	- 7,3	- 9,9
1980	1,9	3,8	5,3	-25,7	25,1
1981	0,0	5,5	6,3	1,3	- 8,0
1982	- 1,0	7,5	5,4	2,7	12,4
1983	1,9	9,1	3,2	- 1,6	13,5
1984	3,3	9,1	2,4	- 1,0	27,9
1985	1,9	9,3	2,0	- 1,3	48,3
1986	2,3	9,0	- 0,2	2,8	85,8
1987	1,5	8,9	0,1	31,9	82,5
1988	3,7	8,7	1,1	-32,5	88,9
1989	4,0	7,9	2,9	-21,6	108,0
1990	4,9	7,2	2,7	5,9	78,7
1991	3,6	6,3	3,7	0,8	- 30,0
1992	2,1	6,6	4,1	6,2	- 30,0
1993	- 1,2	8,2	3,7	- 3,4	- 23,4
1994	1,5	9,2	2,8	8,6	- 34,2
1995	1,6	9,3	1,7	17,8	- 27,2
1996	0,9	10,1	1,4	- 1,6	- 8,5
1997	1,7	12,7	1,9	- 8,5	- 2,4
1998	1,9	12,3	0,9	8,2	- 7,4
1999	1,8	9,7	0,4	k. A.	-16,8 Euro
2000	3,0	9,1	1,4	k. A.	-23,0 Euro
2001	0,75	9,0	2,0	k. A.	-18,0 Euro
2002	0,2	9,8	1,4	k. A.	+ 62,8 Euro
2003	-0,1	10,5	1,1	k. A.	+ 50,9 Euro

Anmerkungen zur vorhergehenden Tabelle:

1) Veränderung des Bruttosozialproduktes in Preisen verschiedener Basisjahre
2) in % der abhängigen Erwerbspersonen, bis 1959 ohne Berlin und Saarland
3) Veränderung gegenüber dem Vorjahr des Preisindex für die Lebenshaltung
4) Seit 1995 zu Transaktionswerten

Die mittels der Tabelle abzugrenzenden realen Zyklen sind wie folgt zu kennzeichnen:

Zyklennummer Zeitintervall	Historische Kennzeichen und Initialzündung
1. Zyklus 1949/50-1954	Angst-/Hortungskäufe infolge des Korea-Krieges, ab 1952/53 Kaufkraftzurückhaltung
2. Zyklus 1954-1958	Höhepunkt der Konjunktur 1956/57 nach dem Verbrauch der Korea-Vorräte und aufgrund des Nachholbedarfs (z. B. Urlaubswelle, Fresswelle)
3. Zyklus 1959-1963	Exportboom mit Höhepunkt in den Jahren 1960/61, danach milde Abschwungphase
4.Zyklus 1963-1966	Mitte 1963: wachsende Auslandsnachfrage, Mitte 1965: öffentliche Ausgabenwelle (v. a. Bauten), dann: Bremskurs Bundesbank (Inflationsbekämpfung): erste Rezession
5. Zyklus 1967-1970	Aufschwungphase durch Initialzündung zweier staatlicher Konjunkturförderungsprogramme, überhöhte Lohnforderungen
6. Zyklus 1971-1975	Inflationskonjunktur, danach 1975 infolge der 1. Ölpreiskrise (überhöhte Preisforderungen der OPEC-Länder), Gefahr einer Energieversorgungskrise)
7. Zyklus 1976-1977	Aufschwung wegen Unterauslastung im sechsten Zyklus und zusätzlicher staatlicher Konjunkturförderung
8. Zyklus 1978-1982	Zweite Ölkrise, Anpassungsprobleme (Montanindustrie, Konkurrenz durch Billiglohnländer)
9. Zyklus 1983-1992	Lange Aufschwungphase ("Konjunktur ist tot"), Boom nach der deutschen Wiedervereinigung
10. Zyklus 1993-2000	Auslaufender Wiedervereinigungsboom" gespaltene Konjunktur West/Ost", mäßiges Wirtschaftswachstum ohne Beschäftigungseffekte, "Konjunkturdellen"

3.2 Konjunkturindikatoren und Konjunkturprognose

3.2.1 Konjunkturindikatoren

Konjunkturindikatoren sind statistische **Maßzahlen**, die **wirtschaftliche Entwicklungsvorgänge** (= Konjunkturverlauf) **aufzeigen.** Sie basieren auf dem Sachverhalt, dass wirtschaftliche Situationen durch bestimmte Merkmale gekennzeichnet sind.

Folgende **Unterscheidung von Konjunkturindikatoren** nach dem Kriterium der Zeit ist in der Wirtschaftslehre gebräuchlich:

Frühindikatoren (dem Konjunkturverlauf vorauseilend)	**Präsenzindikatoren** (mit dem Konjunkturverlauf zusammen fallend)	**Spätindikatoren** (dem Konjunkturverlauf nachlaufend)
▪ **Auftragseingang der Investitionsgüter-industrie** ▪ **Einschätzung des Geschäftsklimas** ▪ Baugenehmigungen für den Hochbau ▪ Arbeitsplatzangebot	▪ **Sozialprodukt** ▪ **Kapazitätsauslastung** ▪ Einzelhandelsumsatz ▪ Reaktion der Beschäftigung (Kurzarbeit/Überstunden)	▪ **Preisindex der Lebens-haltung** ▪ **Volkseinkommen** ▪ **Arbeitslosenquote** ▪ Wirtschaftswachstum ▪ Steueraufkommen

Weitere Indikatoren: Konsumklimaindex, PMI (= purchase manager index).

Ferner kann zwischen **Mengen-** (z. B. Auftragseingang, Arbeitsplatzangebot) und **Preisindikatoren** (z. B. Preisindex der Lebenshaltung, Zinsentwicklung, Aktienkurse) unterschieden werden.

Da sich Konjunkturindikatoren durchaus widersprüchlich zueinander verhalten können, wählt man das Bruttosozialprodukt bzw. Bruttoinlandsprodukt als **Schlüsselindikator** der konjunkturellen Entwicklung. Es fasst eine Vielzahl von Indikatoren (z. B. Güterproduktion, Lagerbestände, außenwirtschaftliche Beziehungen) in sich zusammen.

3.2.2 Indikatorenmuster

Bedingt durch den Sachverhalt, dass einzelne **Indikatoren zeitlich verschoben zueinander verlaufen** und nach ihrer zeitlichen Beziehung zur Situation der Wirtschaft nicht exakt zeitgleich messbar sind, ergibt sich bei Gegenüberstellung der Früh-, Präsenz- und Spätindikatoren in einem Modell ein **Indikatorenmuster**, das für sehr viele Konjunkturverläufe typisch ist. Der Präsenzindikator dient dabei als Ausgangspunkt der Darstellung.

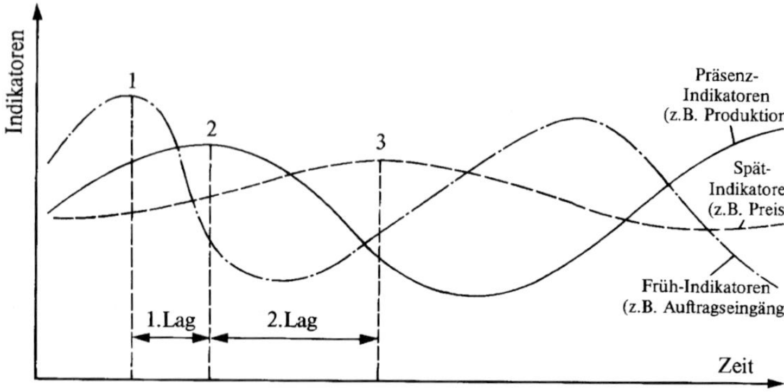

Quelle: Woll, A., Allgemeine Volkswirtschaftslehre, S. 524, München 1984

Der Darstellung sind folgende **Gesetzmäßigkeiten** zu entnehmen:

- Der obere Wendepunkt des Präsenzindikators liegt nach dem des Frühindikators, aber vor dem oberen Wendepunkt des Spätindikators. Dies gilt entsprechend für den unteren Wendepunkt.

- Die Schwankungen der Frühindikatoren sind stärker ausgeprägt als die der Präsenzindikatoren, deren Amplituden jedoch die der Spätindikatoren übertreffen.

Für diese Gesetzmäßigkeiten ist folgende **ökonomische Erklärung** denkbar:

- **Lags:** Sie treten zwangsläufig auf, denn eine Zunahme der Produktion (Präsenzindikator) setzt eine sich ausweitende private oder staatliche Nachfrage voraus, um hinreichend Aufträge bzw. Bestellungen (Frühindikator) zur Bearbeitung zu erhalten. Dabei wird - ebenso wie für die Durchführung der Produktion - einige Zeit beansprucht. Die zeitliche Lücke zwischen der Produktion (Präsenzindikator) und der Preisentwicklung (Spätindikator) ist dadurch zu begründen, dass erst nach Auslastung der vorhandenen Kapazitäten die nicht befriedigte Nachfrage nur noch in Form von Preiserhöhungen (Knappheitsmesser) am Markt durchschlagen kann.

- **Amplitudenhöhe:** Das Maximum der Produktion liegt unter dem der Auftragseingänge, da Aufträge auch z. B. storniert werden können. Das Maximum des Indikators Preise liegt wegen Marktunvollkommenheiten nicht auf dem Niveau des Indikators Produktion. Das Minimum der Produktion liegt über dem entsprechenden Minimalwert des Auftragseingangs, da Unternehmen ggf. über Auftragspolster verfügen.

3.2.3 Konjunkturprognose

Konjunkturindikatoren stellen die Voraussetzung der **Konjunkturforschung** dar.

Dabei gilt es einerseits, die aktuelle wirtschaftliche Lage zu **analysieren** (**Konjunktur-diagnose**), andererseits eine **Vorausschau** der wirtschaftlichen Entwicklung für idR die nächsten 12 Monate zu geben (**Konjunkturprognose).**

Wirtschaftswissenschaftliche Konjunkturforschung wird u. a. betrieben vom Institut der deutschen Wirtschaft (IdW), vom Deutschen Institut für Wirtschaftsforschung (DIW), vom Sachverständigenrat (= die "Fünf Weisen") sowie von der Deutschen Bundesbank.

In neuerer Zeit gewinnt im Rahmen der Konjunkturforschung auch der Handelsblatt-Frühindikator an Bedeutung.

3.3 Typische und atypische Konjunkturlagen

Das Handelsblatt meldete am 6. November 1997 in einem Artikel: "Der Herbstaufschwung und der Exportboom haben im Oktober den westdeutschen Arbeitsmarkt stabilisiert ...", eine Situation, die im 4-Phasen-Konjunkturzyklus **typisch** ist für einen **sich stabilisierenden Aufschwung**. Voraussetzung dafür ist, dass ein sich entwickelnder Nachfrageüberhang nicht allein durch Lagerabbau und zunehmende Automatisierung kompensiert werden kann, d. h. eine elastische Anpassung des Angebots an die veränderte Nachfragesituation erfolgt.

Die Wirtschaftsforschungsinstitute meldeten im Herbstgutachten für das Jahr 1982 folgende Eckdaten zur Konjunktur, gemessen in prozentualen Veränderungen zum Vorjahreszeitraum (Basis: Verwendung des Sozialprodukts in Preisen von 1976):

Privater Verbrauch	- 1,5
Staatsverbrauch	+ 0,5
Anlageinvestitionen	- 6,5
Bauten	- 6,5
Ausfuhr	+ 3,5
Einfuhr	+ 1,5
Preisentwicklung	+ 5,0 (privater Verbrauch)
	+ 5,0 (BSP)

Quelle: Informationsdienst des Instituts der deutschen Wirtschaft (IdW), 1982, Heft 43 vom 28.10.1982

1982 war ein **deutlicher Abschwung** zu verzeichnen (vgl. Kapitel 3.1.3), was z. B. durch Einbrüche bei Anlageinvestitionen, Bauten und privatem Verbrauch verdeutlicht wird.

Atypisch verhält sich der Konjunkturindikator **Preisentwicklung**. Abnehmende bzw. stagnierende Nachfrage lässt Preisniveausenkung oder -stabilität erwarten, hier jedoch wirkten dem u. a. die gestiegenen Rohstoff- und Energiepreise (2. Ölkrise) entgegen. Die positiven Impulse aus dem Auslandsgeschäft waren zu schwach, um die Wirtschaft wieder anzukurbeln, da Anpassungsprobleme der inländischen Industrie infolge veränderter Wettbewerbsbedingungen und die damalige Hochzinspolitik als Investitionshemmnisse dem Wirtschaftswachstum entgegen standen.

Man sprach damals von **Stagflation**, d. h. wirtschaftliche Stagnation, gepaart mit inflationärer Preisentwicklung.

Eckwerte der Konjunktur in Deutschland (SZ 19.6.99)

Volkswirtschaftliche Schlüsselzahlen IV/'98
(real in % gegenüber Vorjahr)

Bruttoinlandsprodukt	+ 2,5
Privater Verbrauch	+ 2,7
Staatsverbrauch	+ 1,6
Ausrüstungs-Investitionen	+ 11,0
Bau-Investitionen	- 5,3
Export	+ 1,6
Import	+ 4,8

Auftragseingang **März '99**
(Werte in % gegenüber Vorjahr, teilweise vorläufig)

Verarbeitendes Gewerbe insgesamt	- 3,6
Inland	- 4,0
Ausland	- 3,1
Chemie	- 6,8
Maschinenbau	- 10,3
Fahrzeugbau	- 1,7
Büromaschinen/Datenverarbeitung	+ 3,8
Elektroindustrie	+ 3,8
Rundfunk/Nachrichtentechnik	+ 18,3
Bauhauptgewerbe (Febr. '99)	+ 3,0

Produktion (in % gegenüber Vorjahr) **März '99**

Halbfertigfabrikate	- 2,2
Investitionsgüter	- 7,3
Gebrauchsgüter	0
Verbrauchsgüter	+ 3,2

Einzelhandelsumsätze **März '99**
(Werte in % Monat/gegenüber Vorjahr)

Insgesamt	+ 3,8
Nahrung/Genussmittel	+ 11,5
Möbel	- 5,7
Elektrogeräte	- 5,5
Metallwaren	- 2,4

Arbeitsmarkt **Mai '99**

Arbeitslose	3.998.114
Offene Stellen	501 522
Arbeitslosenquote in (%)	10,2

Preisindex (in % gegenüber Vorjahr) **April'99**

Lebenshaltung	+ 0,7
Erzeuger, gewerblich	- 1,6
Einfuhr insgesamt	- 3,9
Ausfuhr insgesamt	- 1,6

Löhne und Gehälter **März'99**
(in % gegenüber Vorjahr)

Alte Länder	+ 2,8
Neue Länder	+ 3,3

Zinsen in % **März'99**

Sollzinsen der Banken, z. B. Kontokorrent	8,86
Habenzinsen der Banken, z. B. Festgelder (1-3 Monate)	2,64
Spareinlagen	1,41
Kapitalmarktzinsen (Umlaufrendite)	3,8

Quellen: Statistisches Bundesamt; BMWi

4 Geld- und Fiskalpolitik

4.1 Stellung der Konjunkturpolitik innerhalb der Wirtschaftspolitik

Begriff "Wirtschaftspolitik" (künftig: WiPol) = gezielte Beeinflussung und Gestaltung wirtschaftlicher Abläufe und Ziele mit Hilfe geeigneter Maßnahmen.

Ein **wesentlicher Teilbereich** der WiPol ist die **Konjunkturpolitik**, die zum Hauptgegenstand ihrer Betrachtung die Beobachtung des **"Gesamtwirtschaftlichen Gleichgewichts"** hat, also: Dämpfung oder gar Verhinderung systemimmanenter Konjunkturschwankungen (zum Begriff vgl. Kap. 3). Dabei sollen die Ziele des Stabilitätsgesetzes (vgl. Kap. 1) verfolgt werden, insbesondere im Rahmen der staatlichen Wirtschaftspolitik, dabei vor allem in der staatlichen Konjunkturpolitik.

Träger der WiPol sind neben dem Staat auch

- die Europäische Zentralbank (EZB),
- die Tarifvertragsparteien (Sozialpartner) im Rahmen der tarifären Lohnpolitik (vgl. Kap. 6),
- das Bundesverfassungsgericht (z. B. bei Überprüfungen von Entscheidungen der Bundesregierung bzw. der Parlamente im Bereich der Neuverschuldung),
- sonstige Interessenverbände (vgl. "Lobby"),
- politische Parteien sowie
- die EU (in verstärktem Maße, s. z. B. auch Strukturförderung, vgl. Kap. 7), die zunehmend seit 1.1.1999 die traditionelle Geldpolitik der EURO-Währungsstaaten durch das ESZB mit seinen jeweiligen Instrumenten und Einflussnahmemöglichkeiten abgelöst hat.

4.2 Geld- und Kreditpolitik

4.2.1 Das Europäische Zentralbanksystem ("Eurosystem") ESZB sowie die Europäische Zentralbank EZB - Grundinformationen

4.2.1.1 Gründung, Sitz, rechtliche Regelung und Geltungsbereich

Gründung: ESZB und damit EZB wurden am 1. Juni 1998 gegründet. Hiermit wurde einer Forderung der dritten Stufe des Vertrags von Maastricht entsprochen.

Sitz der EZB ist Frankfurt/M.

Rechtliche Regelung und Geltungsbereich: Die EZB ist als Teil des Eurosystems rechtlich selbstständig ebenso wie der weitere Teil des Eurosystems, die Nationalen Zentralbanken NZBs.
Entscheidungen des zentralen Entscheidungsorgans, des EZB-Rats, werden i.d.R. mit einfacher Mehrheit getroffen (dazu vgl. unten 4.2.1.4).

Dem ESZB gehören alle 25 EU-Mitgliedstaaten an (derzeitiger Stand), wobei jedoch zunächst nur 12 Staaten vom Eurosystem erfasst werden und diesem beigetreten sind. Nicht zum Eurosystem ("Euroland") gehören die Länder der ehemaligen EU-15-Staaten, nämlich Dänemark, Schweden und England sowie die 10 Beitrittsstaaten der EU-Osterweiterung ab Mai 2004 (= "Outs", die den Euro als Währung nicht eingeführt haben).
Ab dem 01. Januar 2007 gehören dem Eurosystem 13 Staaten an, d. h. 13 NZBs.

Aufgaben der EZB-Rats: Er bestimmt die Geldpolitik im Euro-Land, genehmigt die Banknotenausgabe, erteilt Weisungen und Leitlinien an die NZBs.
Die nationalen Zentralbankpräsidenten von Schweden, Dänemark und Großbritannien sitzen im **erweiterten EZB-Rat**, der die Präsidenten aller 25 nationalen Zentralbanken der EU umfasst.

Aufbau (Organe) der Europäischen Zentralbank (EZB)

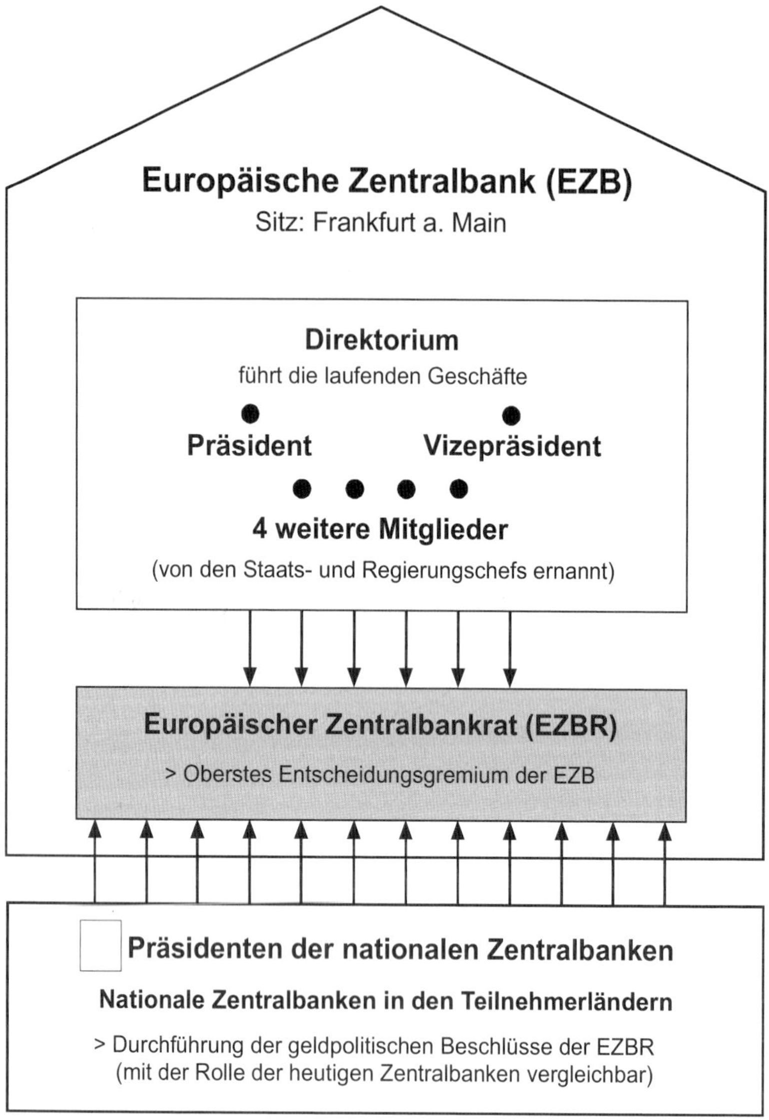

4.2.1.2 Finanzierung des ESZB bzw. der EZB

Kapitaleigner der EZB waren bis 30.04.2004 alle 15 Mitgliedstaaten, jedoch haben z. B. die "Outs" ihren vollen Mitgliedsbeitrag nicht einbezahlt. Die Deutsche Bundesbank als NZB hält ca. 24, 5 % Anteile am EZB-Kapital. Werden die "Outs" nicht berücksichtigt, erhöht sich rechnerisch ihr Anteil auf ca. 31%. Dieses Grundkapital der EZB beträgt nominal 5 Mrd. Euro. Zusätzlich wurde die EZB von den NZBs mit Währungsreserven in Höhe von ca. 39 Mrd. Euro ausgestattet. Sie stellen eine Forderung der NZBs gegen die EZB dar, die von dieser zu verzinsen ist. Diese Reserven sollen für geld- und währungspolitische Zwecke auf den internationalen Märkten eingesetzt werden.

4.2.1.3 Unabhängigkeit des ESZB/der EZB

Als besonders wichtig wird die Unabhängigkeit aller Teile des ESZB erachtet, um dem obersten Ziel, der Gewährleistung der Geldwertstabilität, gerecht zu werden. Diese Zielerreichung ist i.d.R. gefährdet, wenn Zentralbanken von Regierungen etc. abhängig sind. Aus dem Machtmissbrauch von Institutionen z. B. entsteht die Gefahr der Inflation.

Arten der Unabhängigkeit:

- **Institutionelle Unabhängigkeit:** Alle Teile des ESZB sind vollständig von Weisungen unabhängig und sie dürfen sich auch keine einholen, weder von Organen und Einrichtungen der EU, noch von nationalen Regierungen oder anderen Stellen. Ergänzt wird diese Unabhängigkeit durch ein umfassendes Beeinflussungsverbot durch Gemeinschaftsorgane und Regierungsorgane; selbst ein Versuch ist strafbar.

- **Personelle bzw. persönliche Unabhängigkeit:** Der Präsident und die übrigen Mitglieder des Direktoriums der EZB können nicht wieder nach Ablauf ihrer Amtsdauer von 8 Jahren ernannt werden. Eine vorzeitige Amtsenthebung ist nur durch den Europäischen Gerichtshof aufgrund schwerer Verfehlungen möglich.

- **Operative Unabhängigkeit:** Auswahl und Einsatz des geldpolitischen Instrumentariums für die EWU unterliegt der freien Verantwortung und Verfügungsgewalt des ESZB. Dazu gehört auch, dass das ESZB keine Kredite an Staaten, ihre Gebietskörperschaften und sonstige öffentliche Stellen vergibt.

- **Weitere Unabhängigkeiten**: Finanzielle Unabhängigkeit vgl. oben Ausstattung des ESZB mit ausreichenden finanziellen Mitteln; funktionelle Unabhängigkeit hinsichtlich des vorrangigen Ziels und seiner Erreichung, der Preisstabilität.

4.2.1.4 Organisation und Aufbau des ESZB und der EZB, Geschäftspartner

Das **ESZB** gliedert sich in die **EZB** und die **NZB**s mit ihren untergeordneten **Landeszentralbanken**. Ab 01.05.2002 sind die Landeszentralbanken mit Ländernamen zu **Hauptverwaltungen** der NZB – hier Bundesbank – mit Ortsnamen geworden. Damit sind die bisherigen Koordinierungsverfahren zwischen NZB (Bundesbank) und Landeszentralbanken entfallen. Im Rahmen der Umstrukturierung der NZB wurden die 9 Landeszentralbanken, die Dienststelle des Direktoriums und die bestehenden organisatorischen Einheiten der Bundesbank zu einer Organisationseinheit verschmolzen. Den NZBs kommt die operative Umsetzung der EZB-Rats-Beschlüsse innerhalb eines gewissen Ermessensspielraums zu.

Geschäftspartner des ESZB sind alle Monetären Finanzinstitute **MFIs**, die i.d.R. der Mindestreservepflicht unterliegen. Zu den MFIs gehören u. a. alle Banken (Kreditinstitute).

4.2.1.5 Aufgaben, Ziele und Strategie des ESZB

Hauptaufgabe und vorrangiges Ziel ist die Gewährleistung der Preisstabilität zur Erhaltung der Geldwertstabilität.

Sonstige Aufgaben:

- Unterstützung der allgemeinen Wirtschaftspolitik der EU, soweit das Ziel der Preisstabilität nicht gefährdet ist.
- Ausgabe von Banknoten (Barzahlungsverkehr).
- Abwicklung des unbaren Zahlungsverkehrs; im grenzüberschreitenden europäischen Verkehr mithilfe des Echtzeit-Brutto-Zahlungssystems , dem sog. TARGET-System.
- Verwaltung der nationalen Währungsreserven durch die NZBs.

Geldpolitische Strategie (= "Zwei-Säulen-Strategie" als Analysekonzept):

Ursprüngliche geldpolitische Strategie

Erste Säule = **Geldmenge** (Bekanntgabe eines Referenzwertes für die Wachstumsrate von M3, vgl. unten; Analyse der Entwicklungen der Geldmengen- und Kreditaggregate bzgl. ihres Informationsgehalts).

Zweite Säule = Analyse der **Preisentwicklung** auf der Basis mehrerer wirtschaftlicher und finanzieller Variablen (z. B. Kostendruck, Wechselwirkung zwischen Angebot und Nachfrage) sowie die daraus abgeleitete Gefährdung der Preisstabilität.

Strategiewechsel ab Mai 2003

Erste Säule = **Analyse der Wirtschaftslage und Berücksichtigung ihres Einflusses auf das Preisniveau** (z. B. Löhne, Wechselkurse, reales Wirtschaftswachstum).

Zweite Säule = **Entwicklung der Geldmenge** (Festlegung des Referenzwertes von 4,5% Geldmengenwachstum M 3 und eines Inflationszielwerts von max. 2,0%, wobei die Einhaltung dieser Vorgaben nicht mehr regelmäßig kontrolliert wird. Entscheidend für eine maßvolle Entwicklung der Geldmenge und der Inflationsrate ist nicht mehr die bloße Vorgabe von Zielwerten, sondern das Vertrauen der EU-Bürger in die Geldpolitik der EZB, weshalb die EZB verstärkt auf offene Kommunikationspolitik setzt und ihre Entscheidungen nachvollziehbar begründet.)

4.2.1.6 Verhältnis des ESZB zu den "Outs"

Die "Outs" - vgl. oben - sind Mitglied des ESZB, jedoch mit untergeordneter Bedeutung ohne Mitspracherecht im "Erweiterten Rat" der EZB. Als Nichtteilnehmerstaaten am Euro werden sie wechselkursmäßig vom Euroland individuell behandelt. Der bilaterale Wechselkurs bildet sich nach den Bestimmungen des EWS II-Systems bzw. WKM II-Systems. Dieses System entspricht in seiner Handhabung dem ursprünglichen

EWS I-System (vgl. Bandbreiten etc.). Im Euro-Land selbst herrschen feste Wechselkurse (vor Einführung des Euro als Barzahlungsmittel) und Umrechungskurse (z. B. 1 Euro entspricht 1,95583 DM).

4.2.2 Das geldpolitische Instrumentarium des ESZB

4.2.2.1 Zielkonflikt und Zusammenarbeit des ESZB mit den Nationalregierungen

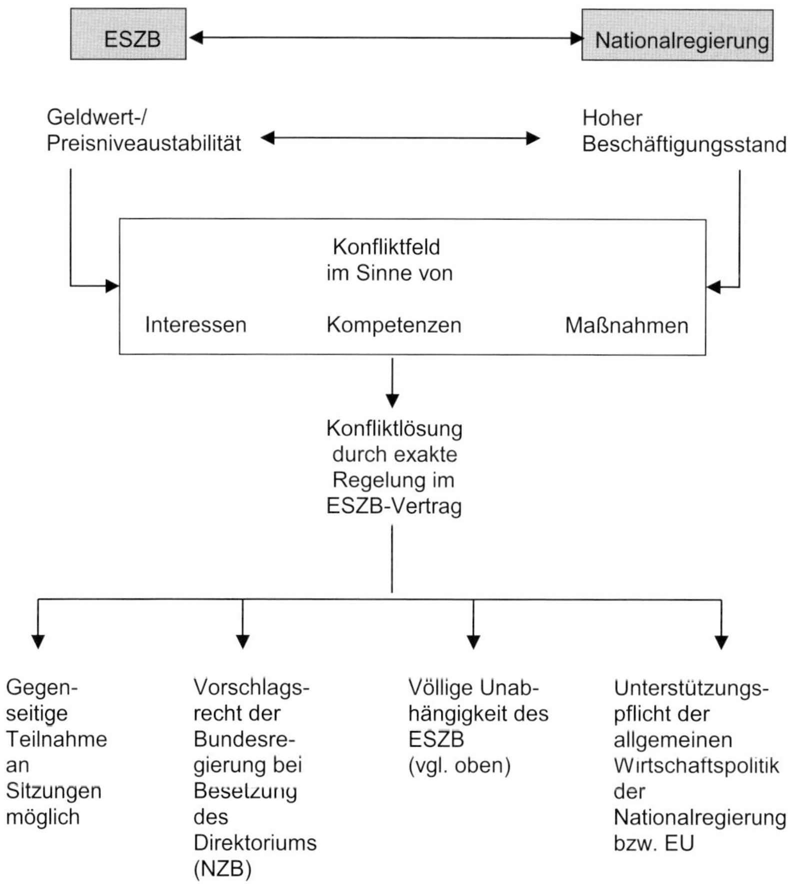

4.2.2.2 Das geldpolitische Instrumentarium des ESZB – Übersicht

Initiative des ESZB/der EZB bzgl. der mindestreservepflichtigen Geschäftspartner

Instrument: Offenmarktgeschäfte

Instrumentenkategorien:

1. Hauptrefinanzierungsgeschäft (Haupttender)
2. Längerfristige Refinanzierungsgeschäfte (Basistender)
3. Feinsteuerungsoperationen
4. Strukturelle Operationen
5. Bilaterale Geschäfte (keine Tender) zwischen EZB und einem ausgewählten Kreditinstitut meist über die Börse oder Vermittler

Instrument: Mindestreservepolitik

Initiative der mindestreservepflichtigen Geschäftspartner

Instrument: Ständige Fazilitäten

Instrumentenkategorien:

1. Spitzenrefinanzierungsfazilität: incl. Überziehungskredit auf EZB/NZB-Konten (Sicherheit = Wertpapierlombard)
2. Einlagefazilität

4.2.2.3 Das geldpolitische Instrumentarium des ESZB im Einzelnen

Leitzinsen:	**Hauptleitzins**	=	Mindestbietungssatz (Reposatz) des Haupttenders (Zinstender)
	oberer Leitzins	=	Zinssatz der Spitzenrefinanzierungsfazilität;
	unterer Leitzins	=	Zinssatz der Einlagenfazilität.

Oberer und unterer Leitzins bilden den **Zinskanal** (vgl. unten Graphik).

A. Offenmarktgeschäfte:

Ziel der Offenmarktgeschäfte ist die laufende zins- und liquiditätspolitische Steuerung des Geldmarktes; z. T. mittels Wertpapierkäufen und -verkäufen zwischen EZB und Kreditinstituten (MFIs) in Form von **befristeten Transaktionen** im **Pfandpoolverfahren**, d. h. Kreditgewährung gegen Hinterlegung von Sicherheiten (vgl. unten z. B. Haupttender) oder **definitiven befristeten Transaktionen** (Kauf oder Verkauf von Wertpapieren mit Rückkaufsvereinbarung = **Repo-Geschäfte** = Pensionsgeschäfte; möglich bei Feinsteuerungsoperationen und Strukturellen Operationen, vgl. unten). Ein **Repogeschäft** (= repurchase agreement) verpflichtet und berechtigt den Verkäufer (z. B. MFIs) dem Käufer (z. B. EZB) überlassene Vermögensgegenstände als Kreditsicherheiten (vgl. u. Kategorien 1, 2) zu einem bestimmten Zeitpunkt und Preis zurück zu kaufen. Das Eigentum an den Sicherheiten wird jedoch nicht übertragen, obwohl das Geschäft wirtschaftlich einem Kreditgeschäft gleicht.

Durchführungsverfahren sind **Tenderverfahren**.
Kurzfristige Offenmarktgeschäfte haben eine **Signalfunktion** für die Finanzwirtschaft, vgl. u. Hauptrefinanzierungsgeschäft (Haupttender) und Ständige Fazilitäten.
Zu den Offenmarktgeschäften zählen auch die *Devisenswapgeschäfte* und die *Hereinnahme von Zentralbankgeldern als Termineinlagen durch die MFIs (vgl. Kapitel 5).*

Tenderverfahren sind Verfahren, die von der EZB den Kreditinstituten mitgeteilt und angeboten werden (= *Ausschreibungsverfahren*) und bei denen die Kreditinstitute tätig werden: Die Kreditinstitute teilen ihre Wünsche bezüglich Zins und Geldmengenzuteilung (= Liquiditätszuführung) der EZB mit (= *Bietungsverfahren*). Die EZB teilt den Kreditinstituten Zentralbankgeld als Kredit entsprechend der Ausschreibung zu (= *Zuteilungsverfahren*).
Tenderverfahren sind "befristete Transaktionen", d. h. sie haben Laufzeiten: Zeit zwischen Zuteilung des Geldes und der Rückzahlung (inkl. Zinsen) an die EZB.

Ziel der Geschäfte ist die Erhaltung der strukturellen Liquiditätsknappheit (-defizit) der Kreditinstitute, d. h. Erhaltung des Zwangs zur Refinanzierung, z. B. zur Erfüllung des Mindestreservesolls, um den kurzfristigen Zinssatz zu stabilisieren und den Einfluss der EZB auf die MFIs sicher zu stellen. Kurzfristige Liquiditätsschocks, die zu einer unkalkulierten Verstärkung der strukturellen Liqudidätsknappheit führen können und damit auf die kurzfristigen Zinsen durchschlagen, werden durch Feinsteuerungsinstrumente abgefedert.

Tenderarten und sonstige Einteilung der Tender

- **Tenderarten nach zeitlicher Anwendung**

  - Standardtender: Laufzeit und Abschlussrhythmus sind standardisiert, d. h. immer in gleicher Art und Weise üblich und durchgeführt; sie werden den Kreditinstituten im Voraus bezüglich ihrer Ausgestaltung bekannt gegeben. Durchführung innerhalb von 24 Stunden.

  - Schnelltender: Zeitraum zwischen Ausschreibung, Bietung und Bekanntgabe des Zuteilungsumfangs durch die EZB an die Kreditinstitute ist auf 1 Stunde komprimiert; die Zuteilung des Geldes erfolgt innerhalb eines Tages.

- **Tenderarten nach Verfahren**

  - Zinstender (Liquiditätszuführung): Zuteilung bis zum marginalen Satz (= niedrigster von den Kreditinstituten gebotener Satz = **holländisches Verfahren**) in absteigender Reihenfolge; anteilige Verteilung der von der EZB ausgeschriebenen Zuteilungsgeldmenge unter die bietenden Kreditinstitute, die neben dem Zinssatz auch die gewünschte Geldmenge "bieten" (wünschen, anfordern). Zuteilung bis zum Mindestbietungssatz.

    Daneben besteht die Zuteilungsmöglichkeit nach dem **amerikanischen Verfahren**: Zuteilung nach abnehmenden Zinssätzen. Berücksichtigung der Gebote, die über dem marginalen Zuteilungssatz liegen zum jeweiligen Bietungssatz und vollständige Zuteilung. Gebote zum marginalen Zuteilungssatz werden anteilsmäßig berücksichtigt, während Gebote unter dem marginalen Zuteilungssatz nicht mehr zum Zuge kommen. Dieses Verfahren wird z. Zt. von der EZB angewendet. Unterscheidung: **Mindestbietungssatz** = der von der EZB im Ausschreibungsverfahren bekannt gegebene Mindest-Zinssatz; **marginaler Zinssatz** = niedrigster, von der EZB im Zuteilungsverfahren akzeptierter Zinssatz.

- Mengentender: Zinssatz wird vorher von der EZB festgelegt und bekannt gegeben; die Kreditinstitute bieten über die gewünschte Menge; anteilige Zuteilung, wenn die Summe der Bietungsbeträge über dem gesamten Zuteilungsbetrag der EZB liegt.

Die Kreditinstitute haben i. R. d. Tenderverfahren der EZB **Sicherheiten als Pfand** zu bieten (= **Pfandpoolverfahren**), d. h. Wertpapiere der entsprechenden **Kategorie 1 oder 2** in Höhe des gebotenen Kreditwertes werden in einem Depot, auf das die EZB Zugriff hat, hinterlegt; dieses Depot wird immer den jeweiligen Erfordernissen angepasst. **Kategorie 1**-Sicherheiten sind ausschließlich Schuldtitel, insbes. Staatsanleihen, von Sozialversicherungsträgern begebene Wertpapiere sowie Wertpapiere internationaler Institutionen etc.. **Kategorie 2**-Sicherheiten sind neben marktfähigen auch nicht marktfähige Sicherheiten (Schuldtitel: z. B. Bankkredite, Handelswechsel).

- **Tenderarten nach der Bedeutung**

  - Basistender: Dient der Grundversorgung der Kreditinstitute mit Zentralbankgeld; soll zur Dispositionssicherheit besonders der kleinen Banken beitragen; monatlicher Abschlussrhythmus mit einer jeweiligen Laufzeit von drei Monaten.

  - Haupttender (Hauptrefinanzierungsgeschäft): Dient der laufenden Geldmarktsteuerung; Angebot in wöchentlichem Rhythmus mit einwöchiger Laufzeit; i.d.R. Zinstender als Standardtender; zeigt aufgrund seiner Leitzinsfunktion den geldpolitischen Kurs der EZB an (Signalfunktion); die Ausstattungsmerkmale entsprechen den Konditionen der Mengen- und Zinstender (vgl. oben). – Das Hauptrefinanzierungsgeschäft (**HRG**) ist somit zusammenfassend in folgender Weise zu charakterisieren: Haupttender, Standardtender, i.d.R. Zinstender, befristete Transaktion im Pfandpoolverfahren, Leitzinsfunktion.

- **Tenderarten nach der beabsichtigten Wirkung**

  - Liquiditätszuführend: Alle Operationen (= Geschäfte, Instrumente) außer der Einlagefazilität.

  - Liquiditätsabsorbierend/-abschöpfend: Feinsteuerungsinstrument (auch zuführend - vgl. oben), Einlagenfazilität.

- **Zuordnung der Tenderarten zu den Operationen**

  - Standardtender: Hauptrefinanzierungsinstrument, strukturelle Operationen; Mengen-, Zinstender; Haupttender, Basistender.

  - Schnelltender: Feinsteuerungsoperationen; Mengen-, Zinstender.

- **Tenderarten nach Bietungsbeträgen**

  - Mindestbietung bei Hauptrefinanzierungsgeschäften, Feinsteuerungsoperationen, strukturellen Operationen = 1 Million Euro;

- bei längerfristigen Refinanzierungsgeschäften von 10.000 Euro bis zu 1 Million Euro.

Feinsteuerungsoperationen finden unregelmäßig statt, sind marktsituationsbezogen zur Steuerung der Marktliquidität (Geldmarkt) und der Zinssätze; dienen zum Ausgleich der Auswirkungen unerwarteter marktmäßiger Liquiditätsschwankungen auf die Zinssätze.

Strukturelle Operationen finden regelmäßig oder unregelmäßig statt; dienen der Anpassung der (strukturellen) Liquiditätsposition des Finanzsektors gegenüber dem ESZB; Emission von Schuldverschreibungen (vgl. Verstärkung oder Verminderung der strukturellen Liquiditätsknappheit der MFIs).

B. Ständige Fazilitäten:

Ziel ist die Bereitstellung von Übernachtliquidität - oder Abschöpfung von Übernachtliquidität; Signalwirkung bezüglich des allgemeinen Kurses der Geldpolitik; Abgrenzung des Zinskanals. Begriff "Fazilität" : Kreditmöglichkeit.

- **Spitzenrefinanzierungsfazilität** dient der Beschaffung von Übernachtliquidität zu einem von der EZB vorgegebenen Zinssatz; Vergabe gegen ausreichende refinanzierungsfähige Sicherheiten (vgl. Kategorien 1 und 2); i.d.R. keine Kredithöchstgrenze; Zinssatz = Obergrenze des Tagesgeldsatzes. Ausgleich von kurzfristigen Liquiditätsengpässen.

- **Einlagefazilität** dient der Anlage von Guthaben der MFIs bis zum nächsten Geschäftstag bei der EZB / den NZBs auf entsprechenden Einlagenkonten; i.d.R. keine Begrenzung der Beträge; Zinssatz = Untergrenze des Tagesgeldsatzes - wird durch EZB bekannt gegeben; Liquiditätsabschöpfung über Nacht.

Übersicht: Auswirkungen primär zinspolitischer Maßnahmen des ESZB

auf

Unternehmen ↙ → gunstigere Kreditfinanzierung der Unternehmen ↓ Zunahme der Investitionsgüternachfrage

Private Haushalte ↘ → günstigere Konsumentenkredite ↓ Zunahme der Konsumentengüternachfrage

Zunahme der Investitionsgüternachfrage ⇄ Zunahme der Konsumentengüternachfrage

↘ ↙

Zunahme der Beschäftigung und steigendes Volkseinkommen
(vgl. Multiplikatoreffekt)

C. Mindestreservepolitik (-pflicht):

Ausgangssituation: Inländische und ausländische Kunden zahlen bei den Geschäftsbanken Einlagen ein. Können damit die Geschäftsbanken beliebig viele Kredite gewähren?

Problem: Natürlich will die Bank mit den Einlagen gewinnbringend arbeiten. Würden jedoch die Bankkunden einen Teil z. B. ihrer Bareinlagen wieder mittels Barabhebung einfordern, bedeutete dies für die Geschäftsbank ggf. die Zahlungsunfähigkeit, falls die Bank die Gesamteinlage der Kunden uneingeschränkt zur Kreditvergabe verwendet hätte.

Lösung: Aus Gründen der Vertrauens- und Gläubigerschutzinteressen halten die Geschäftsbanken einen Teil der Kundeneinlagen als **Barreserve**. Zusätzlich muss ein bestimmter Prozentsatz der Kundeneinlagen, die sog. reservepflichtigen Verbindlichkeiten, als verzinsliches Guthaben bei der EZB (hier: der jeweiligen NZB wie der Bundesbank) als **Mindestreserven** gehalten werden. Die Höhe der Mindestreservesätze richtet sich nach der Reservebasis, d. h. nach den in die Mindestreservepflicht einbezogenen Einlagen (z. B. Satz zu 2% auf alle täglich fälligen Einlagen, Geldmarktpapiere oder ein Satz zu 0% z.B. auf Einlagen mit einer vereinbarten Laufzeit von mehr als 2 Jahren.)

Aufteilung der Einlagen nach den Erfordernissen der Kreditinstitute:

▪ **Mindestreserven**
▪ **Überschussreserven** (freie Liquiditätsreserven; werden nicht vollständig als Kredite gewährt; Überschussreserven werden auch auf Konten der EZB/NZBs gehalten oder für Wertpapierkäufe verwendet.
▪ **Barreserven**

Ziel: Durch den Einsatz der Mindestreservenpolitik soll im Interesse der Stabilität der Währung die Geldschöpfung der Kreditinstitute in Form der **Kreditschöpfung (Giralgeldschöpfung)** kontrolliert und gesteuert werden. **Bargeldschöpfung** durch **Ausgabe von Banknoten** ist alleinige Aufgabe der Europäischen Zentralbank. Dadurch soll eine Stabilisierung der Geldmarktzinsen erreicht werden sowie eine (strukturelle) Liquiditäts-Knappheit oder eine Ausweitung der Liquidität bei den MFIs.

Merkmale:

- Berechnungsgrundlage = tagesdurchschnittliche Reserveguthabenpflicht.
- Erfüllung der tagesdurchschnittlichen Reservepflicht innerhalb eines Monats vom 24. Kalendertag des laufenden Monats bis zum 23. Kalendertag des nächsten Monats.
- Festlegung der Reservehöhe nach Bilanzpositionen der Kreditinstitute.
- Verzinsung der Reserveguthaben nach dem Satz für Hauptrefinanzierungsgeschäfte. Damit sollen die Kosten der Spitzenrefinanzierung teilweise zurückerstattet werden.
- Der Mindestreservepflicht unterliegen i.d.R. alle Kreditinstitute, die Geschäftspartner der EZB sind.
- Der Freistellungsbetrag von der Mindestreservepflicht beträgt 100.000 Euro.

Wirkungsweise: Durch Heraufsetzung bzw. Herabsetzung der Mindestreservesätze wird, unter Berücksichtigung der Barreserve (bleibt i. d. R. konstant), die **Geldmenge**, die dem Geschäftsbankensektor zur **Kreditvergabe zur Verfügung steht (= Überschussreserve), vermindert** bzw. **erhöht**. Da die verpflichtenden Mindestreserven verzinst bei der EZB gehalten werden müssen, verändert sich je nach Einsatz der Mindestreservenpolitik (Erhöhung oder Herabsetzung der Mindestreservesätze) neben der Liquidität der Geschäftsbanken auch deren **Ertragslage,** was für **Kreditnehmer höhere oder niedrigere Kreditkosten bedeutet.** In der **Hochkonjunktur** führt die Heraufsetzung der Mindestreservesätze zur Verknappung und Verteuerung des Kreditangebots, wobei modelltheoretisch eine **Verringerung der volkswirtschaftlichen Nachfrage** erwartet wird. In der depressiven Konjunkturphase gilt entsprechend der umgekehrte Wirkungsmechanismus.

Das folgende Beispiel dient nur der Veranschaulichung der Wirkungsweise der Mindestreservenpolitik, wobei hier der Prozess der Giralgeldschöpfung (auch: Kreditschöpfung) dargestellt ist.

Die Höhe der Reserveverpflichtung wurde dabei willkürlich gewählt.

Prämissen:

- Bankkunde A zahlt bei Bank A EUR 1.562,50 bar ein.
- Alle Geschäftsbanken im Bankensystem halten 20 % ihrer Sichteinlagen als Mindestreserven bei der EZB, der Barreservesatz beträgt ebenfalls 20 %.
- Die Kreditnachfrager nehmen alle von den Banken angebotenen Kredite in voller Höhe in Anspruch und zahlen diese vollständig wieder bei der Bank ein.
- Es gibt keine Präferenzen der Nichtbanken zur Bargeldhaltung.

Giralgeldproduktion im Bankensystem
(Mindestreservesatz: 20 %, Barreservesatz [1]: 20 %)

Bank A

Aktiva		Passiva	
Mindestreserve	312,50	Einzahlung	1562,50
Barreserve	250,-		
Überschussreserve [2]	1000,- ↓		
Kreditvergabe	→	Gutschrift auf Konto	

↓ Überweisung

Bank B

Aktiva		Passiva	
Mindestreserve	200,-	Einzahlung	1000,-
Barreserve	160,-		
Überschussreserve	640,- ↓		
Kreditvergabe	640,- →	Gutschrift auf Konto	640,-

↓ Überweisung

Aktiva	**Bank C**		**Passiva**
Mindestreserve	128,-	Einzahlung	640,-
Barreserve	102,40		
Überschussreserve	409,60		
Kreditvergabe	409,60 →	Gutschrift auf Konto	409,60
			↓ Überweisung

[1] Notwendige Barreserve auf Einzahlung/Einlage ./. bereits vorhandene Mindestreserve
[2] Auch freie Liquiditätsreserve genannt

Für das Beispiel gilt: Je höher die Mindestreservehaltung und die Barreservehaltung bei der EZB sind, desto geringer sind die Kreditschöpfungsmöglichkeiten der Geschäftsbanken und umgekehrt.

Ohne Einflussnahme der EZB würden die Kreditschöpfungsmöglichkeiten der Geschäftsbanken wie folgt ermittelt werden können:

$$\text{Maximale Kreditschöpfungsmöglichkeit} = \frac{1}{\text{Mindestreservesatz}} \times \text{erste Kreditsumme (= erste Überschussreserve)}$$

Besonderheiten:

- Nichterfüllung des Mindestreservesolls während der Erfüllungsperiode: Strafzinsen von 500 € bis 10.000 €.

- Während der Erfüllungsperiode können die MFIs über die abzuführenden Mittel verfügen, müssen aber dafür Sorge tragen, dass sie trotzdem ihrer Mindestreserveverpflichtung nachkommen.

- Reichen die Geldmittel nicht aus, um der Reservepflicht zu genügen, müssen sich die MFIs bei der EZB refinanzieren.

Geldmengenbegriffe, Referenzwert des Geldmengenwachstums: Zentrale Aufgabe der EZB ist die Sicherung des Geldwertes, was voraussetzt, dass nachfragewirksame Geldmenge und angebotene Gütermenge wertmäßig im Gleichgewicht gehalten werden sollen.

Die derzeitige Höhe des Referenzwertes des Geldmengenwachstums beträgt 4 ½ %.

Die **Verkehrsgleichung des Geldes** von Irving Fisher formuliert diesen Zusammenhang so:

$$P = \frac{Gn \times Un + Gg \times Ug}{H}$$

P = Preisniveau
Gn = Umlaufende Notenmenge der Volkswirtschaft
Un = Umlaufgeschwindigkeit des Notengeldes
Gg = Giralgeldmenge
Ug = Umlaufgeschwindigkeit des Giralgeldes
H = Gesamte angebotene Gütermenge (Handelsvolumen)

Die **von der EZB zu steuernde Geldmenge** setzt sich wie folgt zusammen, wobei für Steuerungsprozesse die Geldmenge M3 äußerst wichtig ist.

Geldvolumen M3 im EURO-Währungsgebiet

Stand 2000; in Mrd Euro

Geldbegriff (Geldmengenaggregate)	
Bargeldumlauf	348
+ Täglich fällige Einlagen (=Sichtguthaben)	1729
Enges Geldvolumen M1 (BuchG.: Sichteinlagen[a])	**2077**
+ Einlagen mit Laufzeit bis zu zwei Jahren	989
+ Einlagen mit Kündigungsfrist bis zu drei Monaten	1221
Weiter abgegrenztes Geldvolumen M2 (BuchG.: kürzerfristige Bankeinlagen[a])	**4287**
+ Repogeschäfte[b]	175
+ Geldmarktfondsanteile, Geldmarktpapiere	510
+ (Bank-) Schuldverschreibungen bis zu 2 Jahren	106
Geldvolumen M3	**5078**

a) In den jeweiligen Geldbegriff einbezogene Buchgeldkomponente.
b) Rückkaufvereinbarungen = repurchase agreements

Quelle: EZB/LZB Bayern

Geldkapital = Alle anderen Anlagen vom inländischen Nichtbankensektor bei den MFI´s im EURO-Währungsgebiet mit einer Mindestlaufzeit von mehr als zwei Jahren sowie Einlagen mit einer Kündigungsfrist von mehr als drei Monaten werden nicht mehr zur Geldmenge gerechnet und als Geldkapital bezeichnet. Summe des Geldkapitals in 2000 = 3716 Mrd. €.

Grundsätzliche Probleme dabei:

- Exakte Prognose des realen Wachstums des Produktionspotentials ist nicht möglich.

- Eine exakte Kontrolle der Geldmenge kann nicht durchgeführt werden, da z. B. Kapitalbewegungen zwischen In- und Ausland nicht genau überprüfbar sind ebenso wie Kreditschöpfungsmöglichkeiten der Banken, bankeninterner Geld- und Kreditverkehr.

Notenbankzinsen und Tagesgeldsatz (EONIA = Interner Geldmarkt für Übernachtkredite)

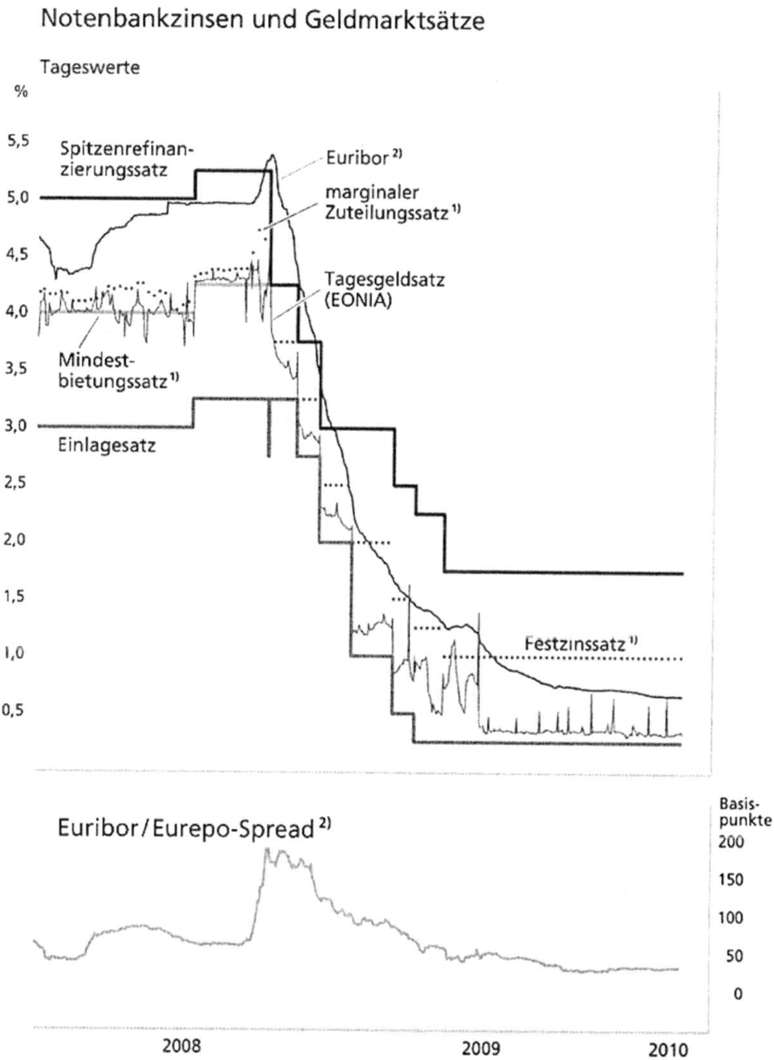

1 Zinssatz der Hauptrefinanzierungsgeschäfte. Ab 15. Oktober 2008 Festzinssatz. —
2 Laufzeit drei Monate.

Deutsche Bundesbank

4.2.2.4 Administrative Kreditpolitik

Definition: (Administrative) Kreditpolitik ist die Sammelbezeichnung für alle Maßnahmen, die die EZB zur Regulierung und Sicherung des gesamtwirtschaftlichen Kreditvolumens vornimmt.

Zielsetzung: Einflussnahme auf die Ausgabentätigkeit der Wirtschaftssubjekte in der Volkswirtschaft, um auf Produktion, Beschäftigung sowie dadurch auch auf Wirtschaftswachstum und Preisentwicklung einzuwirken.

Rechtsgrundlage: Kreditwesengesetz, ESZB-Vertrag.

Ansätze: Kreditkosten (Zins, Provisionen, Nebenkosten) und Verfügbarkeit der Kredite. Diese Größen bestimmen neben anderen ökonomischen Determinanten (z. B. Kostensituation der Betriebe, Marktchancen) den Umfang der kreditabhängigen Investitionen.

Maßnahmen der administrativen Kreditpolitik

Richtlinien für das Kreditgeschäft	Kreditplafondierung	Kreditkontingent	Kreditauslese
Festlegung von Bestimmungen zum haftenden Eigenkapital und zur Anlage der Mittel der Kreditinstitute	Fixierung von Kreditzuwachsraten in regelmäßigen Zeitabständen, d. h. Festschreibung des Volumens, um das die Kreditvergabe der Kreditinstitute erweitert werden darf.	vgl. oben Tender.	Bestimmungen hinsichtlich der qualitativen Anforderungen an die Refinanzierungsinstrumente der Kreditinstitute, wie z. B. Ausschluss von Bauwechseln bei der Refinanzierung.

4.2.3 Wirksamkeit und Grenzen der Geldpolitik

Vorbemerkung:
Trotz des reichhaltigen Instrumentariums der EZB kann die Zentralbank allein keine nachhaltige Steuerung der Konjunktur vornehmen. Nur die Zusammenarbeit mit anderen Trägern der Konjunkturpolitik ermöglicht eine wirkungsvolle Konjunkturbeeinflussung.
Bislang wurden außerdem die Instrumente der Geldpolitik isoliert voneinander betrachtet, während in der Realität die EZB durch einen kombinierten Einsatz der Instrumente eine erhoffte Wirkung erzielen will.

In der Realität sind in den nachstehend genannten Sektoren/Bereichen folgende **Wirkungshemmnisse** denkbar:

- **Bei Unternehmen:**
  Freie Kapazitäten führen nicht zu Nettoinvestitionen.
  Rationalisierungsinvestitionen dämpfen Beschäftigungswirkungen.
  Pessimistische Absatz- und Gewinnerwartungen.
  Kapitalausfuhr, wenn Inlandszins < Auslandszins.

- **Bei Privaten Haushalten:**
  Erwartung geringer Einkommenssteigerung in der Zukunft.
  Arbeitsplatzverlust führt eher zu Konsumverzicht oder Angstsparen.
  Vorhandene Sättigungseffekte am Markt.

- **Bei Kreditinstituten:**
  Kein Zwang für Unternehmen und privaten Haushalte zur Kreditaufnahme.
  Vorhandene Liquiditätspolster.
  Wirtschaftssubjekte können auf andere Kreditarten ausweichen.

In der Konjunkturphase des Booms gilt für das theoretische Modell die umgekehrte Argumentationsweise.

Die Eignung der Geldpolitik zur Bekämpfung wirtschaftlicher Krisen:

- Die Kreditinstitute können kein Wirtschaftssubjekt z. B. in der Rezession zur Aufnahme eines Kredits zwingen, auch wenn die EZB durch Ausdehnung der Kreditschöpfungsmöglichkeiten der Kreditinstitute eine Senkung des Zinsniveaus erreicht.

- Die Auslastung der Produktionskapazitäten der Unternehmen sowie deren Marktchancen beeinflussen u. a. die Nachfrage nach Nettoinvestitionen und damit ggf. die Kreditnachfrage.

- Im Sektor "Private Haushalte" sind Konsumausgaben in erster Linie einkommensabhängig.

- Die staatliche Nachfrage ist weitgehend unabhängig von den Schwankungen des Geldangebots und des Zinsniveaus.

Das Problem der Zinsreagibilität der Investitionen:

- Zinsniveauveränderungen zeigen am ehesten Wirkung im Bereich der langfristigen Baufinanzierung.

- Im Rahmen der Kalkulation der Gesamtkosten der Unternehmung haben Personalkosten sowie die Steuer- und Abgabenbelastung mehr Gewicht als die Zinsen eines Investitionskredits.

- Absatzchancen, Gewinnerwartungen, Eigenkapitalausstattung und Perspektiven bestimmen in größerem Umfang die Investitionstätigkeit der Unternehmung als das Zinsniveau.

- Rationalisierungsinvestitionen werden auch in Hochzinsphasen durchgeführt.

- Investitionen zum Zweck des Energiesparens und des Umweltschutzes sind nicht unmittelbar zinsabhängig.

Der Einfluss der Geldpolitik auf die gesamtwirtschaftliche Nachfrage:

- Die Beeinflussung der gesamtwirtschaftlichen Nachfrage ist schwierig, weil die Teilkomponenten (z. B. staatlicher Konsum, Bruttoinvestitionen) durch unterschiedliche Einflussgrößen bestimmt werden (z. B. politische Ziele beim staatlichen Konsum, Marktchancen bei Investitionstätigkeit der Unternehmen).

- Betriebe können beispielsweise erwirtschaftete Gewinne im Betrieb einbehalten, Rücklagen bilden, mit denen z. B. Investitionen finanziert werden. Dadurch wird Kreditfinanzierung nur bedingt benötigt.

Die Bedeutung der Elastizität des Geldsystems:

- Die Einwirkung der EZB auf die Kreditgewährung der Geschäftsbanken wird durch deren verfügbare Liquiditätsreserven mitbestimmt.

- Die meisten Währungen der Wirtschaftspartner der Bundesrepublik Deutschland sind frei austauschbar, d. h. der Euro kann jederzeit in eine andere Währung umgetauscht werden und umgekehrt.

- Eine weitere Einflussgröße ist das Zinsniveau des Auslands. Zinsniveauunterschiede (Zinsgefälle) führen zu Kapitalzu- bzw. -abflüssen aus dem Inland bzw. Ausland.

Aus den angegebenen Sachverhalten, die sich auf die Elastizität des Geldsystems beziehen, ist ferner abzuleiten, dass die EZB nicht direkt auf das Geldvolumen der Geschäftsbanken Einfluss nehmen kann. Somit kann sie die Wirtschaft nicht direkt lenken, sondern nur beeinflussen (= Gummiband-Effekt).

Die Wirkungsverzögerungen in der Geldpolitik:

("Bundesbank" steht für "Notenbank", "Zentralbank"...)

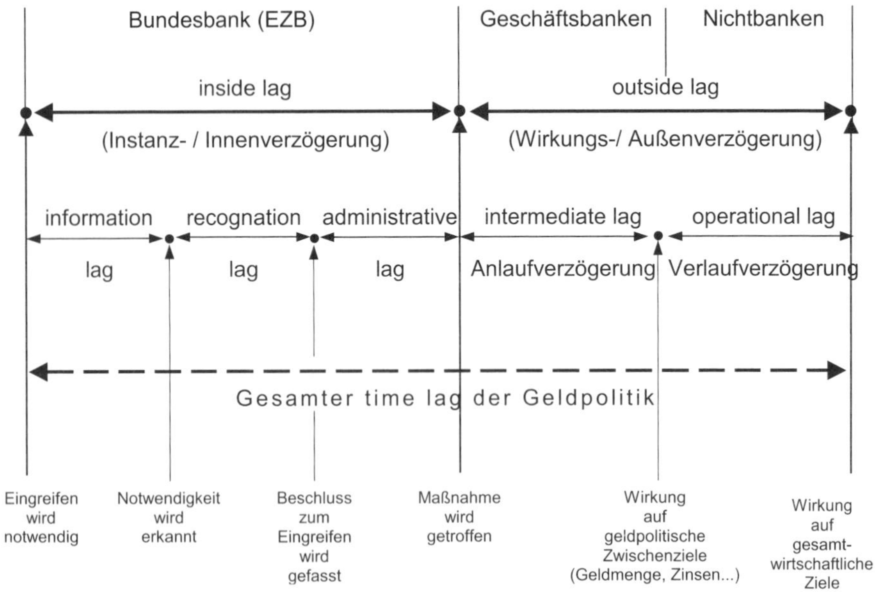

4.2.4 Exkurs: Inflation und Deflation

Inflationsursachen

Die Praxis lehrt zwar, dass meist verschiedene Inflationsursachen zeitgleich auftreten, doch soll hier aus Gründen der Systematik und Verständlichkeit aufgezeigt werden, wie man nach der jeweils dominanten Ursache zwischen nachfragebedingten und angebotsbedingten inflationären Prozessen unterscheidet.

Nachfragebedingte Inflation:

Konsuminflation	Investitionsinflation	Fiskalinflation	Importierte Inflation
Z. B. Abnahme der Sparneigung führt bei privaten Haushalten zu Nachfrageschub, Angebotslücke entsteht.	Investitionstätigkeit der Unternehmen überfordert gegebenes Angebot am Markt.	Konsum des Staates (z. B. übersteigerte Bautätigkeit im Boom) als Auslöser.	Auslandsnachfrage löst Preiswelle aus, wenn Inlandskapazitäten < Nachfrage.

Angebotsbedingte Inflation:

Kosteninflation	Gewinninflation	Importierte Inflation
Kostenerhöhungen z. B. bei Löhnen, Gehältern, inländischen Rohstoffen.	Unternehmen mit entsprechender Marktmacht legt Kostensteigerungen z. B. bei Löhnen auf die Preise um.	Kostensteigerungen bei importierten Gütern.

Nach dem Tempo unterscheidet man schleichende und galoppierende Inflation, nach der Sichtbarkeit für die Wirtschaftsobjekte zwischen offener und verdeckter (z. B. Preisstopp) Inflation. Die Vertreter der monetaristischen Theorie sehen die Ursache der Inflation vereinfacht im Ungleichgewicht zwischen Geldmenge und angebotener Gütermenge in einer Volkswirtschaft.

Deflation

Deflation = Verfall der Güter- und Faktorpreise, also des gesamten Preisniveaus.

Grund: Angebotsüberhang infolge langdauernder starker Rezession, verbunden mit einem Ungleichgewicht zwischen Güter- und Geldmenge.

Wirkungsablauf: „Negativer“ Multiplikatoreffekt, d. h. durch Preisverfall sinkt der Unternehmensumsatz und bei zunächst gegebener Kostenstruktur (siehe time lag der Kostenanpassung) sinkt der Unternehmensgewinn; daraus ergeben sich ein Rückgang der Produktionstätigkeit, Abbau von Kapazitäten und eine zunehmende Zahl von Konkursen, verbunden mit steigender Arbeitslosigkeit. Das Volkseinkommen (ausgeschüttete Unternehmensgewinne und dann weitere Faktoreinkommen) sinken, was zu einem zunehmenden Rückgang der Wirtschaftstätigkeit und zu einem fortgesetzten Preisverfall führt, der eine Entwertung der Binnenwährung bewirkt.

4.3 Fiskalpolitik

4.3.1 Begriffe, Notwendigkeit und Einordnung staatlicher Wirtschaftspolitik

4.3.1.1 Begriffe

- **Staat:** Bund (inkl. Lastenausgleichsfonds, ERP-Sondervermögen), Länder, Gemeinden, Sozialversicherungsträger.

- **Staatshaushalt:** Planmäßige Gegenüberstellung der erwarteten Einnahmen und Ausgaben des Staatssektors als systematische Zusammenstellung für einen vorher festgelegten Zeitraum; getrennte Aufstellung von Bund, Ländern und Gemeinden. – Erstellt wird der Haushalt nach "Haushaltsgrundsätzen", wie Vollständigkeit (alle voraussichtlichen Einnahmen und Ausgaben), Ausgleich (Ausgaben sind durch Einnahmen zu decken), Klarheit (Ausweis von Zweck und Grund der Haushaltsmittel), Öffentlichkeit (Recht auf Einblick für jeden Bürger).

- **Finanzpolitik:** Finanzpolitik als öffentliche Finanzpolitik (im Unterschied zur Finanzpolitik der Unternehmung) bedeutet, dass unter Einsatz der öffentlichen Einnahmen, öffentlichen Ausgaben und des öffentlichen Haushalts (Staatshaushalt) das Sozialprodukt bzw. BIP in seiner Höhe und Zusammensetzung beeinflusst werden soll. Dabei soll der Wettbewerb möglichst erhalten bleiben.

- **Fiskalpolitik:** Gesamtheit der Maßnahmen (= Maßnahmenbündel), die im Rahmen der Finanzpolitik vom Staatssektor eingesetzt werden, um Konjunktur und Wachstum gemäß StabG zu beeinflussen. In der Wirtschaftslehre wird der Begriff auch zur Kennzeichnung der Keynesschen Lehre und der antizyklischen Finanzpolitik verwendet.

- **Konjunkturpolitik:** Konjunkturpolitische Orientierung der Finanzpolitik gem. StabG von 1967 (= Fiskalpolitik)

4.3.1.2 Notwendigkeit der Fiskalpolitik

- *Widersprüchliche Zielsetzung* (Planung) und Entscheidung von z. B. privaten Haushalten (Konsumabsichten) und Unternehmen (Investitionsabsichten) u. a. bzgl. gesamtwirtschaftlicher, sozialer und ökologischer Ziele (vgl. Kap. 1) unterliegen einem ständigen Anpassungsprozess, der geregelt und friedlich ablaufen muss, z. B. im Rahmen einer staatlichen Ordnungspolitik.

- *Staatliche Koordinationsmaßnahmen* (z. B. Bündnis für Arbeit) und/oder Eingriffe (Interventionen) sind u. a. nötig bei dauernder hoher **Arbeitslosigkeit** (z. B. Zweiter Arbeitsmarkt, Problematik der Regelung für Geringverdiener), bei **Strukturschwäche** (z. B. monostrukturierter und konjunkturanfälliger Industriebesatz in NO-Bayern), bei **Beeinträchtigung des freien Wettbewerbs** durch Konzentrationsvorgänge, zur Absicherung **sozial Schwacher** (z. B. durch Soziales Netz), zum **Schutz der Umwelt** sowie zwecks **außenwirtschaftlicher Absicherung** (s. flankierende Maßnahmen) - insgesamt also zur Sicherung liberaler wirtschaftlicher Abläufe und der freiheitlichen demokratischen Grundordnung.

Da ferner die **Folgen von Konjunktureinbrüchen** (z. B. Entlassung vieler Arbeitskräfte, sozialer Unfrieden) und **Konjunkturüberhitzungen** (z. B. Anstieg der Inflationsrate, Überproduktion) gesamtwirtschaftlich wie auch politisch unerwünscht sind, muss die Wirtschaftspolitik versuchen, starke Schwankungen der Konjunktur zu vermeiden.

4.3.1.3 Einordnung der Fiskalpolitik

Die Einordnung der fiskalischen Wirtschaftspolitik des Staates als umfassender Träger der Konjunkturpolitik erfolgt als Mechanismus zwischen den staatlich gesetzten Rahmenbedingungen und der gesamtwirtschaftlichen Entwicklung.

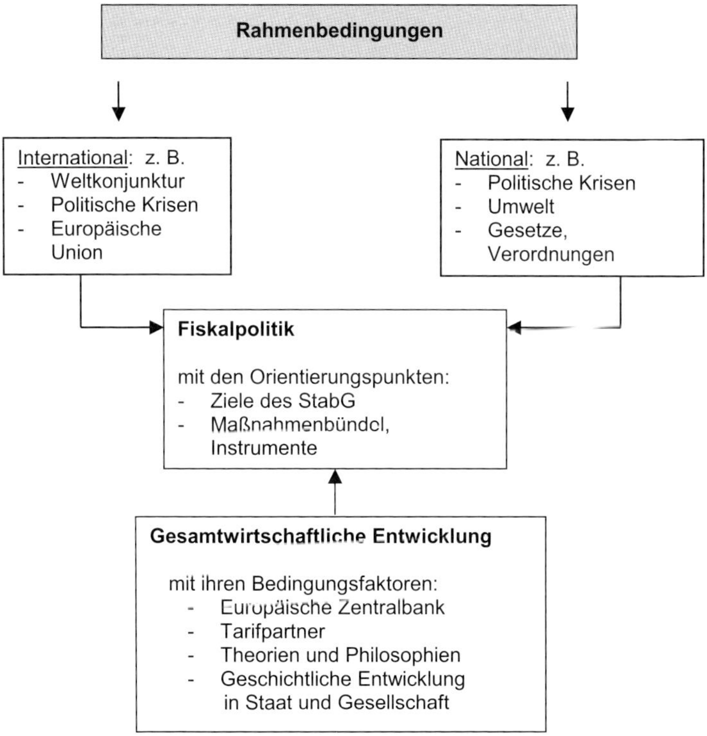

Der Zusammenhang und die gegenseitige Beeinflussung staatlicher Wirtschaftspolitik als wirtschaftspolitisches Maßnahmenbündel, aus dem heraus „Maßnahmenpakete geschnürt" werden, je nach Notwendigkeit und Absicht, lässt sich wie folgt darstellen:

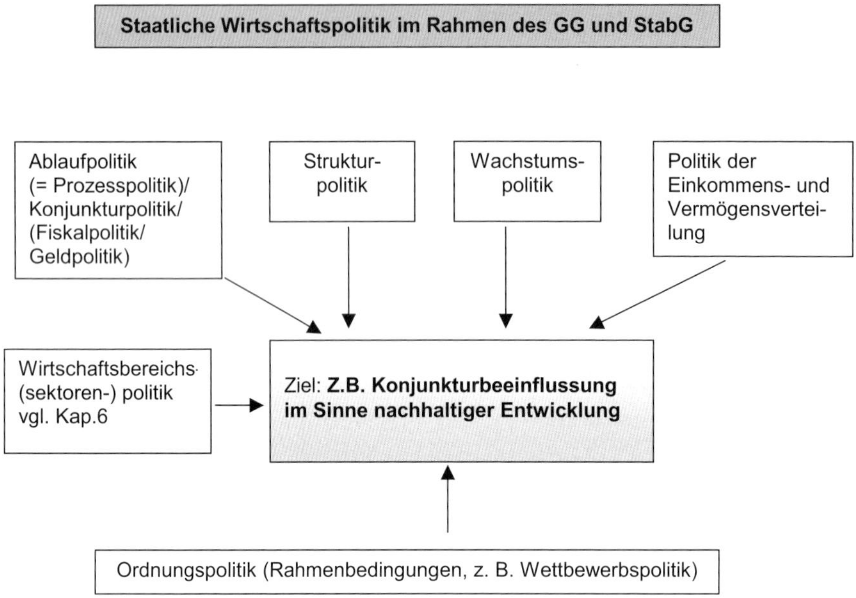

4.3.2 Staatshaushalt und Ziele der Finanzpolitik

Allgemeines Strukturschema „Staatshaushalt“

Ausgaben		Einnahmen	
Ordentliche Ausgaben	z.B. Ausgaben für ▪ Käufe von Diensten und Sachgütern ▪ Transferzahlungen	**Ordentliche Einnahmen**	▪ Steuern ▪ Gebühren ▪ Beiträge ▪ öffentliche Erwerbseinkünfte ▪ Finanzausgleich ▪ Zuweisungen ▪ Umlagen
Außerordentliche Ausgaben	z.B. Ausgaben für ▪ Katastrophen-schäden ▪ Verteidigungsfall	**Außerordentliche Einnahmen** **windfall profits** **windfall gains**	z.B. ▪ Kreditaufnahme ▪ Ungeplante Steuereinnahmen ▪ Privatisierungs-erlöse

Bundeshaushalt 2006 (in Milliarden €)

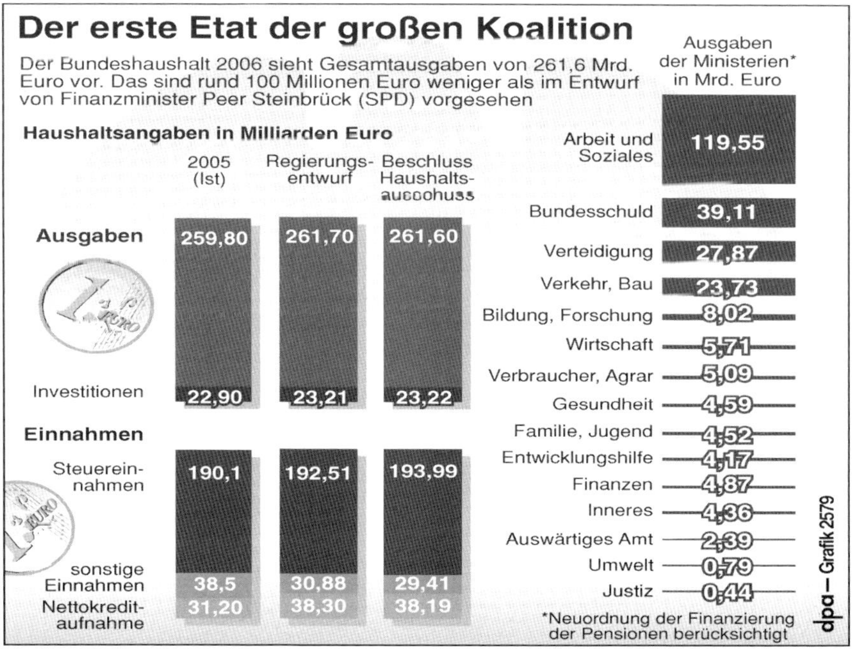

Grundsätzlich ist bei Einnahmen und Ausgaben der öffentlichen Hand zwischen ordentlichen und außerordentlichen Einnahmen und Ausgaben zu unterscheiden:

Ordentliche Ausgaben:	**Ordentliche Einnahmen:**	**Außerordentliche Ausgaben/Einn.**
• Kehren regelmäßig wieder • Entstehen durch den laufenden öffentlichen Bedarf	• Fallen regelmäßig an • Dienen der Finanzierung der ordentlichen Ausgaben	• Treten unerwartet oder unregelmäßig auf (windfall-gains bzw. -profits) • Haben ihre Ursache in außergewöhnlichen Finanzierungsanlässen (z. B. zusätzliche staatliche Kreditaufnahme wegen ungeplanter Steuerausfälle), infolge steigender Arbeitslosigkeit (vgl. auch Nachtragshaushalt)

Die **ordentlichen Einnahmen** sind im einzelnen wie folgt zu kennzeichnen:

- Die **Steuern:** Definition gem. § 3 Abs. 1 der Abgabenordnung:
  „Geldleistungen, die nicht eine Gegenleistung für eine besondere Leistung darstellen und von einem öffentlich-rechtlichen Gemeinwesen zur Erzielung von Einnahmen allen auferlegt werden, bei denen der Tatbestand zutrifft, an den das Gesetz die Leistungspflicht knüpft; die Erzielung von Einnahmen kann Nebenzweck sein. Zölle und Abschöpfungen sind Steuern i. S. dieses Gesetzes." Aus dieser Definition ergeben sich 5 konstituierende Merkmale von Steuern (St):

  - St. sind Zwangsabgaben, erhoben kraft staatlicher Finanzhoheit.
  - Durch St.-zahlungen entsteht kein Anspruch auf Gegenleistung des Staates.
  - Zusätzlich erfolgt keine Zweckbindung der St.
  - St. dienen der Erzielung von Einnahmen.
  - St. können auch zu den Zwecken der Konjunkturpolitik, (z. B. zur Abschöpfung von Kaufkraft in Zeiten der Hochkonjunktur, um eine starke Inflation zu verhindern), der Einkommens- und Verteilungspolitik und als Lenkungssteuer (s. Diskussion um die Ökosteuer) erhoben werden.

Die **Steuer**- oder **Steuerlastquote** ermittelt die relative Belastung durch die Besteuerung, in dem z. B. die Steuerschuld bzw. die tatsächlichen Steuereinnahmen zu einer anderen monetären Größe (z. B. Bruttosozialprodukt oder BIP) in Beziehung gesetzt wird.

Einteilung der Steuern

Nach der Ertragskompetenz	Nach dem Steuerobjekt
▪ Bundessteuern ▪ Landessteuern ▪ Gemeinschaftssteuern: z. B. Lohn- und Einkommenst., Körperschaftsst., USt zur Finanzierung von Gemeinschaftsaufgaben ▪ Gemeindesteuer ▪ Kirchensteuer	**Besitz- und Verkehrssteuern** ▪ Besitzsteuern vom Einkommen: Einkommenst. (einschl. Lohn-und Kapitalertragst.), Körperschaftsst., Kirchenst. ▪ Verkehrssteuern: z. B. Umsatzst., Grunderwerbst., Kraftfahrzeugst., Rennwett- und Lotteriest., Spielbankabgabe, Versicherungst. **Zölle und Verbrauchssteuern** ▪ Zölle: für Ein- und Ausfuhr ▪ Verbrauchsteuer: z. B. Kaffeest., Bierst., Mineralölst., Tabakst.

Andere Einteilungsmöglichkeit: Direkte Steuern und Indirekte Steuern; Gewinnsteuern und Kostensteuern.

- Die **Gebühren**:
  - Vom Staat festgesetzte Abgaben bei Inanspruchnahme einer bestimmten öffentlichen Leistung (z. B. Müllabfuhr);
  - Kostendeckung wird angestrebt (Idealfall);
  - Bürger kann meist wählen, ob er öffentliche Leistung wünscht (z. B. Ausstellung Reisepass);
  - Gebühren sind häufig marktähnliches Entgelt;
  - Nichtzahler können von Inanspruchnahme der öffentlichen Leistung ausgeschlossen werden.

- Die **Beiträge**:
  - Erhebung von den Gruppen von Wirtschaftssubjekten, die als nahezu ausschließliche Benutzer betrachtet werden (z. B. Straßenanliegerbeitrag);
  - Kostendeckung wird nur teilweise erreicht;
  - Beitrag ist Pflicht, unabhängig von der Inanspruchnahme der Leistung;
  - Ausschließlichkeitsprinzip funktioniert nicht immer (z. B. öffentliche Straße darf auch benutzen, wer in dieser Straße nicht Straßenanliegerbeitrag zahlt).

- Die **öffentlichen Erwerbseinkünfte**:
  - Heute kaum noch bedeutend (Privatisierungen);
  - Einnahmen aus der Erwerbstätigkeit öffentlicher Betriebe und Einrichtungen (z. B. kommunaler Wohnungsbau, kommunale Energieversorgung).

- Die **Zuweisungen**:
  Siehe Darstellung „Finanzausgleich“.

- Die **Umlagen**:
  Siehe Darstellung „Finanzausgleich“.

Finanzausgleich

- **Horizontal**
  z. B. Länderfinanzausgleich (zwischen den Ländern = Lastenausgleich)

  Zweck: Ausgleich der unterschiedlichen Finanzkraft

  Verstärkungseffekte bei ärmeren Ländern (Strukturhilfe)

- **Vertikal**
  - **Ausgleich** von Sonderbelastungen der Gemeinden durch den Bund (Grund: Veranlassung von Einrichtungen in den Gemeinden)
  - **Zuweisungen**
    Schlüsselzuweisung (nach Einwohner, Steuerkraft) von „oben nach unten“ (= von der übergeordneten Gebietskörperschaft zur untergeordneten) z. B. Einkommenst. von Ländern an Gemeinden (Art. 106 GG)
  - **Umlagen**
    Nach Bemessungsgrundlagen (Einkommensteueranteil s. Zuweisung) von untergeordneten zu übergeordneten Geb.körperschaften (= von „unten nach oben“)

Ziel des Finanzausgleichs: u. a. Wahrung der Einheitlichkeit der Lebensverhältnisse im Bundesgebiet (Art. 106 GG) durch **billigen** Ausgleich.

Bezüglich der **Kreditaufnahme** als außerordentlicher Einnahmequelle des Staates unterscheidet man volkswirtschaftlich **Schöpfungskredite** (Kreditaufnahme bei der Notenbank, Erhöhung der Geldmenge), die in der EU nicht mehr erlaubt sind, und **Übertragungskredite** (Kreditaufnahme am Kapitalmarkt, keine Veränderung der umlaufenden Geldmenge).

Der Begriff **Nettokreditaufnahme** bzw. **Nettoneuverschuldung** kennzeichnet die öffentliche Schuldenaufnahme am Kreditmarkt abzgl. der Schuldentilgung. Die Schuldenaufnahme am Kreditmarkt ohne Berücksichtigung der Tilgung heißt **Bruttokreditaufnahme**.

Die Kreditaufnahme zählt u. a. zu den Eingriffsinstrumenten des Staates zur Konjunktursteuerung. Nach Art. 109 GG und Art. 115 GG soll die strukturelle Nettokreditaufnahme des Bundes maximal 0,35% des BIP betragen, ausgenommen sind Neuverschuldungen bei Naturkatastrophen oder einer massiven Störung des gesamtwirtschaftlichen Gleichgewichts (Rezession) = „Schuldenbremse“.
Für längstens ein Jahr kann die Bundesregierung durch Rechtsverordnung mit Zustimmung des Bundesrates festlegen, dass die betroffenen staatlichen Körperschaften Kredite nur bis zu einem Höchstbetrag aufnehmen dürfen, der mindestens 80% der durchschnittlich in den letzten fünf Haushaltsjahren aufgenommenen Haushaltskredite beträgt („**Schuldendeckel**“), eine Art der Kreditrestriktion.

Ist eine weitere Kreditaufnahme nicht mehr möglich oder sinnvoll, muss der Bundesfinanzminister eine **Ausgabensperre** verhängen.

Die **ordentlichen Staatsausgaben** sind wie folgt zu unterscheiden:

- Käufe (Staat tritt am Markt auf):
  - Dienstleistungen (Staat als Arbeitgeber).
  - Sachgüter (Staat als Auftraggeber).
  Wirkung: Inanspruchnahme realer Ressourcen.

- Transfers (Zahlungen ohne marktliche Gegenleistung):
  - Subventionen an Unternehmen.
  - Sozialausgaben (z. B. Sozialhilfe) an private Haushalte (= Sozialtransfers).
  Wirkung: Umleitung von Geldströmen unter starker Beeinflussung durch den politischen Prozess.

Üblich ist auch die Unterscheidung öffentlicher ordentlicher Ausgaben in **Sach- und Personalausgaben.**

Löhne und Gehälter an öffentliche Bedienstete (= Kauf von Dienstleistungen; Staat als Arbeitgeber), Sachbedarf und militärische Ausgaben sind kaum in ihrer Höhe flexibel, denn sie sind per Gesetz oder Rechtsverordnung festgelegt. Untersuchungen belegen, dass dies auf ca. 80 - 90 % aller staatlichen Ausgaben zutrifft.

Investitionsvorhaben des Staates sind dagegen relativ flexibel. Mittels freier Gelder **(= Manövriermasse)** können also z. B. im Abschwung die gesamtstaatlichen Investitionen erhöht werden, um eine **antizyklische Wirkung** (staatliche Ausgabentätigkeit verhält sich entgegengesetzt zum Konjunkturverlauf, um die Wirtschaftstätigkeit anzukurbeln) zu erzielen. Da aber im Aufschwung an Löhnen und Gehältern kaum gespart wird, der Bund derzeit freie Gelder aus Ausgabenkürzungen (z. B. Sparpaket) und Steuermehreinnahmen z. B. zu erhöhten Rückzahlungen für bestehende Staatsschulden verwendet, entspricht die Manövriermasse in etwa dem **Kreditspielraum der Gebietskörperschaften.**

Ein im Zusammenhang mit der Ausgabentätigkeit des Staates zu beobachtender Vorgang ist die **Quersubventionierung**. Ein Beispiel soll der Verdeutlichung dienen: Das Postmonopol Briefpost gleicht (subventioniert) Verluste der Paketpost in Milliardenhöhe aus, da die Paketpost einen anderen Unternehmensbereich als die Briefpost darstellt. Damit wird die Konkurrenz am Markt verdrängt.

Den Grad der Beanspruchung der Volkswirtschaft durch den öffentlichen Sektor misst man durch die **Staatsquote**. Sie wird wie folgt ermittelt:

$$\text{Staatsquote} = \frac{\text{Öffentliche Ausgaben (inkl.Sozialversicherungen)}}{\text{Bruttosozialprodukt bzw. Bruttoinlandsprodukt}} \times 100$$

Haushaltssystematik

Ordentlicher Haushalt
Haushaltsplan für die Zusammenstellung der ordentlichen Einnahmen und ordentlichen Ausgaben

Außerordentlicher Haushalt
Erfassung der außerordentlichen Einnahmen und Ausgaben

auch:

Nachtragshaushalt
Haushaltsplan, in dem Positionen, die einen bereits verkündeten Haushalt ändern sollen, enthalten sind

Ergänzungshaushalt
Haushaltsplan zur Aufnahme der Positionen, die einen nicht verabschiedeten Haushalt ändern sollen

z.B. inhaltlich als
Eventualhaushalt
Haushaltsplan mit dem Ziel, konjunkturell bedingte Ausgabennotwendigkeiten auf eine Haushaltsgrundlage zu stellen

Im Rahmen der Finanzpolitik haben folgende Ziele besondere Bedeutung:

- **Fiskalisches Ziel:** Um seine Aufgaben zu erfüllen und die damit verbundenen Ausgaben zu decken, benötigt der Staat Einnahmen.

- **Distributionsziel:** Korrektur der durch Marktprozesse gegebenen Einkommensverteilung unter Einbeziehung sozialer Gesichtspunkte: z. B. Transferzahlungen an Privathaushalte, wenn Bedürftigkeit gegeben ist, da z. B. der Haushaltsvorstand nicht mehr im Arbeitsprozess steht.

- **Allokatives Ziel:** Beeinflussung der Güterverteilung, insbesondere der Produktionsfaktoren, im Staat/in der Volkswirtschaft. Ziel der Allokationspolitik ist ein möglichst verschwendungsarmer Einsatz der Ressourcen.

- **Stabilisierungsziel:** Haushaltsplanung im Dienste der Konjunkturbelebung oder -dämpfung (vgl. auch StabG von 1967). Zur Konjunkturbelebung dienen das Konjunkturpaket II von 2009 und das Gesetz zur Beschleunigung des Wirtschaftswachstums („Wachstumsbeschleunigungsgesetz“), in Kraft getreten ab Januar 2010.

4.3.3 Klassische Haushaltspolitik

- **Prinzipien:**
  - Neutralitätspostulat: Staatsausgaben sind auf ein Mindestmaß zu begrenzen, um den Wirtschaftsablauf so wenig wie möglich zu stören.
  - Grundsatz des ausgeglichenen Haushalts: Staatsausgaben sind durch entsprechende Staatseinnahmen zu finanzieren. Der Staat hat sich wie ein Familienvater zu verhalten, der aufgrund der zu erwartenden Einnahmen die Ausgaben nach ihrer Dringlichkeit staffelt und durchführt (= Hausvaterpolitik).
  - Saysches Theorem: Jedes Angebot schafft sich selbst seine Nachfrage.

- **Konsequenzen** aus diesen Prinzipien:
  - Parallelpolitik: In der Depression wird der Staat infolge der geringeren Staatseinnahmen (z. B. Steuereinnahmen) die Staatsausgaben senken, in der Hochkonjunktur werden die erhöhten Steuereinnahmen ausgegeben. Der Staat folgt dabei dem Grundsatz des Haushaltsausgleichs und verhält sich parallel zur wirtschaftlichen Entwicklung.
  - Prozyklische Wirtschaftspolitik: Das Verhalten des Staates nach dem Grundsatz der Parallelpolitik führt zu einer Verstärkung der Konjunkturzyklen.

Den Prinzipien und Konsequenzen der klassischen Haushaltspolitik liegt das Vertrauen in die **Selbstheilungskräfte des Marktes** zugrunde, d. h. durch freien Wettbewerb, freie Preisbildung und Innovationen können Angebot und Nachfrage am Markt automatisch zum Ausgleich gelangen.
Die Vertreter einer sinnvollen Wirtschaftspolitik sehen ihre Zielsetzung allerdings darin, die Schwankungsbreite der Konjunktur zu glätten. Ansätze in unserer Zeit sind sogenannte **eingebaute Stabilisatoren**, wie z. B. der progressive Einkommensteuertarif und die Arbeitslosenversicherung, die z. B. in der Hochkonjunktur durch die mit dem steigendem Einkommen wachsenden Zahlungsverpflichtungen den privaten Haushalten Kaufkraft entziehen und damit die private Nachfrage dämpfen, in der Depression z. B. durch die Gewährung von Arbeitslosengeld die private Kaufkraft und damit die private Nachfrage stärken und einer Verschärfung der wirtschaftlichen Krise entgegenwirken.

4.3.4 Antizyklische Fiskalpolitik (= Kompensationspolitik)

4.3.4.1 Die theoretischen Ansätze des John M. Keynes und die Fiskalpolitik

Keynes' realer Bezug:

Ein Weg aus der Weltwirtschaftskrise in den 30er Jahren, verbunden mit der Beseitigung der Massenarbeitslosigkeit, ist nicht über die Marktkräfte bzw. über einen ausgeglichenen und neutralen Staatshaushalt möglich. Forderung: Der Staat muss Maßnahmen zur Beseitigung der Krise durch eine geeignete Haushaltspolitik treffen.

Keynes' Grundgedanken:

- **Globalsteuerung** der volkswirtschaftlichen Nachfrage ist möglich, d. h. staatliche ökonomische Aktivität kann makroökonomische Größen, wie z. B. Konsum, Sparen und Investitionstätigkeit der Unternehmen beeinflussen.

- Ex-ante-Pläne der Wirtschaftssubjekte führen nicht zu einem Gleichgewicht von Angebot und Nachfrage.

- Die Wirtschaft ist instabil, hat keine immanente Tendenz zum Gleichgewicht.

- Wirtschaftliche Depression ist die Folge einer unzureichenden volkswirtschaftlichen Nachfrage.

- Im Gegensatz zur Gleichgewichtstheorie der Klassiker ist ein Gleichgewicht bei Unterbeschäftigung jedoch möglich, daher kein automatischer Aufschwung über den Zins. Daher ist die Ankurbelung der Wirtschaft auch Aufgabe des Staates.

Die bisherige Darstellung führt nun zu zwei Fragestellungen:

1. Welche Hauptinstrumente kann der Staat zur Beeinflussung der Konjunktur einsetzen?
2. Unter welchen Prämissen zeigen diese Hauptinstrumente ihre erwartete Wirkung?

Zu 1.: **Hauptinstrumente**

- Veränderung von Staatseinnahmen und -ausgaben (bedeutet „Fiskalismus").

- Staatliche Finanzpolitik beeinflusst über **Multiplikatorwirkungen** (vgl.Kap. 2) die Nachfrage.

- Im Abschwung müssen zusätzliche Staatsausgaben (z. B. Beschäftigungsprogramme) durch **Verschuldung (= deficit spending)** oder durch **Auflösung der Konjunkturausgleichsrücklagen**, die in der Hochkonjunktur gelegt worden sind, finanziert werden zum Ziel der Konjunkturbelebung.

- In der Hochkonjunktur soll zwecks Abbau der Verschuldung und zum Senken der gesamtwirtschaftlichen Nachfrage ein Haushaltsüberschuss (= **Konjunkturausgleichsrücklage**) gebildet werden (= **surplus saving**).

- Die Haushaltspolitik erfolgt antizyklisch, d. h. entgegengesetzt zum Konjunkturverlauf.

Zu 2.: **Prämissen**

- Geldpolitik wirkt nur auf einen geringen zinsabhängigen Teil der gesamtwirtschaftlichen Nachfrage.

- Ablehnung des Sayschen Theorems, nach dem sich ein gegebenes Angebot selbst seine Nachfrage schafft.

- Gleichgewicht von Angebot und Nachfrage erfolgt nicht zwangsläufig über die Preisbildung; Inflation ist nicht monetär, sondern über Nachfragesog und Kostendruck zu erklären.

- Aggregierte Beeinflussung der gesamtwirtschaftlichen Nachfrage ist möglich (**Globalsteuerung**), s. StabG.

- Kein Selbstabbau der Arbeitslosigkeit wegen Nominallohnstarrheit nach unten.

- Relativ konstantes privates Sparverhalten; Einkommensänderung bedeutet Nachfrageänderung.

Die Grundlagen von Keynes' Theorie haben auch Eingang in das StabG von 1967 gefunden und das dort verankerte Instrumentarium der antizyklischen Fiskalpolitik geprägt.

Neben der Einkommens- bzw. Einnahmenpolitik des Staates, die direkt an den öffentlichen Haushalt gekoppelt ist, dient die Einkommenspolitik der **Moral Suasion** (= Politik der Überredung, erstmals von Ludwig Erhard eingeführt mit seinem Appell des „Maß-Haltens“) als **flankierender Ansatz** zur nachfrageorientierten Wirtschaftspolitik.

Notwendigkeit und Wirkung der Fiskalpolitik

(Ex-ante-)Pläne der Wirtschaftssubjekte

↓

$A_{(Inl)} + Im = A_{(ges)} \neq N_{(ges)} = C_H + C_{St} + I^{br} + Ex$

↓

Schwankungen des Volkseinkommens durch
Nachfrageschwankungen (nach Keynes)

↓

Konjunkturschwankungen

↓

Ziel: Positive Verstetigung des Wirtschaftsablaufs durch Wachstum, damit $A_{(ges)} = N_{(ges)}$

↓ Selbstheilungskräfte des Marktes

↓ Built-in-flexibility (s. o. Eingebaute Stabilisatoren)

↓

Fiskalpolitik (§ 1 StabG, Art. 109 Abs. 1 GG)

↓

Globalsteuerung
(= Gesamtwirtschaftliche Steuerung der Nachfrage)

↓

Nachfrageorientierte Politik
(nach Keynes)
= **Fiskalismus**

↓

Erhöhung von C_{St}, I^{br}
im Rahmen der Einnahmen- und Ausgabenpolitik

↓

Fiskalpolitik

↓

Antizyklische Wirkung:

↓ **Hochkonjunktur**
Einnahmen erhöhen,
Ausgaben senken
↓ Budgetüberschüsse

↓ **Rezession**
Ausgaben erhöhen,
Einnahmen senken
(evtl. Kredite aufnehmen)
↓ Budgetdefizite

4.3.4.2 Das Instrumentarium des Stabilitätsgesetzes im Überblick

Das StabG von 1967 fordert vom Staat eine antizyklische Finanz- bzw. Fiskalpolitik. Der konkreten Umsetzung dienen besondere Instrumente:

- **Informationsinstrumente:**
  - Jahreswirtschaftsbericht der Bundesregierung (§ 2 StabG)
  - Subventionsbericht der Bundesregierung (zeigt auch Steuervergünstigungen auf) (§ 12 StabG)

- **Planungsinstrumente:**
  - Mittelfristige Finanzplanung der Bundesregierung (MifriFi) (§ 9 StabG)
  - Investitionsprogramme (§ 10 StabG)

- **Koordinationsinstrumente:**
  - Konzertierte Aktion (zur Abstimmung der Tarifpolitik) (§ 3 StabG)
  - Stabilitätsrat (für die Planung und Durchführung konjunkturpolitischer Maßnahmen) (§ 16 StabG, § 51 HaushG)

- **Eingriffsinstrumente:**
  - Staatsnachfrage (Staatsausgaben, s. Staatsquote)
  - Einkommen- und Körperschaftsteuer (Teil der Staatseinnahmen = unmittelbare Beeinflussung des Verhaltens der Wirtschaftssubjekte) (§ 26 StabG)
  - Abschreibungssätze (Beeinflussung des Verhaltens der Wirtschaftssubjekte = mittelbare Beeinflussung; einnahmenpolitisches Instrument) (§ 26 StabG)
  - Kreditaufnahme (Teil der Staatseinnahmen) (§ 6 StabG).

4.3.4.3 Die Eingriffsinstrumente des StabG zur Konjunkturbeeinflussung

Grundsätzlich ist zwischen **automatischer Stabilisierung** (= im Haushalt eingebaute Stabilisatoren = built-in-flexibility) und **gesteuerter Stabilisierung** (= gezielte Maßnahmen des Staates) des Konjunkturverlaufs zu unterscheiden. Im ersten Fall verhalten sich Positionen der Einnahmen- und der Ausgabenseite des öffentlichen Haushalts automatisch entsprechend dem Konjunkturverlauf und können ggf. konjunkturstabilisierend wirken. Beispiele: Progressive Ausgestaltung des Einkommensteuertarifs, Ausgabenentwicklung der Arbeitslosenversicherung). Im zweiten Fall werden die Eingriffsinstrumente des StabG zur Konjunktursteuerung eingesetzt.

Der Einsatz der Eingriffsinstrumente in der Hochkonjunktur

Staatsausgaben	**Staatseinnahmen**	**Verhaltensbeeinflussung**
• Transferzahlungen sinken • Personal- und Sachausgaben sinken	• Steuererhöhung • Kredittilgung	• Herabsetzung der Abschreibungssätze • Investitionssteuereinführung

↓

Mögliche Folge: Budgetüberschüsse.

Die Übersicht zeigt den Einsatz der Eingriffsinstrumente mit dem Ziel der Stabilisierung bzw. eher noch Dämpfung der Konjunktur. Anhand ausgewählter geeigneter Beispiele sollen nun die Eingriffsinstrumente des StabG näher in ihrer Wirkungsweise erläutert werden:

- **Konjunkturdämpfung** (Zweck: Dämpfung der öffentlichen Nachfrage)

  - Streckung von Baumaßnahmen (Zweck: Verminderung der Investitionsgüternachfrage; Abschwächung der Multiplikatorwirkung): Ermächtigung des BuFinMin durch Bundesregierung, Baumaßnahmenbeginn und Eingehen neuer Bauverpflichtungen zu Lasten künftiger Rechnungsperioden (Haushaltsjahre) zu verschieben bzw. zu untersagen. Die dadurch frei werdenden Mittel sollen zur zusätzlichen Schuldentilgung verwendet oder in die Konjunkturausgleichsrücklage bei der Bundesbank eingestellt werden. Die Auflösung und Verwendung der Konjunkturausgleichsrücklage ist zweckgebunden für die Einleitung konjunkturfördernder Maßnahmen (§ 6 StabG).

  - Bildung einer Konjunkturausgleichsrücklage durch Einstellung eingefrorener Mittel auf ein Konto und durch Zuführung weiterer Haushaltsmittel (Bund und Länder legen bis zu 3% ihrer Steuereinnahmen in die Konjunkturausgleichsrücklage; Bezugsgröße sind die Steuereinnahmen des Vorjahres) (§§ 5, 6, 7, 8, 15 StabG).

- **Konjunkturdämpfung** (Zweck: Dämpfung der privaten Nachfrage) (§ 26 StabG)

  - Mittelbare Steuererhöhung durch Aussetzung der Abschreibungsvergünstigungen (Zweck: Liquiditätsentzug bei H und U): Aussetzung von Sonderabschreibungen und/oder der degressiven Abschreibung; eine Verminderung der Abschreibungsmöglichkeiten ergibt erhöhte steuerpflichtige Gewinne bzw. Einkommen, damit geringere Selbstfinanzierungsmöglichkeiten bzw. höhere zu versteuernde Einkommen, aber auch höhere Einnahmen des Staates; Nachfrageabschöpfung; Schließung der inflatorischen Lücke.

  - Unmittelbare Erhöhung der Einkommens- und Körperschaftssteuer: BuReg und BuRat können diese Steuererhöhung durch Rechtsverordnung für max. ein Jahr bis max. 10% beschließen (Einkommensteuerzuschlag); der Zuschlag sollte in Zeiten der Rezession wieder zurückgezahlt werden; Kaufkraftverschiebung, aber Substanzverlust durch Inflation).

Besondere Bedeutung seit 1991/92 hat der „Soli" (= **Solidaritätszuschlag**), der von den Steuerpflichtigen als **Ergänzungsabgabe und Personensteuer** auf die geschuldete Einkommen- und Körperschaftsteuer zu entrichten ist. Diese beim Steuerpflichtigen abgeschöpften Beträge sollen in den „neuen" Bundesländern durch höhere staatliche Konsumausgaben die Nettoinvestitionen erhöhen und damit die konjunkturelle Entwicklung sowie die Anpassung an die wirtschaftliche Dynamik der „alten" Bundesländer fördern. Umgekehrt soll die im Jahre 1998 eingeführte schrittweise Absenkung des Soli nicht die konjunkturelle Entwicklung in den neuen Bundesländern schwächen (man könnte hier eine Absenkung auch des Staatskonsums vermuten) sondern durch die **Gegenfinanzierung** der Absenkung des Soli in Form der Mehrwertsteuererhöhung sollen weiterhin Aufbauhilfen in den neuen Bundesländern in erheblichem Umfang gewährt werden.

Einsatz der Eingriffsinstrumente in der Rezession:

Staatsausgaben	Staatseinnahmen	Verhaltensbeeinflussung
• Transferzahlung erhöhen	• Steuersenkung	• Heraufsetzung der Abschreibungssätze
• Erhöhung der Personal- und Sachausgaben	• Kreditaufnahme	• Einführung einer Investitionsprämie

Mögliche Folge: Budgetdefizite.

Im Rahmen der Steuersenkung bzw. -erhöhung spielt die Einkommen- und Körperschaftsteuer eine besondere Rolle.
Im Idealfall sollen sich Budgetdefizite und Budgetüberschüsse innerhalb eines Konjunkturzyklus ausgleichen.

Abschließend sei die **konjunkturfördernde Wirkung** einer Erhöhung der privaten Nachfrage an 3 Beispielen näher erläutert (vgl. § 26 ff StabG):

- **Mittelbare Steuersenkung:** Wiederzulassung von Abschreibungsvergünstigungen; Einführung eines Investitionsbonus (7,5% der Anschaffungs-/Herstellkosten der abnutzbaren Gegenstände des AV sind von der Einkommen-/Körperschaftsteuer absetzbar; Auswirkung mit stark verzögertem time-lag).

- **Unmittelbare Steuersenkung** bei Einkommen-/Körperschaftssteuer bis 10% für max. 1 Jahr zur Erhöhung der verfügbaren Einkommen und der Selbstfinanzierungsmöglichkeit, aber dabei entsteht die Frage der Finanzierbarkeit in einer starken Rezession.

- **Investitionshilfeabgabe für Besserverdienende** musste zurückgenommen werden nach Entscheid des Bundesverfassungsgerichts 1984 und das Eingenommene zurückgezahlt werden.

4.3.4.4 Grenzen der antizyklischen Fiskalpolitik

Die antizyklische Fiskalpolitik ist in ihrer theoretischen Konzeption darauf ausgerichtet, die Hochkonjunktur zu dämpfen und in der Rezession oder Depression die Konjunktur wieder zu beleben. Der Verwirklichung dieses Auftrags sind in der Praxis allerdings Grenzen gesetzt, die u. a. dazu führen, dass die private Konsumgüternachfrage und die unternehmerische Brutto-Investitionsgüternachfrage nicht reagieren.

Wirkungshemmnisse einer **expansiven Fiskalpolitik** in der **Rezession** sind die im folgenden näher erläuterten Faktoren:

- **Wirtschaftssubjekte: Pessimistische Zukunftseinschätzung**
  Dafür verantwortlich sind u. a.
  - hohe Lagerbestände
  - hohe Zinsen
  - umfangreiche freie Kapazitäten
  - geringe Rentabilität bestehender Unternehmen und geplanter Investitionen
  - steigende Sparneigung, Angstsparen
  - Erwartung geringer Konsumsteigerungen im Unternehmenssektor.

- **Situation des Auslands**
  Hier sind u. a. zu nennen:
  - Preisschocks auf internationalen Rohstoffmärkten
  - Kapitalabwanderung ins Ausland wegen Kostengefälle und/oder Zinsgefälle
  - Internationale Handelshemmnisse bzw. -embargos
  - Entwicklung der Auslandskonjunktur.

- **Maßnahmen, Dosierung, Timing**
  - Problem der Wahl und Kombination der Maßnahmen: Entscheidung setzt genaue Kenntnis der wirtschaftlichen Situation voraus. *(Beispiel: Konjunkturbelebung durch zusätzliche Staatsausgaben und/oder Steuersenkung?)*
  - Dosierung: In welcher Höhe sind die gewählten Mittel einzusetzen? (Beispiel: Beschäftigungsprogramm in Höhe von 10 oder 15 Mio. € ?)
  - Timing: Wann ist der richtige Einsatzzeitpunkt für eine Maßnahme? - Es geht um das Problem der Wirkungsverzögerungen. Zu unterscheiden sind hierbei **Recognition-Lag** (Zeitspanne vom Auftreten zum tatsächlichen Erkennen der Problemsituation), **Action-Lag** (Zeitspanne vom Erkennen des Handlungsbedarfs bis zum Ergreifen einer Maßnahme) und **Efficiency-Lag** (Zeitspanne zwischen Eingriffsvornahme und erkennbarer Wirkung).

- **Koordinationsprobleme, politische Hemmnisse**
  - Gebietskörperschaften verfügen jeweils über eigenständige Haushaltskompetenzen.
  - Regierungswechsel, festgelegte Wahlperioden erschweren Kontinuität im wirtschaftspolitischen Handeln.
  - Wählerinteressen (z. B. Wunsch nach öffentlichen Bauten bei hohen Steuereinnahmen im Boom) stehen antizyklischer Fiskalpolitik entgegen.

- **Folgewirkungen staatlicher Kreditaufnahme**
  - Problem der Finanzierbarkeit des Schulden- und Zinsendienstes.
  - Crowding-out-Effekt: Staat konkurriert mit privaten Kreditnachfragern um das vorhandene Kreditangebot, d. h. das Zinsniveau steigt, private Investoren werden verdrängt.
  - Gefahr des Geldwertschwundes bei Finanzierung öffentlicher Defizite über Kreditaufnahme bei der Notenbank (Geldschöpfung). Öffentliche Kreditaufnahme ist daher auf kurzfristige **Kassenverstärkungskredite** beschränkt.
  - Einkommensumverteilung zum Nachteil späterer Generationen, sofern öffentliche Schulden über künftige Steuererhöhungen getilgt werden sollen (Generationengerechtigkeit, vgl. Art. 115 GG).
  - Langfristige Wachstumshemmung, wenn kreditfinanzierte Staatsausgaben zur Konjunkturbelebung in unrentable Projekte fließen.

Ferner sind derzeitige Eindämmungsmaßnahmen der Kreditaufnahme (= **Konsolidierungsmaßnahmen**) zu nennen:

- Kürzung der Sozialleistungen
- Streichung von Planstellen im öffentlichen Dienst
- Aussetzen von Gehaltserhöhungen für öffentlichen Dienst
- Verzögerung von Beförderungen
- Verwendung des Bundesbankgewinns
- Verkauf von Aktienpaketen, z. B. VEBA, und Privatisierungsmaßnahmen, z. B. Telekom
- Bildung außerstaatlicher Investitionsvolumina durch Vermögensbildung in Arbeitnehmerhand
- Arbeitnehmerdarlehen
- Rationalisierungen in der öffentlichen Verwaltung
- Investitionszulage (s. o.)
- Umschuldungen zu Lasten späterer Generationen (s. Generationenvertrag = Pay-as-use-Prinzip)
- Abbau von Subventionen
- Erhöhung indirekter Steuern (z. B. Mehrwertsteuer).

Wirkungshemmnisse einer **kontraktiven Fiskalpolitik** zum Zweck der **Konjunkturdämpfung** können u. a. sein:

- **Prozyklisches Verhalten** der Wirtschaftssubjekte in der Hochkonjunktur kompensiert Bremskurs der öffentlichen Haushalte.

- **Lag-Problematik**: Fällt die Entscheidung für eine kontraktive Fiskalpolitik zu spät, bewirken Action- und Efficiency-Lag zunächst noch eine „Überhitzung der Konjunktur" durch zusätzliche Nachfrage.

- **Traditioneller Zielkonflikt mit dem stetigen und angemessenen Wirtschaftswachstum,** wenn z. B. Investitionen in die Infrastruktur getätigt werden, die Voraussetzung für attraktive Standortbedingungen sind, aber aus Gründen z. B. der Haushaltskonsolidierung die Maßnahme im Boom notwendig ist.

- **Koordinationsprobleme** (vgl. Darstellung zu Wirkungshemmnissen der expansiven Fiskalpolitik).

- **Politische und institutionelle Starrheiten**: Berücksichtigung von Wählerinteressen und gesetzlich verankerte Ansprüche auf Transferleistungen (z. B. Arbeitslosenhilfe, Sozialhilfe) erschweren die Kürzungen in diesen Bereichen.

4.3.5 Ökonomische Schulen bzw. Grundüberzeugungen: Fiskalismus gegen Monetarismus oder: nachfrageorientierte versus angebotsorientierte Wirtschaftspolitik

	Fiskalisten	Monetaristen
Wissenschaftlicher Vertreter	John Maynard Keynes	Milton Friedman
Grundposition	Gesamtwirtschaftliche Nachfrage bestimmt Beschäftigung und Volkseinkommen	Rentabilität der Produktion (=Angebotsbedingung) bestimmt Beschäftigung und Volkseinkommen
Stellung zum Markt	Marktungleichgewicht entsteht vor allem durch Schwankungen des privaten Konsums, dann durch Veränderung der Bruttoinvestitionen Konsequenz: Staat muss Nachfrageausfall durch Staatsnachfrage ausgleichen (theoretische Basis: Multiplikatoreffekt); Investitionen reagieren nicht zinselastisch	Marktgleichgewicht stellt sich nach Sayschem Theorem von selbst ein; Staat tritt als Störfaktor auf (= klassisch-liberale Gleichgewichtstheorie über den Zins bzw. Preis) Konsequenz: Geldpolitik und attraktive Angebotsbedingungen müssen die Konjunktur wieder stabilisieren
Instrumente	Antizyklische Finanzpolitik, insbesondere Steuerpolitik, Abschreibungspolitik, Staatsaufträge, Globalsteuerung	Rahmengesetzgebung, Geldpolitik, Lohnpolitik, Bildungspolitik, Verringerung der Bürokratie, Stabilisierung des Preisniveaus, Steuerpolitik
Wirtschafts-politische Zielpriorität	Vollbeschäftigung	Preisniveaustabilität und Stärkung der Ertragskraft der Unternehmen, Verbesserung der ökonomischen Rahmenbedingungen
Staatshaushalt	Kreditaufnahme als Instrument	Konsolidierung des Haushalts als vorrangiges Ziel

Strukturmodell der angebotsorientierten Wirtschaftspolitik

Lohn- und Tarifpolitik	Flexibilität auf Arbeits- und Gütermarkt	Finanz- und Steuerpolitik	Sozialpolitik
Orientierung am Produktivitätsfortschritt	Flexibilisierung der Arbeitszeit	Konsolidierung der Staats- und Sozialfinanzen	Strukturreform in der Rentenversicherung und im Gesundheitswesen
Keine Einrechnung der erwarteten Inflationsrate in die Lohnsteigerungen	Flexibilisierung des Arbeitsrechts (Beschäftigungsförderungsgesetz/ Sozialpläne)	Rückführung der Staats- und Abgabenquote	Bremsen des Anstiegs der Personalzusatzkosten
Nutzung des Verteilungsspielraums für Einkommenssteigerungen statt für Arbeitszeitverkürzung	Deregulierung der Märkte	Senkung der leistungsfeindlichen Grenzsteuersätze	
Bremsen des Anstiegs der Personalzusatzkosten	Lockerung des Kündigungsschutzes	Reform der Unternehmensbesteuerung	

4.3.6 Steuerpolitik und Deutsche Einheit

Definition: Unter Steuerpolitik versteht man die Gesamtheit steuerlicher Maßnahmen (z. B. Abschaffung und Einführung von Steuern, Auswahl der Steuerobjekte), die im Dienste der Finanz- und Wirtschaftspolitik stehen.

Herausforderungen der Deutschen Einheit:

- Übernahme der Altlasten der ehemaligen DDR:
  Staatsschulden
  Schulden der aufgelösten Unternehmen (Abwicklung durch Treuhand).
- Aufbau und Förderung konkurrenzfähiger Betriebe.
- Sanierung und weiterer Ausbau der Infrastruktur.
- Anschubfinanzierung des Aufbaus eines Sozialen Netzes.

Ziele: Schaffung einheitlicher Lebensverhältnisse im vereinten Deutschland, Angleichen der Wirtschaftskraft Ost-West.

Problemlösung durch Förderung des wirtschaftlichen **Strukturwandels**.

Instrumente:
- Investitionszulagen für Maschinen und Ausrüstungen.
- 50% Sonderabschreibungen für Bau- und Ausrüstungsinvestitionen in den neuen Ländern im ersten Nutzungsjahr; dadurch Sinken der steuerpflichtigen Gewinne und damit der Steuerlast.
- Aussetzung der Gewerbekapital- und Vermögensteuer, die auch von Unternehmen, die keinen Gewinn abwerfen, zu zahlen sind. Im Jahr 1997 wurde die Vermögensteuer im gesamten Bundesgebiet abgeschafft.

Beispiel der geplanten Finanzierung und Umverteilung im Zuge des Aufbaus Ost (insgesamt ein Bruttovolumen von 218 Mrd. DM in 1992)

Woher das Geld kommt (Mrd. DM)		**Wohin das Geld geht** (Mrd. DM)	
Fonds „Deutsche Einheit"	24	Konsum, Subventionen, Zinsen	120
Länder, Gemeinden	12	Investitionen und Invest.zuschüsse	55
Bund	109	Allgemeine Finanzzuweisungen	43
Rentenversicherung	14		
ERP-Kredite	25		
Bundesanstalt für Arbeit	30		
EG	4		

(s. Globus Bilderdienst Nr. 9500)

4.4 Exkurs: Wirtschaftspolitik und Schwachstellen der Sozialen Marktwirtschaft

Probleme und Schwächen als Ursache sozialer Spannungen

Ansatzpunkt 1
Einkommens- und Vermögensverteilung (vgl. Kap. 6): Anspruchsdenken und wachsendes Wohlstandsgefälle (s. „Neue Armut" bzw. „Wohlstandsarmut") verhindern einen sozialverträglichen bzw. -gerechten Ausgleich bei der Verteilung des Sozialprodukts.

Ansatzpunkt 2
Leugnung und Verdrängung des christlich-ethisch-moralisch-sittlichen Wertesystems als einziger Kontrollmechanismus des Individualismus (vgl. Kap. 1). Dadurch erfolgt ein Wertewandel in Wirtschaft und Gesellschaft zum reinen Egoismus (= „Ellbogengesellschaft" mit Schlagworten wie „Mobbing", „Profitgier", „Über-den-Tisch-ziehen") und Diktatur des Leistungsdrucks (mit Schlagworten wie „jung-schlank-fit-schön-dynamisch-topaktuell-unabhängig-durchsetzungsfähig") mit Verdrängungswettbewerb auch auf dem Arbeitsmarkt und einseitiger Vermögensverteilung (s. Schlagwort der „Zweidrittelgesellschaft").

Probleme und Schwächen als Ursache wirtschaftlicher Spannungen

Ansatzpunkt 1
Globalisierung und internationale Freizügigkeit der Wirtschaft und des Arbeitsmarktes führt zum Zwang permanenter Produktivitätssteigerung durch Unternehmensverdrängungswettbewerb und Unternehmenszusammenschlüsse. Die Folge davon sind nationale Zunahme der Arbeitslosigkeit und Qualifikationsdruck sowie Mobilitätsdruck bzw. räumlicher und persönlicher Flexibilitätsdruck der abhängigen Arbeitnehmer und der Unternehmer. Dabei erfolgt eine sozial unverträgliche Ausgrenzung von „Minderqualifizierten" mit einer Entkopplung der Einkommens- und Vermögensverteilung vom Produktivitätsfortschritt (vgl. Kap. 6).

Ansatzpunkt 2
Zu wenig sozialstaatliche Lenkung bedeutet steigende Eigenvorsorge für Notfälle sowie steigende Sozialausgaben bei höherer Arbeitslosigkeit und Überalterung der Bevölkerung. Gründe dafür sind u. a. Wohlstandsmaximierungsmöglichkeit, Egoismus sowie steigende Kosten des Existenzminimums eines Kindes im Vergleich zur Einkommenssteigerung, die zum Geburtenrückgang führen.

Ansatzpunkt 3
Zu viel sozialstaatliche Lenkung hat Kontraproduktivität zur Folge, verhindert Nettoinvestitionen und strukturelle Anpassungen, schwächt die internationale Anpassungsfähigkeit und gefährdet die Erreichung der Ziele des StabG.

Ansatzpunkt 4
Eingeschränkte Selbststeuerung des Marktes durch Konzentrationstendenzen und -prozesse setzt die liberalen und sozialen Funktionen des Marktmechanismus außer Kraft.

Probleme und Schwächen als Ursache struktureller Spannungen

Ansatzpunkt 1
Räumliche Standortdiskussion:

- Agglomeration und Konfrontation von „Arm" und „Reich" (in Ballungsräumen im Gegensatz zum ländlichen Raum) erzeugt Konfliktpotential.

- Globale Produktionsstandortentscheidungen, d. h. Ausnutzen von human ressources in Billiglohnländern, erzeugen strukturelle Arbeitslosigkeit.

- Liberalisierung, Freizügigkeit, Deregulierung der Finanzmärkte bedeutet globale Anlagesteuerung des Kapitals nicht nur in gewinnbringende Realinvestitionen, sondern auch in Geldspekulationen; dadurch Ausbildung von Kapital-Wachstumsräumen international und im Binnenraum. D. h. nachhaltige staatliche Förderung strukturschwacher Räume ist unerlässlich.

Ansatzpunkt 2
- Sozial-funktionelle Standortdiskussion: Wachstumsausrichtung der Volkswirtschaft im internationalen Konkurrenzdruck bedingt strukturelle Arbeitslosigkeit bei steigendem Wohlstand und Existenzminimum, d. h. höhere Anforderungen an das Soziale Netz und an das Bildungssystem. Dies ist jedoch ein Problem der staatlichen Finanzierbarkeit.

Staatlicher Einfluss in der Sozialen Marktwirtschaft
Ein Überblick über die Möglichkeiten marktkonformer staatlicher Einflüsse

- Grundrechtsbestimmungen (s. GG)

- Rechtsstaatlichkeit und Bindung der Rechtsregelungen an die Verfassung

- Sozialstaatsprinzip (s. Sozialpolitik)

- Marktsicherung (s. Wettbewerbspolitik)

- Marktregulierung (s. Konjunkturpolitik, Strukturpolitik, Wachstumspolitik, Ordnungspolitik); neben der Marktsteuerung steht auch dirigistische Marktlenkung (s. staatliche Preispolitik)

- Marktbeeinflussung (s. Arbeitsmarktpolitik, Beschäftigungspolitik)

- Schutz der Arbeitnehmer (s. Betriebsverfassungsgesetz)

- Staatliche Regieunternehmen mit Tendenzen zur Deregulierung und Privatisierung auf Gütermärkten, Verkauf von Beteiligungen oder Überführung in privatwirtschaftliche Rechtsformen

- Bekämpfung von Unterbeschäftigung:
  - Erhöhung der Staatsausgaben und Beeinflussung der Gesamtnachfrage
  - Steigerung der Transferleistungen
  - Förderung privater Investitionen durch Zinssenkungsmaßnahmen, Subventionen, Staatsaufträge
  - Begünstigung der Exporte, Beschränkung der Importe von Fertigerzeugnissen
  - Leistungsorientierte Steuer- und Abgabenpolitik
  - Abbau der verdeckten Arbeitslosigkeit
  - Arbeitsmarktpolitische und beschäftigungspolitische Maßnahmen als vorübergehende Lösung mit Überführungsmodellen für die Teilnehmer in den 1. Arbeitsmarkt (s. Beschäftigungsgesellschaften)
  - Neustrukturierung und Flexibilisierung der Arbeitszeit und der Entlohnung (s. Lohndifferenzierung)
  - "Ich-AGs"

5 Außenwirtschaftspolitik

5.1 Begriffe

Außenhandelspolitik:
Gesamtheit aller staatlichen Maßnahmen zur Beeinflussung des Außenhandels, z. B. durch Einfuhrbeschränkungen oder Exportförderung, aber auch durch zwischenstaatliche Vereinbarungen über Ex-/Importe bzw. deren Bezahlung (Handels- und Zahlungsabkommen).

Direktinvestitionen:
Kapitalexport durch inländische Wirtschaftssubjekte mit dem Ziel, Immobilien zu kaufen, Betriebsstätten zu errichten oder ausländische Unternehmen bzw. Beteiligungen an diesen, die Mitentscheidung in der Unternehmenspolitik gewährleistet, zu erwerben. Im Gegensatz dazu spricht man von indirekten oder **Portfolio-Investitionen**, wenn inländisches Kapital zum Zweck des Forderungserwerbs, also nicht um direkte Eigentumsrechte zu begründen, ins Ausland übertragen wird, z. B. bei Industrieobligationen.

Europäisches Währungssystem (EWS):
Währungspolitischer Zusammenschluss innerhalb der Europäischen Union seit dem 13.3.1979. Das EWS hat(te) das Ziel, eine Zone währungspolitischer Stabilität in Europa zu schaffen. Es besteht aus den drei folgenden Elementen: Europäische Währungseinheit **(ECU)**, System **fester Leitkurse** mit **Schwankungsbreiten** bzw. **Interventionspflicht** (Stützungskäufe/-verkäufe) der Zentralbanken und **Kredit-/Beistandsmechanismus** für die Interventionsmaßnahmen.

Europäische Wirtschafts- und Währungsunion (EWU oder EWWU):
Wie im Dezember 1991 in **Maastricht** beschlossen, trat am 1.Januar 1999 eine Europäische Währungsunion mit einer gemeinsamen Währung (**EURO**) in Kraft. Sie wurde in drei Stufen seit 1990 vollzogen und ökonomisch untermauert durch die Verwirklichung des **Europäischen Binnenmarktes** seit 1993. Die Teilnehmerländer an der dritten Stufe (Endstufe) ab 1999 wurden im Frühjahr 1998 festgelegt, wobei geprüft wurde, ob die sogenannten **Konvergenzkriterien** hinsichtlich staatlicher Gesamt- und Neuverschuldung, Inflationsrate und Währungsstabilität erfüllt waren.

General Agreement on Tariffs and Trades (GATT):
1947 angenommenes multilaterales Abkommen, das alle wichtigen Handelsnationen umfasst. Ziel ist die Förderung des Wirtschaftswachstums durch Intensivierung des internationalen Güteraustauschs, v. a. über kollektiven Zollabbau. Das GATT wurde 1994 von der **World Trade Organisation (WTO)** abgelöst.

Importierte Inflation:
Übertragung von Inflation im Ausland auf das Inland v. a. bei festen Wechselkursen. Bei im Ausland höherer Inflation entstehen durch die verbesserte Wettbewerbsfähigkeit der inländischen Exportwirtschaft Leistungsbilanzüberschüsse. Dadurch kommt es zu Nachfragesteigerung und bei nicht ausreichender Produktionsausdehnung zu einer inflatorischen Lücke (**Einkommenstheorie** des Inflationsimports). Zum anderen führt der Zufluss an Devisen, die bei festen Wechselkursen die Notenbank in heimische Währung eintauschen muss, zu einem Wachstum der Geldmenge, damit einer steigenden Gesamtnachfrage und ceteris paribus einer Preisniveauerhöhung (**Liquiditätstheorie** des Inflationsimports).

Internationaler Währungsfond (IWF) / International Monetary Fund (IMF):
Der IWF wurde 1945 aufgrund des **Abkommens von Bretton-Woods** von 1944 (System relativ fester Wechselkurse mit US-$ als Leitwährung, das 1971 zusammenbrach) gegründet. Durch den IWF wird den Mitgliedern (z. Zt. 183) bei Zahlungsbilanzproblemen Hilfe geleistet, v. a. durch die 1970 eingeführten **Sonderziehungsrechte** (= Kreditaufnahme beim IWF und Verwendung als Zahlungsmittel). Der Stimmanteil der Länder bestimmt sich nach der Höhe der Einlagen, z. B. Deutschland 6,2%, USA 17,5%, Afrika 10%.

Kapitalbilanz:
Teil der Zahlungsbilanz, in dem alle Kapitalbewegungen einer Periode, durch die die Forderungen bzw. Verbindlichkeiten des Inlands gegenüber dem Ausland verändert werden, erfasst werden mit Ausnahme der Veränderung der Auslandsposition ("Auslandsaktiva") der Zentralbank.

Leistungsbilanz:
Teil der Zahlungsbilanz, in dem für eine Periode die getätigten Exporte und Importe (**Handelsbilanz**), die vom Ausland bezogenen/erhaltenen bzw. an das Ausland geleisteten **Dienstleistungen** (z. B. Auslandsreiseverkehr), **Erwerbs- und Vermögenseinkommen** (Arbeitseinkommen u. Kapitalerträge) und **laufende Übertragungen** (z. B. Heimatüberweisungen von Gastarbeitern oder Beiträge an internationale Organisationen) gegenübergestellt werden.

Währungspolitik:
Die auf das Ausland bezogene Währungspolitik bzw. Wechselkurspolitik der Bundesbank versucht, den monetären Rahmen für die außenwirtschaftlichen Beziehungen zu setzen und den Außenwert der Währung zu regulieren, z. B. durch Interventionen, um Wechselkurssprünge oder Auf- und Abwertungen zu vermeiden.

Wechselkurs / Wechselkurssysteme:
Der Wechselkurs oder **Devisenkurs** ist der Preis einer ausländischen Währungseinheit in heimischer Währung (sog. Preisnotierung). Je nach Einfluss des Staates bzw. der Zentralbank auf die Kursbildung unterscheidet man prinzipiell **feste** (Notenbank hat **Interventionspflicht** zur Verteidigung des Wechselkurses über An- und Verkäufe der ausländischen Währung) und **flexible** (freies Spiel der Angebots- und Nachfragekräfte am Devisenmarkt = **Floating**) Wechselkurssysteme.

Zahlungsbilanz:
Zusammengefasstes Bild aller (wertmäßig erfassten) wirtschaftlichen Transaktionen zwischen Gebietsansässigen und Gebietsfremden in einer bestimmten Periode. Sie gliedert sich in die **Leistungsbilanz** (s. o.) und den einmaligen Vermögensübertragungen als „Aktivseite“ und in die **Kapitalbilanz** (s. o.) und den Veränderungen der Auslandsaktiva (Devisenbestände) der Bundesbank als „Passivseite“.

5.2 Die Erfassung außenwirtschaftlicher Beziehungen in der Zahlungsbilanz

Die Aufnahme des Außenhandels im Gegensatz zur Autarkiewirtschaft bringt praktisch immer der betreffenden Volkswirtschaft einen sogenannten „Außenhandelsgewinn“, der sich in der Verbesserung der Versorgungslage und in einer Wohlstandssteigerung der einzelnen Wirtschaftssubjekte äußert.

Dies ist darin begründet, dass der Außenhandel über die Ausnutzung von Standort- und anderen Kostenvorteile (Klima, Bodenschätze, Bildungsstand der Bevölkerung etc.) die Produktionsfaktoren ihrer produktivsten Verwendung zuführt. Allerdings ist zu beachten, dass die dadurch verwirklichte internationale Arbeitsteilung auch zu ökonomischen und politischen Abhängigkeiten führt. Für die Bundesrepublik Deutschland ist dies v. a. bei Rohstoffen offensichtlich. Die gesamtwirtschaftliche Importquote, d. h. das in Prozenten des Bruttosozialprodukts ausgedrückte Volumen der Importe liegt bei ca. 25% (2003: 27,8%) - ein Viertel des Güterwertes, den wir für unseren Lebensstandard benötigen, wird aus dem Ausland bezogen.

Die Importabhängigkeit der deutschen Wirtschaft bei ausgewählten Rohstoffen

Rohstoff	*hauptsächliche Verwendung*	*Importanteil in %*
Aluminium	Flugzeugbau	100
Baumwolle	Textil	100
Kobalt	Computer	100
Nickel	Stahl	100
Phosphat	Dünger	100
Quecksilber	Chemie, Elektro	100
Silber	Photochemie	98
Erdöl	Energie	96
Blei	Batterien	92
Zink	Draht (Messing)	71

Nach: Altmann (2000). Wirtschaftspolitik. Stuttgart

Der Anteil der Exporte am deutschen Bruttoinlandsprodukt (gesamtwirtschaftliche Exportquote) liegt bei etwa einem Drittel (2003: 34,5 %). Etwa jeder vierte Arbeitsplatz hängt vom Export ab.

Deutschland ist seit mehreren Jahrzehnten das **zweitwichtigste Welthandelsland** nach den USA und vor Japan. Dabei beträgt der deutsche Anteil an der Weltausfuhr (nur Warenverkehr) seit 1990 immer ca. 10% (z.B. 1995: 10,3%, 1999: 9,7%).

Insgesamt ist Deutschland mit der Weltwirtschaft so eng verbunden wie kaum eine andere Volkswirtschaft von vergleichbarer Größe. Kleinere Länder allerdings sind oft wegen internationaler Spezialisierung und engem Binnenmarkt weitaus abhängiger vom Weltmarkt; so exportieren beispielsweise Belgien/Luxemburg ca. 50%, die Niederlande ca. 40% ihrer Wirtschaftsleistung.

Die Bedeutung des Außenhandels für die deutsche Wirtschaft ist seit dem Wiederaufbau nach dem 2. Weltkrieg stetig gewachsen. Betrug das Verhältnis von jährlichen Einfuhren plus Ausfuhren zum Bruttoinlandsprodukt (in %) 1950 erst 26,5, so wurde 2004 ein Wert von 71 erreicht (SZ v. 27.5.2005)

Branchen-Exportquoten der deutschen Wirtschaft 1998 (Auswahl)

Branche	*Exportquote (in%)*
Fahrzeugbau	51,6
Maschinenbau	47,4
Chemische Industrie	46,5
Büro- und Elektrotechnik	40,4
Medizin-, Mess- und Regelungstechnik, Optik	38,5
Textil, Bekleidung, Leder	29,3
Gummi-, Kunststoffwaren	26,9
Glas, Keramik, Steine, Erden	17,1
Papier, Verlag, Druck	17,0
Ernährung und Tabak	11,3
Mineralölverarbeitung	4,1

Nach: Altmann (2000). Wirtschaftspolitik. Stuttgart

Der internationale Handel mit Sachgütern ist zwar der wichtigste, aber nicht der einzige Bereich der Außenwirtschaft, d. h. aller wirtschaftlichen Beziehungen über die Staatsgrenzen hinweg. Neben Waren werden auch Dienstleistungen im Ausland ge- und verkauft. Geld- und Kreditbewegungen finden statt, die nicht im Zusammenhang mit Waren- oder Dienstleistungsaus- bzw. -einfuhren stehen, z. B. Geldströme in ein Land, dessen Zinsniveau höher als das anderer Länder ist. Viele Staaten haben sich verpflichtet, Beiträge an internationale Organisationen (UN, NATO, EU etc.) zu entrichten bzw. leisten: z. B. Entwicklungshilfezahlungen. Alle diese Transaktionen zwischen In- und Ausländern in einer Periode (Monat, Quartal, Jahr) werden statistisch in der Zahlungsbilanz erfasst. Als Inländer gilt, wer seinen festen Wohnsitz im Inland hat, also auch ausländische Einwohner.

Im Gegensatz zur kaufmännischen Bilanz, die in der Regel Bestände an einem bestimmten Stichtag ausweist, ist die Zahlungsbilanz eine **Saldenbilanz**, die Veränderungen (Stromgrößen) innerhalb einer Periode ausweist.

Die Zahlungsbilanz besteht aus mehreren Teilbilanzen, wobei jeweils auf der Aktiv- bzw. Soll-Seite die Transaktionen, die zu Zahlungseingängen führen, und auf der Passiv- bzw. Haben-Seite die Transaktionen, die zu Zahlungsausgängen führen, verbucht werden. Nach der 1995 geänderten Systematik der Deutschen Bundesbank werden folgende **Teilbilanzen** unterschieden:

(1) **Leistungsbilanz:**
Hier werden jene Transfers berücksichtigt, die direkten Einfluss auf Einkommen und Verbrauch haben, also nicht die zunächst "nur" das Vermögen der beteiligten Länder beeinflussenden Vermögensübertragungen. Die Leistungsbilanz spiegelt die Wirtschaftskraft, die Leistung einer Volkswirtschaft im Sinne internationaler Wettbewerbsfähigkeit wider. Man unterscheidet

- **Außenhandel/Warenhandel ("Handelsbilanz")**;
  Gegenüberstellung von Ex- und Importen von Sachgütern

- **Dienstleistungen**;
  z. B. Auslandsreiseverkehr, Transport- und Telekommunikationsleistungen, Lizenzen/Patente. *Der Saldo aus Handels- und Dienstleistungsbilanz ist der* ***Außenbeitrag****, der als (Ex-Im) oder (X-M) im Modell des Wirtschaftskreislauf erscheint.*

- **Erwerbs- und Vermögenseinkommen**;
  Arbeitseinkommen und Kapitalerträge, die Inländern aus dem Ausland bzw. Ausländern aus dem Inland zufließen

- **Laufende Übertragungen**;
  Geld- und Sachleistungen an das bzw. vom Ausland, denen keine unmittelbaren Gegenleistungen gegenüberstehen, z. B. Heimatüberweisungen der Gastarbeiter oder Zahlungen an den EU-Haushalt.

Wenn in der wirtschaftspolitischen Diskussion (vgl. 1.3.4) von ***Zahlungsbilanzungleichgewicht*** *gesprochen wird (was nicht korrekt ist, da die Zahlungsbilanz als Ganzes immer ausgeglichen ist), ist oft nur die Leistungsbilanz gemeint. In diesem Sinne liegt ein Zahlungsbilanzüberschuss vor, wenn die Leistungsbilanz positiv (Einnahmen > Ausgaben / Saldo: +), ein Zahlungsbilanzdefizit, wenn sie negativ ist.*

(2) **Vermögensübertragungen:**
Einmalige Übertragungen, wie z. B. Erbschaften, Schuldenerlasse oder Vermögensmitnahmen von Ein-/Auswanderern, aber auch einmalige Zuschüsse der EU zu Infrastrukturmaßnahmen werden in der Bilanz der Vermögensübertragungen erfasst.

(3) **Kapitalbilanz:**
Hier sind alle Forderungen und Verbindlichkeiten, die Privatwirtschaft und Staat (außer der Notenbank) gegenüber dem Ausland haben, dargestellt. Unterteilt wird sie in

- **Direktinvestitionen**;
  v. a. Beteiligungen deutscher Unternehmen an ausländischen Firmen und umgekehrt sowie grenzüberschreitender Immobilienerwerb

- **Wertpapiere**;
  Erwerb von ausländischen Wertpapieren als Kapitalanlage (keine Beteiligungsabsicht)

- **Kreditverkehr**;
  kurz- und langfristige Finanzbeziehungen, auch Entwicklungshilfekredite

- **Sonstige Anlagen**

(4) **Saldo der statistisch nicht weiter aufgliederbaren Transaktionen (Restposten)**, z. B. sogenannte "Koffergeschäfte", wenn inländische Sparer Geld ins Ausland bringen (warum wohl?).

(5) **Veränderung der Auslandsaktiva der Bundesbank:**
Ausgewiesen werden die Veränderungen der Devisenbestände der Deutschen Bundesbank (sog. **Auslandsposition**).

Die Zahlungsbilanz der Bundesrepublik Deutschland
(Angaben in Mrd. DM, ab 1999 Mrd. Euro):

Position (+/- = jeweiliger Saldo)	*1989*	*1992*	*1995*	*1999*	*2004*
I. **Leistungsbilanz** (Bilanz der laufenden Posten)	+ 107,5	- 33,7	- 32,4	- 19,6	+ 84,0
1.**Warenhandel** Ausfuhr (fob,s. u.) Einfuhr (cif, s. u.)	+ 134,5 641,0 506,5	+ 33,7 671,2 637,5	+ 93,2 749,9 656,7	+ 67,2 506,5 439,3	+156,7 731,1 574,4
2.**Dienstleistungen**	- 7,2	- 31,3	- 65,1	- 49,1	- 32,0
3.**Erwerbs- und Vermögenseinkommen**	+ 20,9	+ 22,6	- 1,8	- 11,9	+ 0,1
4.**Laufende Übertragungen**	- 36,9	- 55,1	- 58,7	- 25,7	- 28,4
II. **Vermögensübertragungen**	+ 0,1	+ 1,1	- 0,9	- 0,1	+ 0,4
III. **Kapitalbilanz** (Kapitalexport:-)	- 134,7	+ 90,3	+ 72,3	- 20,6	- 99,8
1.**Direktinvestitionen**	- 15,3	- 26,8	- 36,3	- 43,6	- 25,2
2.**Wertpapiere** (u. Finanzderivate)	- 4,4	+ 45,3	+ 52,0	- 10,0	+ 16,6
3.**Übriger Kapitalverkehr** (Kreditverkehr und sonstige Kapitalanlagen)	- 115,0	+ 71,8	+ 56,6	+ 33,1	- 91,1
IV. Saldo der statistisch nicht aufgliederbaren Transaktionen (Restposten)	+ 8,0	+ 11,1	- 21,3	+ 27,8	+ 13,9
V. **Veränderung der Nettoauslandsaktiva der Bundesbank** zu Transaktionswerten (Zunahme:-)	- 19,0	+ 62,4	+ 17,8	- 12,5	+ 1,5

Quelle: Deutsche Bundesbank, Monatsberichte März 1995 und 2005 Geschäftsberichte 1999 und 2002

fob = free on board (Verkäufer trägt alle Kosten und Gefahren bis zum Verladen bzw. bis Grenze)
cif = cost, insurance and freight (Verkäufer trägt zusätzlich Frachtkosten bis zum Bestimmungsort)

Die Handelsbilanz der Bundesrepublik wies unmittelbar nach der Wiedervereinigung Deutschlands 1991 und 1992 so geringe Überschüsse auf, dass ein ausgeprägtes Leistungsbilanzdefizit entstand. Seit 1993 stieg der Außenhandelsüberschuss kontinuierlich an, was allerdings erst ab 2001 wieder zu einem positiven Leistungsbilanzsaldo führte. Durch die Reiselust der Deutschen, Gastarbeiterüberweisungen in ihre Heimatländer und Beiträge zu internationalen Organisationen (v. a. der EU) weisen sowohl die Dienstleistungs- als auch die Übertragungsbilanz "naturgemäß" ausgeprägte Defizite aus. Die Kapitalbilanz zeigt positive und negative Salden, was auf die Vielzahl von sich ständig ändernden Faktoren, die internationale Kapitalbewegungen steuern (z. B. Zinsniveauänderungen) zurückzuführen ist. Der Globalisierungsprozess (vgl. 5.6.3) hat v.a. zwei Auswirkungen auf die deutsche Zahlungsbilanz:

- Die explosionsartige Entwicklung der internationalen Kapitalbewegungen hat dazu geführt, dass diese Kapitalströme in manchen Jahren (z.B. 2000) deutlich stärker sind als die Warenströme, die bis Mitte der 80er-Jahre immer die größere Bedeutung hatten.
- Die Direktinvestitionen im Ausland (davon 56,4% in die USA) erreichten 1998 mit 146,4 Mrd. DM ihren vorläufigen Höhepunkt. Das fast konstante Defizit bei den Direktinvestitionen seit den 90er Jahren beruhte v. a. darauf, dass die Bundesrepublik für ausländische Investoren nur geringe Attraktivität hatte - sicherlich auch eine Folge des hohen deutschen Lohnniveaus.

Mögliche Ursachen für Leistungsbilanzungleichgewichte:

Leistungsbilanzüberschuss	**Leistungsbilanzdefizit**
▪ Exporte > Importe - Inlandswaren bzw. -leistungen billiger als im Ausland - Inlands"produktion" steht auf höherem technischen Niveau als die des Auslands bzw. besitzt höhere Attraktivität (z. B. als Urlaubsziel) - Außenwert der heimischen Währung niedrig bzw. gesunken ▪ Hohe laufende Übertragungen aus dem Ausland - viele Inländer arbeiten im Ausland - Zahlungen internationaler Organisationen, Empfänger von Entwicklungshilfe (nicht Kredit) oder von Reparationen	▪ Importe > Exporte - Inlandswaren bzw. –leistungen teurer als im Ausland - Inlandsproduktion steht auf niedrigerem technischen Niveau als die des Auslands - Aufbau der Industrie erfordert hohe Produktionsgüterimporte - Wechselkurs der heimischen Währung zu niedrig (Außenwert hoch) ▪ Hohe laufende Übertragungen an das Ausland - Beschäftigung ausländischer Gastarbeiter - Zahlungen an internationale Organisationen und/oder von Entwicklungshilfe, evtl. Zahlung von Reparationen bzw. Stationierungskosten

Mögliche Folgen von Leistungsbilanzungleichgewichten

Leistungsbilanzüberschuss	Leistungsbilanzdefizit
▪ Exportzunahme oder Importrückgang = Beschäftigungszunahme ▪ Aufwertungsdruck auf die Inlandswährung - bei festen Wechselkursen Devisenzufluss → Stützungskäufe → v. a. Geldmengeninflation - bei flexiblen Wechselkursen Aufwertung mit Tendenz zum Beschäftigungsrückgang bzw. zur Inflationsdämpfung über die Importverbilligung	▪ Importzunahme oder Exportrückgang = Beschäftigungsrückgang ▪ Abwertungsdruck auf die Inlandswährung - bei festen Wechselkursen Stützungsverkäufe = Abbau von Devisenreserven, evtl. bis zur Illiquidität der Notenbank - bei flexiblen Wechselkursen Abwertung mit Inflationstendenz ▪ externe Verschuldung

Wie kein anderer Bereich der Wirtschaftspolitik ist die Außenwirtschaftspolitik in weltwirtschaftliche **Zusammenhänge** eingebettet, was aber auch bedeutet, dass die existierenden globalen Ordnungen beachtet werden müssen. Man unterscheidet:

- **Weltwährungsordnung**
- **Welthandelsordnung** und
- **Welttransferordnung** (= Entwicklungshilfepolitik), auf die an dieser Stelle nicht näher eingegangen wird.

Für die hier darzustellenden zwei „Teile“ der Außenwirtschaftspolitik, der Währungspolitik und der Außenhandelspolitik ist zu berücksichtigen, dass neben Regierung und Zentralbank eine Vielzahl von **internationalen bzw. supranationalen Institutionen** die Außenwirtschaft beeinflussen und bestimmen. Kaum ein Teilbereich der Außenwirtschaftspolitik, **kaum eine konkrete außenwirtschaftliche Maßnahme liegt daher allein im Ermessen nationaler Institutionen**.

5.3 Wechselkurs bzw. Wechselkurssysteme

Der **Wechselkurs** ist der **Preis für eine ausländische Geldeinheit**. Ist der Kurs niedrig, das ausländische Geld also "billig", ist der **Außenwert** des eigenen Geldes groß, bei hohem Wechselkurs umgekehrt. In den Wechselkursnotierungen wird zwischen Sorten (= ausländische Münzen und Banknoten) und Devisen (= ausländische Zahlungsmittel wie Schecks oder Zahlungsanweisungen) unterschieden.
In dieser Darstellung wird der Begriff Wechselkurs als **Preiswechselkurs** verstanden, d. h. er drückt den Preis in Inlandswährung für eine ausländische Währung aus (Bsp.: 100 japan. Yen =0,7236 €). Wenn man darstellen will, welche "Menge" ausländischer Zahlungsmittel man für eine Einheit Inlandswährung kaufen kann, verwendet man den **Mengenwechselkurs** (Bsp.: 1 € = 138,0700 japan. Yen), der mit der Euro-Bargeldumstellung ab 1. Januar 2002 auch in Deutschland gebräuchlich wurde.

Wechselkurse schwanken ständig. Sie werden **durch folgende Faktoren beeinflusst**:

Faktoren	Devisen – Angebot (= **sinkender Wechselkurs**) bei	Devisen - Nachfrage (= **steigender Wechselkurs**) bei
Außenhandel	Güterexport	Güterimport
Kursspekulation	Erwartung sinkender Kurse	Erwartung steigender Kurse
Inflationsdifferenzen	Inlandsinflation < Auslandsinflation	Auslandsinflation < Inlandsinflation
Zinsniveaudifferenzen	Zinsniveau Ausland < Inland	Zinsniveau Ausland > Inland
Notenbankinterventionen	Euro-Kursstützung (Devisenverkauf)	Devisenkursstüzung (Devisenankauf)
Direktinvestitionen	ausländischen Direkt-investitionen im Inland	inländischen Direktinvestitionen im Ausland
Politische / wirtschaftliche Krisen und Entwicklungen, psychologische Faktoren	z. B. Dollarschwäche bei Regierungskrise in USA	z. B. bei positiven Konjunkturdaten aus den USA

5.3.1 Das System der flexiblen Wechselkurse

Wenn die Wechselkurse sich frei am Devisenmarkt bilden, man spricht hierbei auch von **Floating** (von engl. to float = fließen, treiben lassen), haben die **Marktgesetze** Gültigkeit:

- Nach dem **Gesetz der Nachfrage** steigt die Nachfrage (nach Devisen) mit sinkendem Preis (= Kurs) und sinkt die Nachfrage mit steigendem Preis des nachgefragten Gutes.
- Nach dem **Gesetz des Angebots** steigt das Angebot (an Devisen) mit steigendem Kurs und sinkt das Angebot mit sinkendem Kurs.
- Die Zunahme der Devisennachfrage führt zur **Verschiebung der Devisennachfragekurve** nach rechts (s. o.) bzw. die Abnahme zur Verschiebung nach links; bei gleichbleibendem Devisenangebot führen diese Veränderungen der Devisennachfrage zu steigenden bzw. sinkenden Kursen.
- Die Zunahme des Devisenangebots führt zur **Verschiebung der Devisenangebotskurve** nach rechts bzw. die Abnahme zur Verschiebung nach links; bei gleichbleibender Devisennachfrage führt diese Veränderung des Devisenangebots zu sinkenden bzw. steigenden Kursen.

Wechselkurs

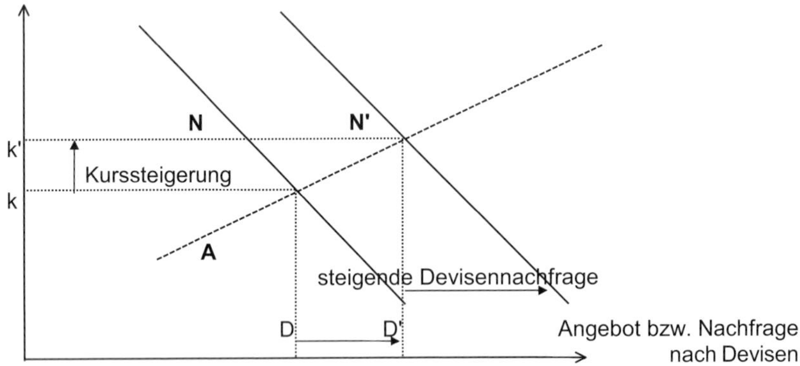

N = bisherige Devisennachfragekurve; N' = neue Devisennachfragekurve;
A = Devisenangebotskurve; k = bisheriger Gleichgewichtskurs, k' = neuer Gleichgewichtskurs

Im oben dargestellten Fall hat die **Devisennachfrage zugenommen**, mögliche **Gründe** dafür sind:

- Zunehmende Importe (z. B. auch Ferienreisen ins Ausland) müssen bezahlt werden.
- Die Regierung geht zusätzliche internationale Verpflichtungen ein.
- Spekulanten rechnen mit steigendem Kurs der Auslandswährung bzw. Kursverlusten der heimischen Währung.
- Die Zinssätze liegen im Ausland (deutlich) höher als im Inland.

In einem System flexibler Wechselkurse sorgt der Marktmechanismus dafür, dass keine Währung unter- bzw. überbewertet bleibt, da sich immer wieder ein neuer Gleichgewichtspreis einstellt. Ein **Inflationsimport** aus dem Ausland **findet nicht statt**, da bei steigenden Preisen im Ausland der Import und damit die Devisennachfrage zurückgeht und bei dadurch sinkenden Kursen sich die Auslandswaren verbilligen.

Allerdings unterliegen die Kurse laufenden und nicht vorhersehbaren Schwankungen, was die Exportgeschäfte mit einem **hohen Kalkulationsrisiko** belegt. Die Bundesbank hat in der Vergangenheit schon oft gerade bei stark sinkendem Dollarkurs durch Stützungskäufe in den Markt eingegriffen, um die Exporteure zu schützen bzw. deren Wettbewerbsfähigkeit am Weltmarkt, wo (noch) weitgehend in Dollar fakturiert wird, zu erhalten (sog. **"schmutziges Floating").**

5.3.2 Das System der festen Wechselkurse (Beispiel WKM II, s.u.)

Ein System fester Wechselkurse weist in der Regel folgende **Merkmale** auf:

- Die Mitgliedsländer vereinbaren **feste Paritätskurse** (z. B. X € = Y dkr).

- Kursschwankungen sind innerhalb enger **Bandbreiten** zugelassen (= System relativ fester Wechselkurse; bei fehlenden Bandbreiten spricht man von absolut festen Wechselkursen).

- Wenn der Wechselkurs die Bandbreite verlässt (bzw. sich dem oberen oder unteren Interventionspunkt annähert), besteht für die Notenbanken der Mitgliedsländer eine **Interventionspflicht**, um den Paritätskurs durchzusetzen.

- Bei fundamentalen Devisenmarktungleichgewichten können die unter Druck stehenden Währungen **auf- oder abgewertet** werden.
  *Auf- und Abwertungen verändern die Exportchancen erheblich; eine Abwertung macht inländische Güter im Ausland billiger und schafft Arbeitsplätze, führt allerdings zu Wohlstandsverlust über die Verschlechterung der **Terms of Trade** (=reales Austauschverhältnis zwischen in- und ausländischen Gütern, s. 5.6.1) - eine Aufwertung hat mit der Verschlechterung der Exportchancen, aber einem Wohlstandszuwachs gegenteilige Wirkungen.*

Unbestreitbarer **Vorteil** eines Systems fester Wechselkurse ist die **sichere Kalkulationsgrundlage für die Wirtschaft.**

Als mögliche **Nachteile** müssen beachtet werden:

- Eventuell notwendige permanente Devisenverkäufe der Notenbank kann zu einer **Liquiditätskrise** führen.

- Umgekehrt beinhaltet die Umtauschpflicht (in heimische Währung) und die eventuelle Interventionspflicht der Notenbank bei Exportüberschüssen eine steigende Geldmenge und über die Ausdehnung der gesamtwirtschaftlichen Nachfrage eine Erhöhung des Preisniveaus (Liquiditätstheorie des Inflationsimports). Nach der sogenannten Einkommenstheorie des Inflationsimportes kann das Problem der **Inflationsübertragung** auch über eine durch stärkere Preissteigerungen im Ausland ausgelöste steigende Exportnachfrage, die bei Vollbeschäftigung im Inland eine inflatorische Lücke zwischen Güternachfrage und -angebot verursacht, erklärt werden.

- Eine autonome **Konjunkturpolitik** ist nur **eingeschränkt** möglich, v. a. geldpolitische Maßnahmen werden oft vom Wechselkurssystem konterkariert. Wenn beispielsweise die Notenbank durch Hochzinspolitik Preissteigerungen entgegenwirken will, lockt sie u. U. Gelder aus dem Ausland an, was das Devisenangebot steigert und Interventionen der Zentralbank mit der Folge einer Erhöhung der Geldmenge nach sich zieht.

Wechselkurssysteme im Vergleich:

	Feste Wechselkurse	Flexible Wechselkurse
Vorteile	▪ sichere Kalkulationsgrundlage für die Unternehmen ▪ Erleichterung der politischen Integration ▪ stärkerer Zwang zu abgestimmter Konjunkturpolitik, insbesondere bezüglich der Geldwertstabilität	▪ Tendenz zu Zahlungsbilanzgleichgewichten durch Auf- /Abwertungs- "automatismus" ▪ kein Inflationsimport ▪ autonome nationale Konjunkturpolitik wirksamer, da keine außenwirtschaftlichen Störungen, insbesondere keine Geldmengenveränderungen durch die Interventionspflicht der Zentralbanken
Nachteile	▪ *Tendenz zu Zahlungsbilanzungleichgewichten* ▪ *Gefahr der importierten Inflation , da Geldschöpfung bei Ankaufszwang von Devisen durch die Zentralbanken* ▪ *Währungsspekulation, wenn Auf- bzw. Abwertungen bevorstehen* ▪ *autonome nationale Konjunkturpolitik, insbesondere Geldpolitik, nur eingeschränkt möglich* ▪ *Gefahr internationaler Liquiditätsengpässe*	▪ *unsichere Kalkulationsgrundlage bzw. Kursrisiko für Güter- und Kapitalverkehr* ▪ *kein Zwang zur Abstimmung der nationalen Wirtschaftspolitik(en)* ▪ *spekulationsbedingt hohe Kursausschläge* ▪ *Geldmengenänderung durch "schmutziges Floating"*

Der Devisenmarkt im System der festen Wechselkurse aus der Sicht des Inlandes

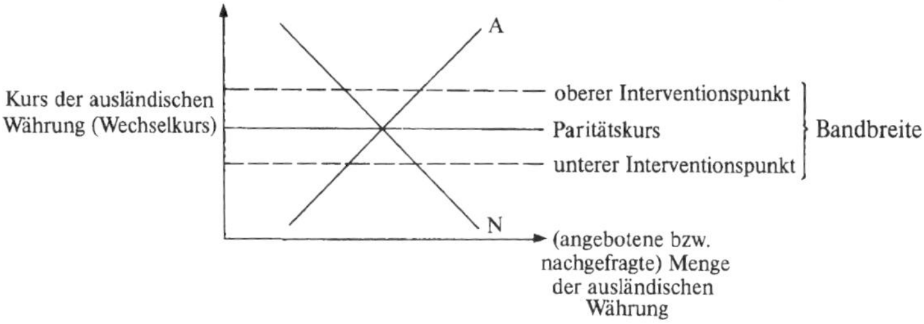

Kurzfristiges Überschreiten des oberen Interventionspunktes

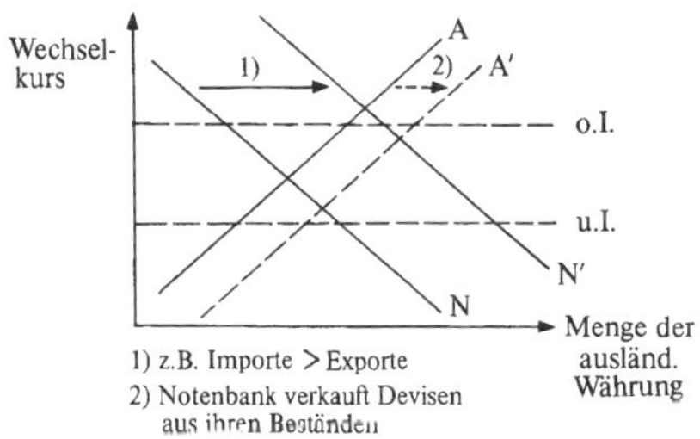

Kurzfristiges Unterschreiten des unteren Interventionspunktes

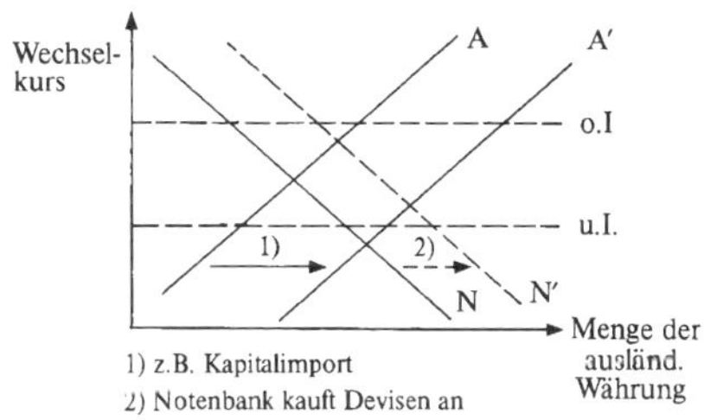

Langfristiges Überschreiten des oberen Interventionspunktes

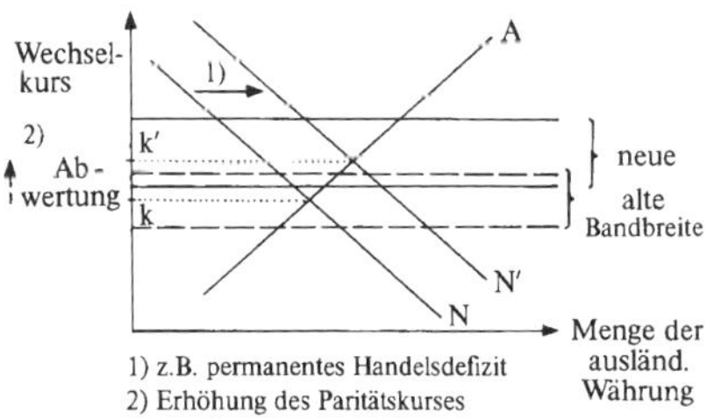

Langfristiges Unterschreiten des unteren Interventionspunktes

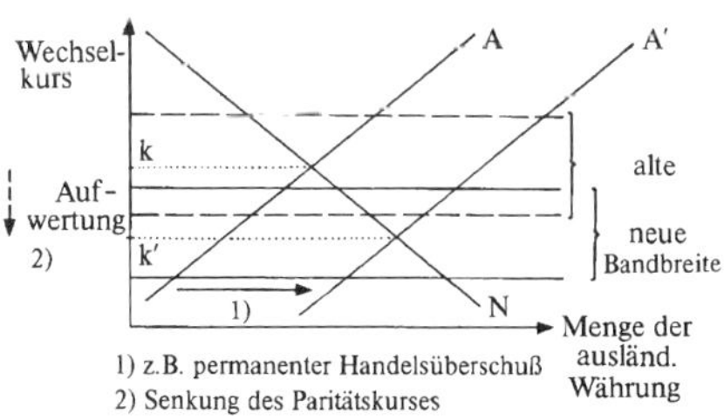

Hochwertachse: Wechselkurs = Eine Einheit der ausländischen Währung ausgedrückt in inländischer Währung (= Kurs der ausländischen Währung in inländischer Währung) = Preis einer Währungseinheit.
Rechtswertachse: Menge der ausländischen Währung = Anzahl der Währungseinheiten.

5.4 Die internationale Währungsordnung

5.4.1 Der Internationale Währungsfond (IWF) und die Weltbank

Durch das **Weltwährungsabkommen von Bretton Woods** 1944 wurde zunächst ein System von relativ festen Wechselkursen der grundsätzlich untereinander frei austauschbaren (= konvertiblen) Währungen mit dem Dollar als Leitwährung etabliert. Dieses brach allerdings 1971 zusammen, als die USA die Goldeinlösungspflicht des Dollars aufhoben. Bis 1973 gingen daraufhin alle größeren Industrieländer zum Floating über.

Auf der Grundlage des Bretton-Woods-Abkommens wurde am 27.12.1945 der **Internationale Währungsfond (IWF)/ International Monetary Fund (IMF)** gegründet, der v. a. folgende Aufgaben wahrnimmt:

- Überwachung der Regeln des internationalen Zahlungs- und Währungsverkehrs im System freier Wechselkurse, besonders der freien Währungskonvertibilität.

- Finanzielle Hilfeleistung bei Zahlungsbilanzdefiziten an Entwicklungs- und Industrieländer, u. U. mit wirtschaftspolitischen Auflagen. Dies geschieht mittels sogenannter Ziehungsrechte (drawing rights); dies sind Rechte eines Landes zur Beschaffung (Ziehung) von ausländischen Zahlungsmitteln beim IWF gegen Hingabe eigener Währung für einen begrenzten Zeitraum im Rahmen bestimmter Kontingente (Quoten). Besondere Bedeutung haben heute die Ende der 60er Jahre eingeführten **Sonderziehungsrechte (SZR)**. Hierbei räumt der IWF seinen (am SZR-System beteiligten) Mitgliedern im Rahmen ihrer jeweiligen Quoten einen Buchkredit ein, mit denen Auslandsschulden bezahlt werden können, denn die Mitglieder des IWF sind verpflichtet, die SZR an Stelle von Gold und Devisen in Zahlung zu nehmen bzw. müssen SZR auf Aufforderung des IWF in konvertierbare Währung umtauschen. Um zu verhindern, dass dabei ein Teilnehmerland über Gebühr beansprucht wird, ist die Pflicht zur Annahme von SZR auf 200% der Quote begrenzt.

Ebenfalls am 27.12.1945 wurde die International Bank for Reconstruction and Development (IBRD), kurz **Weltbank** genannt, gegründet. Vorbedingung für die Mitgliedschaft ist die Teilnahme am IWF. Die Weltbank vergibt Kredite an Reform- und Entwicklungsländer (direkt an die Regierungen oder gegen Regierungsgarantie) u.a. mit der Zielsetzung, durch Entwicklung der Produktivkräfte eines Landes den internationalen Handel auszudehnen und das Gleichgewicht der Zahlungsbilanzen aufrechtzuerhalten. So erhielt beispielsweise Indonesien für das Fiskaljahr 1998/99 13,9 Milliarden Dollar an Finanzhilfen. Problematisch aus der Sicht der Empfängerländer sind auch hier wiederum wirtschaftspolitische Auflagen, z. B. Sanierung des Staatshaushalts durch Streichung von Subventionen, Privatisierung von Staatsunternehmen oder Handelsliberalisierung.
Als Tochtergesellschaft der Weltbank- wurde 1960 die **International Development Association** (IDA) / Internationale Entwicklungsorganisation gegründet, die Entwicklungsprojekte in unterentwickelten Ländern unter wesentlich günstigeren Bedingungen fördert als die Weltbank.

5.4.2 Das Europäische Währungssystem (EWS) und die Europäische Wirtschafts- und Währungsunion (EWU)

Das im März 1979 in Kraft getretene Europäische Währungssystem, dem mit (vorübergehenden) Ausnahmen alle EU-Mitglieder angehör(t)en, baute ähnlich wie das verflossene Bretton-Woods-System auf vier Bestandteilen auf:

- Einer künstlichen Währungseinheit, der **ECU** (European Currency Unit); diese ist eine Korbwährung, d.h. jedes Mitglied hatte entsprechend seiner Wirtschaftskraft einen Anteil am Korb, über den sich der ECU-Leitkurs berechnete.

- Die Währungen des EWS beruhten untereinander auf einem System **fester Wechselkurse** bzw. **Leitkurse** (5.3.2) mit **Bandbreiten** (ursprünglich 4,5% = +/- 2,25%, mehrfach geändert, zuletzt +/- 15 %; zeitweilig bestanden Ausnahmen für bestimmte Staaten) - der Wechselkurs gegenüber z.B. Dollar oder Yen war aber flexibel (sog. **Blockfloaten**).

- Sobald eine Währung aus der Bandbreite auszubrechen drohte, waren die Notenbanken verpflichtet, durch **Stützungskäufe/-verkäufe** – in unbegrenzter Höhe – gegenzusteuern. Da diese **Interventionen** auch negative Konsequenzen hatten (z.B. Stützungskäufe $\Rightarrow$ Ausweitung der Geldmenge $\Rightarrow$ evtl. steigende Inflationsrate) mussten sie zeitlich begrenzt bleiben; bei langanhaltenden Störungen wurden die Leitkurse auf-/abgewertet (sog. Realignments = Verhandlungen über Auf-/Abwertung).

- Bei Bedarf konnten die Notenbanken auf die **Kredit-/Beistandsmechanismen** des EWS zurückgreifen, d.h. die Notenbanken stellten sich (teilweise gegen wirtschaftspolitische Auflagen) Kredite für Stützungskäufe zur Verfügung.

Mit Beginn der Europäischen Währungsunion am 1. Januar 1999 wurde das EWS beendet (s.u.).
*Als „Nachfolgesystem" wurde der **Wechselkursmechanismus II** (WKM II) etabliert. Wechselkursschwankungen zwischen dem Euro und den Währungen der EWS-Staaten, die nicht an der Währungsunion teilnehmen **sollen** vermieden bzw. die vorläufigen Nichtteilnehmerstaaten an den Euro herangeführt werden. Die Teilnahme ist freiwillig. Zur Zeit (2003) gehört nur die dänische Krone dem WKM II an; für sie gilt eine Schwankungsbreite von ± 2,25% um ihren Leitkurs gegenüber dem Euro.*

Als **Integrationsstufen** der Europäischen Union waren vorgesehen:

Freihandelszone	Wegfall der Binnenzölle
↓	
Zollunion	+ gemeinsame Außenzölle
↓	
Gemeinsamer Markt / Binnenmarkt	+ Freiheit des Kapital- u. Dienstleistungsverkehrs bzw. Niederlassungsfreiheit
↓	
Wirtschaftsunion	+ abgestimmte Wirtschaftspolitik
↓	
Währungsunion	+ einheitliche Währung
↓	
Politische Union	+ gemeinsame politische Instanzen

Diese Abfolge wurde nicht eingehalten. Obwohl eine vollendete Wirtschaftsgemeinschaft der 15 EG-Staaten als Voraussetzung für eine Währungsunion nicht ausgemacht werden konnte, trat diese am 1.1.1999, wie auf dem EG-Gipfeltreffen in Maastricht im Dezember 1991 beschlossen, in Kraft.

Für den Eintritt in die EWU waren wirtschafts- und finanzpolitische Kriterien zu erfüllen (sog. **Konvergenzkriterien**), die v. a. die Geldwertstabilität garantieren sollen. Diese Kriterien bilden die Grundlage für den **Stabilitätspakt** nach Maastricht:

- Stabiles Preisniveau: Die Inflationsrate darf nicht mehr als 1,5 Prozentpunkte über der Inflationsrate der drei preisstabilsten EU-Länder liegen.

- Gesunde Staatsfinanzen: Die Neuverschuldung (Haushaltsdefizit = laufendes Defizit = Finanzierungssaldo) der öffentlichen Kassen darf 3 % des BIP nicht überschreiten, die Staatsschulden dürfen nicht mehr als 60 % des BIP betragen.

- Geringe Zinsdifferenzen: Die langfristigen Zinssätze dürfen den Zinssatz der drei preisstabilsten Länder um höchstens zwei Prozentpunkte übersteigen.

- Stabile Wechselkurse: Die Teilnehmer müssen seit zwei Jahren in den Wechselkursmechanismus des EWS integriert sein und in diesem Zeitraum ihre Währung nicht abgewertet haben.

Im März 1998 wurde von der EU-Kommission 11 EU-Ländern die „EURO-Reife" bescheinigt, obwohl die Konvergenzkriterien nicht durchgängig erreicht wurden – bei der Staatsverschuldung lagen 1997 beispielsweise 8 von 11 Staaten über dem Referenzwert, 1998 6 Staaten, davon Italien und Belgien sogar mit 118,7 bzw. 117,3 %. 2002 verstießen die Haushaltsdefizite von Deutschland (-3,8%), Frankreich (-3,1%) und Portugal (-4,1%) sowie die Staatsverschuldung von Belgien (106%), Griechenland (105%) und Italien (109%) gegen den Stabilitäts- und Wachstumspakt (SWP). Dabei wird vor allem in Frankreich, aber auch in anderen EU-Staaten, gefordert, „nicht so sklavisch am Defizit-Kriterium von 3% festzuhalten" (SZ 18.1.2003). Außer Dänemark, Großbritannien und Schweden, die teilweise auf eigenen Wunsch (vorläufig) der Währungsunion fernbleiben, nehmen alle Staaten der EU an der Währungsunion teil. Am 2.1.2002 wurde diese mit der alleinigen Gültigkeit von Euro (= ECU) und Cent als gesetzlichen Zahlungsmitteln vollendet.

Die zehn neuen Mitgliedstaaten der EU seit Mai 2004 werden den Euro zu einem späteren Zeitpunkt einführen.

Wirtschaftspolitisch am bedeutsamsten ist, dass mit dem 1.Januar 1999 die Europäische Zentralbank (EZB) bzw. das Europäische System der Zentralbanken (ESZB) die alleinige Verantwortung für die Geld- und Währungspolitik der Euro-Länder übernommen hat. Die Instrumente sind allerdings denen der Bundesbank früher sehr ähnlich (4.2.2). So wird beispielsweise bei den zinspolitischen Instrumenten nur umbenannt: Der Lombardsatz als obere Grenze des Geldmarktzinses wird zur „Spitzenrefinanzierungsfazilität", der Diskontsatz als Untergrenze zur „Einlagefazilität" und die Wertpapierpensionsgeschäfte nennt man „Hauptrefinanzierungsinstrumente" (Laufzeit von zwei Wochen) bzw. „längerfristige Refinanzierungsgeschäfte" (Laufzeit von drei Monaten).

5.5 Währungspolitik

Im Mittelpunkt der auslandsbezogenen Währungspolitik steht der Wechselkurs, der mit unterschiedlichen Ansätzen beeinflusst werden kann.

5.5.1 Kassa- und Termingeschäfte am Devisenmarkt (Devisenbörse)

Als **Kassakurse** bezeichnet man die Wechselkurse, die für Geschäfte gelten, die sofort abgewickelt werden (Spotgeschäfte), während der **Terminkurs** Geschäfte betrifft, die zu einem späteren Zeitpunkt mit dem heute vereinbarten Kurs durchgeführt werden. Man unterscheidet:

- **Swapgeschäfte:** Der Unterschied zwischen Termin- und Kassakurs wird als Swap bezeichnet, wenn er in Prozent des Kassakurses angegeben wird, als **Swapsatz**. Wenn der Terminkurs höher liegt als der Kassakurs, spricht man von einem **Aufschlag (Report),** wenn er niedriger liegt, von einem **Abschlag (Deport)**. Mit Devisentermingeschäften kann sich z.B. ein Exporteur, der mit Zahlungsziel liefert und in ausländischer Währung fakturiert, gegen das Wechselkursrisiko absichern. Die Bundesbank bietet Swapgeschäfte an, um den An- bzw. Verkauf von Devisen zu stimulieren und damit Einfluss auf die Wechselkurse zu nehmen oder die Geldmenge (durch Geldexport) zu beeinflussen.

- **Devisenpensionsgeschäfte**: Analog zum Wertpapierlombard- bzw. zu Wertpapierpensionsgeschäften werden von Geschäftsbanken Devisen verkauft (und damit Liquidität entzogen) und per Termin zurückgekauft. V. a. dienen sie dazu, Spekulationen hinsichtlich der Wechselkursentwicklung entgegenzuwirken, indem beispielsweise bei Erwartung einer Euro-Aufwertung Devisen per Termin angekauft werden, so dass der Devisenverkäufer durch den Terminkurs keinen Aufwertungsverlust erleidet. [*Devisenswap- und –pensionsgeschäfte sind bzw. waren auch als geldpolitische Instrumente der Deutschen Bundesbank anzusehen*]

- **Devisenoptionen**: Dabei erwirbt der Erwerber das Recht, Devisen innerhalb eines bestimmten Zeitraums zu einem festgelegten Kurs zu kaufen (**Call-Optionen**) bzw. zu verkaufen (**Put-Optionen**) – er kann die Option, wenn dies für ihn ungünstig wäre, auch verfallen lassen. Devisenoptionen dienen zwar auch der Wechselkursabsicherung, haben aber einen deutlich spekulativen Charakter.

5.5.2 Interventionen bzw. Änderungen im Wechselkurssystem

Bei flexiblen Wechselkursen gleichen sich Devisenzu- und -abflüsse (und auch die Zahlungsbilanz) im Zeitverlauf quasi „automatisch“ aus. Interventionen sind hier nur dann notwendig, wenn man aus wirtschaftspolitischen Gründen wie dem Schutz der Exportwirtschaft vor Ertragseinbußen (z. B. bei fallenden Dollarkursen, wenn in Dollar fakturiert wird) durch die Notenbank(en) massiv (durch Dollarankäufe) in den Markt eingegriffen wird („schmutziges Floating“, s. 5.3.1).

Bei festen Wechselkursen sind grundsätzlich neben den (vorgeschriebenen) Stützungsverkäufen bzw. -ankäufen folgende Eingriffe möglich:

- Veränderung der Bandbreiten (beispielsweise galten für sog „weiche“ = abwertungsgefährdete Währungen im EWS größere Bandbreiten als für „harte“ Währungen).

- Übergang zu flexiblen Wechselkursen.

- Auf- und Abwertungen, d.h. der Veränderung der Leit- bzw. Paritätskurse; bei einer Abwertung werden die Exporte zunehmen und sich die Beschäftigungslage verbessern, eine Aufwertung dagegen wird Exportüberschüsse abbauen und das Preisniveau stabilisieren.

- Einführen von gespaltenen Wechselkursen, d.h. für bestimmte Transaktionen, die man fördern wollte, wurde ein spezieller (höherer) Kurs festgelegt (z. B. der sogenannte „Handelsrubel" in Russland).

5.5.3 Devisenbewirtschaftung

Als gravierendsten Eingriff in den Markt stellt sich die Devisenbewirtschaftung/-zwangswirtschaft dar. Hierbei wird die Konvertibilität, d. h. das Recht, Währungsguthaben jederzeit in andere Währungen umtauschen zu dürfen, aufgehoben bzw. unterschiedlich weitreichend eingeschränkt.
Hauptmerkmal einer Devisenzwangswirtschaft, wie sie v. a. im früheren Ostblock betrieben wurde, ist ein Devisenmonopol des Staates bzw. der Notenbank. Hierbei müssen die Exporteure die von ihnen erzielten Deviseneinnahmen an den Staat verkaufen, der diese dann Importeuren zur Verfügung stellt.

5.6 Außenhandelspolitik und Globalisierungsprozess

Wie schon für die Währungspolitik gilt auch für die Außenhandelspolitik, dass die staatlichen Maßnahmen sehr stark in internationale Regelungen eingebunden sind.

5.6.1 Die Bedeutung überstaatlicher Institutionen (v. a. GATT/WTO, EU)

Schon 1947 einigten sich 23 Staaten auf ein **allgemeines Zoll- und Handelsabkommen** (General Agreement on Tariffs and Trade / **GATT**), um durch Liberalisierung zum Wiederaufbau der Weltwirtschaft beizutragen. In insgesamt 8 Verhandlungsrunden (zuletzt von 1986 bis 1994 die sog. Uruguayrunde) kam man dem Ziel eines unbeschränkten Warenverkehrs Schritt für Schritt näher. Beispielsweise wurden seit Beginn des GATT die Einfuhrzölle der Teilnehmerstaaten um mehr als 80% abgebaut; dabei schwankt die durchschnittliche Zollhöhe nach vollständiger Umsetzung der Uruguay-Runde allerdings zwischen 3,5% in Japan und 58,7% in Indien (iwd 20.9.2001). Im Jahr 2001 wurde auf einer Ministerkonferenz in Doha (Katar) eine neue Verhandlungsrunde über Maßnahmen zur Liberalisierung des internationalen Handels aufgenommen (Doha-Runde), die allerdings am 14.9.2003 mit dem Scheitern der Welthandelskonferenz in Cancún (Mexiko) einen herben Rückschlag erlitt; ausschlaggebend hierfür war, dass sich Industrie- und Entwicklungsländer (v.a. diejenigen mit wettbewerbsfähigem Agrarsektor) über die Frage des Abbau von Subventionen für die heimische Landwirtschaft in den Industrieländern zerstritten waren und deshalb das beabsichtigte Übereinkommen über den Weltagrarhandel (Agreement on Agriculture / AoA) nicht zustande kam.
Als Weiterentwicklung des GATT agiert seit 1994 die **Welthandelsorganisation** (World Trade Organisation / **WTO**), der heute über 130 Mitglieder angehören, wobei allerdings noch Länder wie z. B. Russland fehlen, die nach wie vor auf Protektionismus setzen. Der WTO besteht aus drei Elementen:

- Das **GATT** regelt den Welthandel, z. B. über Vereinbarungen gegen Dumping und Subventionen oder Bestimmungen zu grenzüberschreitenden Investitionen. *Zum Aspekt der Auslandsinvestitionen verhandeln seit 1995 die OECD-Staaten ein Abkommen unter der Bezeichnung **MAI** (Multilateral Agreement on Investment), das bei Investitionen die Gleichbehandlung von In- und Ausländern bzw. ein Verbot der Bevorzugung bestimmter Nationen vorsieht.*

- Das **GATS** (General Agreement on Trade in Services) gilt für den Handel mit Dienstleistungen und beinhaltet z.B. die Liberalisierung der Telekommunikation oder von Finanzdienstleistungen (Banken, Börsendienste, Fonds und Versicherungen).Das Abkommen zur Liberalisierung der Finanzdienstleistungen trat am 1. März 1999 in Kraft; beteiligt sind zunächst 52 Länder, in denen etwa 90 % aller weltweiten Finanzdienstleistungen (geschätztes Volumen: 60 Billionen Dollar) abgewickelt werden.
  Aktuell (2003) wird eine weitere Öffnung des EU-Marktes für Dienstleister aus dem Ausland diskutiert bzw. der WTO versprochen; mit einem Anteil von einem Viertel am Welthandel der Dienstleistungen (2000: 2423 Mrd. €; SZ 30.4.2003) ist die EU noch vor den USA der wichtigste Exporteur und Importeur.

- Das **TRIPS** (Trade-related Aspects of Intellectual Property Rights), das Bestimmungen zum Schutze von Patenten und Geschäftsgeheimnissen enthält.

Die **Zielsetzung „Freihandel"** ist in der WTO durch folgende drei Prinzipien verwirklicht:

- **Meistbegünstigung**. Handelsvorteile, die einem Land gewährt werden, müssen auch allen anderen WTO-Mitgliedern zugestanden werden.

- **Inländerbehandlung.** Anbieter aus dem Ausland dürfen nicht schlechter gestellt werden als inländische, z. B. über Sondersteuern.

- **Wechselseitigkeit**. Wenn ein WTO-Mitglied z.B. durch Importerleichterungen den Handel liberalisiert, müssen ihm die anderen WTO-Staaten gleichwertige Vergünstigungen zubilligen.

In der **Europäischen Union** ist mit der Verwirklichung des Binnenmarktes die Frage außenwirtschaftspolitischer Maßnahmen nur bezüglich von Nicht-EU-Staaten relevant, wobei weitere inzwischen über achtzig Staaten mit der EU assoziiert sind bzw. Abkommen über handels-politische und industrielle Zusammenarbeit und über Finanzhilfe abgeschlossen haben (v.a. die AKP-Staaten = Staaten aus Afrika, der Karibik und dem Pazifischen Raum).
Handels- und Entwicklungshilfepolitik werden zwar erst für die Zukunft als gemeinsame Politiken angestrebt. Der erreichte Integrationsstand hat aber schon dazu geführt, dass **Organe der europäischen Union**, v. a. Ministerrat und Europäische Kommission wirtschaftspolitische **Kompetenzen der nationalen Exekutive** in der Außenhandelspolitik **übernehmen**. Ein Beispiel dafür ist die EU-Bananenverordnung: Hierbei wurden zum Schutz der spanischen und französischen (französische Anbaugebiete v. a. in den karibischen Übersee-Departements) Bananenproduktion Einfuhrhürden für Bananen v. a. aus Mittel- und Südamerika errichtet, die von der WTO allerdings als unzulässig erklärt wurden bzw. geändert werden müssen. Die Bundesrepublik hatte an dieser Handelsregelung überhaupt kein Interesse, da unsere Bananen fast ausschließlich aus Mittel- und Südamerika importiert werden und sich durch die handels-politischen Maßnahmen verteuerten – wirtschaftspolitische Entscheidungen dieser Art werden aber

in einem gemeinsamen Markt nicht mehr von den Regierungen bzw. Parlamenten der Einzelstaaten getroffen.
Mit dem Integrationsstand der EU kurz vor dem Beginn der Währungsunion bzw. mit teilweise verwirklichter Wirtschaftsunion ist eine klare Entwertung der bisherigen gesetzlichen Grundlage der deutschen Außenwirtschaftspolitik, dem **Außenwirtschaftsgesetz (AWG)** von 1961 verknüpft.

Durch die Erweiterung der EU hat die **EFTA** (European Free Trade Association, seit 1960) im Welthandel an Gewicht verloren bzw. ist fast bedeutungslos geworden (wirtschaftlich wichtige Mitglieder nur noch Norwegen und Schweiz). Die EFTA ist keine Zollunion, da sie keine gemeinsamen Außenzölle kennt; sondern eine Freihandelszone (keine Zölle und Mengenbeschränkungen zwischen den Mitgliedstaaten), die wiederum ein Freihandelsabkommen mit der EG/EU abgeschlossen hat (seit 1972).

Im **Welthandel** insgesamt zeichnen sich derzeit verschiedene **Tendenzen** ab:

- **Marktwirtschaftliche Strukturen** werden auch von ehemals zentralverwaltungswirtschaftlich geprägten Ländern übernommen (Reformstaaten).

- Neben der EU entstehen **weitere Freihandelszonen** wie die North American Free Trade Association (NAFTA) oder der 1990 gegründete Gemeinsame Markt Südamerikas (MERCOSUR), der 1998 mit ca. 215 Millionen Einwohnern und ca. 750 Milliarden Dollar Sozialprodukt die viertgrößte Wirtschaftsregion der Welt (nach EU, NAFTA und Japan) darstellt.

- Diese Freihandelszonen betreiben oft **gegenüber Drittländern verdeckten Protektionismus**.

- Im internationalen Handel nimmt die **Bedeutung der Schwellenländer** zu.

- In sektoraler Hinsicht gewinnt der **Dienstleistungshandel** zunehmend an Bedeutung.

- Die **zunehmende internationale Arbeitsteilung** zeigt sich im überproportionalen Wachstum der Weltexporte gegenüber der Weltwirtschaftsleistung.

Im Zusammenhang mit dem letzten Punkt sind die **Terms-of-Trade** von Bedeutung, d. h. das Tausch- bzw. Preisverhältnis zwischen Exporten und Importen, üblicherweise wie folgt dargestellt:

$$\textbf{Terms-of-Trade} = \frac{\textbf{Exportpreis-Index}}{\textbf{Importpreis-Index}}$$

Wenn die Exportpreise steigen bzw. die Importpreise sinken, verbessern sich die Terms-of-Trade, d. h. mit der gleichen Exportmenge können mehr Importe bezahlt werden.

Internationale Arbeitsteilung führt u. U. zu einer Spezialisierung auf eines oder wenige Exportgüter. Spezialisierung bedeutet in der Regel, dass ein Land billiger oder qualitativ besser anbieten kann als die Konkurrenten, was zu einer Zunahme der Auslandsnachfrage führt. Wenn allerdings, wie bei vielen Entwicklungsländern, eine Spezialisierung auf Rohstoffe vorliegt, kann auch der Fall eintreten, dass die Nachfrage weitgehend gesättigt ist und fallende Angebotspreise nicht zu steigender Nachfrage führen, so dass die Exporterlöse sinken. Notwendige Importe können in diesem Fall nur durch externe Verschuldung finanziert werden.

5.6.2 Das außenhandelspolitische Instrumentarium

Trotzdem sich fast alle Volkswirtschaften der Welt zum Freihandel bekennen, werden protektionistische Instrumente der Außenhandelspolitik fast überall eingesetzt. Alle diskriminierenden Maßnahmen (Diskriminierung = Unterschiedliche Behandlung einzelner Staaten), die nicht auf der Erhebung eines Zolls (**tarifäre Protektion**) basieren, aber einen Schutzeffekt haben, werden als **nichttarifäre Handelshemmnisse** bezeichnet; die Erfolge bei ihrer Reduzierung sind - im Gegensatz zum Abbau tarifärer Handelshemmnisse - eher gering. Ein solches Handelshemmnis kann auch in Sicherheitsbestimmungen, veterinärmedizinischen Vorschriften etc. liegen - ein Beispiel hierfür ist die vom TÜV vorgeschriebene Leuchtweitenregulierung der PKW-Scheinwerfer für in Deutschland zuzulassende Fahrzeuge. Damit wird zumindest marginal der nationale Produzent bevorzugt, da der ausländische Hersteller unter zusätzlichen Kosten die Konstruktion seines Produktes verändern muss.

Nachfolgend die wichtigsten **Instrumente im Überblick**:

Preisregulierende Instrumente	**Mengenregulierende** Instrumente	(je nach Ausgestaltung) **preis- oder mengenregulierend**
▪ Zölle ▪ Abschöpfungen (v.a. im Agrarbereich, Wirkung wie Zölle) ▪ Dumping bzw. Anti-Dumping-Zölle ▪ Subventionen ▪ Verbrauchssteuern	▪ Exportverbote ▪ Importverbote *(härteste Maßnahmen sind jeweils Boykott u. Embargo)* ▪ Kontingente ▪ öffentliche Aufträge bzw. Einkaufswesen ▪ Selbstbeschränkungsabkommen (z. B. Festlegung von Exportobergrenzen) ▪ Staatliche Ausfuhrgarantien u. –bürgschaften (z.B. HERMES-Kredite)	▪ Devisenbestimmungen ▪ Technische Normen, Standards u. Verbraucherschutzbestimmungen ▪ Administrative Verfahrensvorschriften

Das trotz aller Reduzierungen z. B. im Rahmen der GATT-Runden (s. o.) weiterhin bedeutsamste außenhandelspolitische Instrument, der **Zoll** (i.d.R. auf Importe erhoben), hat volkswirtschaftlich folgende Wirkungen (vgl. Hardes u.a., Volkswirtschaft – problemorientiert, Tübingen 1995):

- **Konsumwirkungen**: Verbrauch des Importgutes geht zurück, da der Verbraucher einen höheren Preis dafür bezahlen muss.

- **Produktionswirkungen:** Inländische Anbieter des gleichen Produktes werden die Produktion steigern.

- **Einkommenswirkungen**: Durch den Zoll steigen die Staatseinnahmen.

- **Umverteilungswirkungen:** Da die inländischen Anbieter des Produktes durch die Zollerhebung einen höheren Preis erzielen können, findet eine Umverteilung zu ihren Gunsten (bzw. zu Ungunsten der Verbraucher) statt.

Allgemein bergen protektionistische Maßnahmen immer auch **Risiken**:

- Die Handelspartner könn(t)en zu **protektionistischen Gegenmaßnahmen** greifen - damit ist die Gefahr eines Handelskrieges gegeben, in jedem Fall aber sind die eigenen Exportmöglichkeiten beeinträchtigt. Ein Beispiel hierfür stellt der vor der WTO bzw. deren Schiedsgericht ausgetragene Streit zwischen der EU und den USA (und Ecuador, Guatemala, Honduras und Mexiko) um die Brüsseler Bananenmarktordnung (s.o.) dar. Im April 1999 billigte das Schiedsgericht der WTO Strafzölle der USA gegen die EU in Höhe von 191,4 Millionen Dollar – übrigens schon die vierte Verurteilung der EU in diesem Fall diskriminierender Außenhandelspolitik. Aktuell (2003) droht ein Handelskonflikt mit den USA wegen der EU-Hürden beim Handel mit gentechnisch manipulierter Nahrung, gegen die die US-Regierung Einspruch/Beschwerde erhoben hat.

- Die internationale Arbeitsteilung wird gestört, wobei auch für das Land, das protektionistische Maßnahmen ergriffen hat, deren Vorteile verloren gehen.

- Durch protektionistische Schutzmaßnahmen müssen sich die inländischen Unternehmen nicht der internationalen Konkurrenz stellen – mittel- und langfristig gehen damit ihre Wettbewerbsfähigkeit und damit ihre Exportchancen zurück

5.6.3 Der Globalisierungsprozess

Unter „Globalisierung" wird die **weltweite Vernetzung ökonomischer Aktivitäten** verstanden. Die globale Ökonomie ist eine Wirtschaft, in der Kapitalströme, Arbeitsmärkte, Kommunikation/Verkehr und Unternehmensorganisationen vollständig internationalisiert sind – gleichsam eine Wirtschaft ohne Grenzen oder ein „Weltbinnenmarkt". Da aber auch Lebenswelten und Gesellschaftsformen zunehmend homogenisiert werden („McDonaldisierung" etc.), ist Globalisierung nicht nur auf die Wirtschaft bezogen, sondern ist ein Entwicklungsprozess hin zu einer **„Weltgesellschaft".**

Unter dem Begriff der Globalisierung werden also verstanden:

- Die **Globalisierung** im engeren Sinne, d.h. die Etablierung einer weltweiten Kommunikationsgesellschaft, in der alle Informations- und Verkehrsströme vernetzt sind.

- Die **Internationalisierung**, d.h. die Bedeutungszunahme der grenzüberschreitenden ökonomischen und kulturellen Beziehungen bis hin zu einer vollständigen internationalen Arbeitsteilung.

- Die **Transnationalisierung**, d.h. dass Unternehmen und Institutionen (siehe 5.4 und 5.6.1) zunehmend die nationalstaatlichen Grenzen und Rechtsordnungen übergreifen und damit die wirtschaftspolitischen Gestaltungsmöglichkeiten der Nationalstaaten einschränken.

Die nachfolgend kurz umrissenen Ursachen des Globalisierungsprozesses sind eigentlich Ursachenkomplexe, v.a. dürfen sie nicht im Sinne klarer „wenn..., dann...“-Kausalitäten verstanden werden:

- Technischer Fortschritt, v.a. in bezug auf die modernen Informationssysteme;
- Politische Deregulierung nationaler Märkte und Vereinbarungen über internationale wirtschaftliche Verflechtungen (z.B. GATT); Hintergrundaspekt: Ende des Kommunismus und Durchsetzung des „kapitalistischen Entwicklungsmodells“;
- Sinkende Transportkosten und Lohngefälle begünstigen Produktionsverlagerungen;
- Kapital wird weltweit verfügbar.

Entwicklungslinien und Indikatoren des Globalisierungsprozesses

Entwicklungen	**Indikatoren** (Beispiele)
• Zunahme des Waren- und Dienstleistungshandels aufgrund der handelspolitischen Liberalisierung /Deregulierung	• Welthandelsvolumen wächst schneller als das Produktionsvolumen
• Ständig sich beschleunigender Fortschritt in der Informations- und Kommunikationstechnologie und zunehmende weltweite Vernetzung	• Ausweitung des Internets mit z.B. weltweiten Vetriebsmöglichkeiten; weltweite Telearbeitsplätze, beispielsweise können Tätigkeiten wie die Erstellung von Konstruktionszeichnungen für eine deutsche Firma an ein Ingenieur-Büro in Karatchi vergeben werden
• Kostenminimierung für Waren- und Informationstransporte	• Wachstum des Transportvolumens; neue Transportstrukturen als Folge von outsourcing (Auslagerung von Unternehmensbereichen)
• Globale Verfügbarkeit des Kapitals	• Neue national weitgehend unabhängige Finanzmärkte (z.B. off-shore-banking); ausländische Direktinvestitionen
• „Mobilität“ von Arbeitsplätzen und Produktionsstandorten	• Wachstum der Investitionen im Ausland; Verlagerung von Produktionen ins Ausland oder externer, weltweiter Einkauf; Entstehung von transnationalen Unternehmen (global players)

(verändert nach FUCHS 1998)

Bei den Auswirkungen bzw. **Folgen des Globalisierungsprozesses** sollen nur drei Bereiche angesprochen werden:

- Die **transnationalen Unternehmen** (TNC = transnational corporations):

  Schon lange vor der Globalisierungsdiskussion gab es multinationale Unternehmen („Multis"), die über Niederlassungen / Produktionsstätten in mehreren Ländern verfügten. Ausländische Tochterfirmen sollten v. a. den Marktzugang bei Abschottung z. B. durch Importzölle sichern oder billige Produktionsfaktoren für Zulieferungen ausnutzen. Seit den 80er-Jahren werden die Beziehungen zwischen in- und ausländischen Unternehmensteilen komplexer; die einzelnen Funktionen im Wertschöpfungsprozess werden weltweit den jeweils betriebswirtschaftlich günstigsten Standorten zugewiesen und sind in eine globales Firmennetz integriert. Neue Formen der Zusammenarbeit bzw. Zusammenschlüsse, z.B. sogenannte „strategische Allianzen" (weltweite Zusammenarbeit ohne Kapitalbeteiligung) oder Fusionen in bisher unbekanntem Ausmaß (z.B. Daimler-Chrysler) lassen globale Produktionsnetzwerke mit weitgehender Unabhängigkeit von nationalstaatlichen Grenzen, deshalb die Bezeichnung „transnational", entstehen, die auch als **global players** bezeichnet werden. Ein deutsches Beispiel für ein TNC ist Siemens mit 1996 weltweit 379.000 Mitarbeitern, davon 176.000 im Ausland, mit 300 Fertigungsstätten in 50 Ländern und einem Anteil des Auslandsumsatzes (Gesamtumsatz: 94,2 Mrd. DM) von 61 %.

- Die **veränderte Rolle der nationalen Regierungen und Wirtschaftsverbände**:

  Der weltweite Wettbewerb und die Marktmacht der TNCs führt dazu, dass Unternehmen und Regierungen faktisch gleichberechtigt sind und miteinander verhandeln müssen – politische Vorgaben sind nicht mehr die entscheidenden Richtlinien. Die Wirksamkeit nationaler Wirtschaftspolitik wurde durch die Globalisierung eingeschränkt. Beispielsweise führt die Internationalisierung der Finanzmärkte dazu, dass eine Steuererhöhung auf Zinseinkünfte durch Kapitalflucht innerhalb kürzester Zeit vielleicht sogar zu Mindereinnahmen des Staates führen kann. In der Umweltpolitik sind Veränderungen der nationalen Vorschriften kaum mehr durchsetzbar, da die Unternehmen die Produktion oft ohne große Kosten ins Ausland verlagern können. Nationale Regierungen, Unternehmerverbände und Gewerkschaften geraten unter dem Druck des weltweiten Wettbewerbs in die Situation, die Beschäftigungsbedingungen anzupassen, etwa die Arbeitszeiten zu flexibilisieren oder die Sozialabgaben zu senken.

- **Beschäftigungs- und Einkommensstruktur**:

  Die ersten Untersuchungen zu den Auswirkungen der Globalisierung auf den Faktor Arbeit (v.a. aus den USA) zeigen, dass eine Zunahme von Arbeitsplätzen einerseits im Bereich der neuen Technologien als Jobs mit hohem Einkommen, allerdings nur für Hochqualifizierte, andererseits im Dienstleistungsbereich mit niedrigen Löhnen (oder in der Schattenwirtschaft) stattfindet. Eine Abnahme erfolgt bei den Arbeitsplätzen für Arbeiter und Angestellte mit mittleren Einkommen. Viele Qualifikationen (z.B. für das Produzierende Gewerbe) werden immer weniger nachgefragt, die strukturelle Arbeitslosigkeit wird zum Hauptproblem einer globalisierten Volkswirtschaft, da kaum noch ein Zusammenhang zwischen Wirtschaftswachstum und Senkung der Arbeitslosenquoten besteht.

6 Einkommens- und Vermögenspolitik in der sozialen Marktwirtschaft

6.1 Einkommens- und Vermögensverteilung in der Bundesrepublik Deutschland

6.1.1 Begriffe

- **Einkommen**
  kann *einmal definiert* werden als der Geldbetrag, der einer Person in einem bestimmten Zeitraum als Gegenwert einer Leistung oder aus Vermögen zufließt, *zum anderen* kann Einkommen *definiert werden* als der in Geld bewertete Vermögenszuwachs von Wirtschaftssubjekten (vgl. dazu Kap. 2).

- **Einkommensentstehung**
  Grundlage der Entstehung von Einkommen ist die Abgabe von Leistungen der im Wirtschaftsprozess eingesetzten Produktionsfaktoren innerhalb eines Zeitraums, woraus Faktoreinkommen als geldlicher Gegenwert resultieren.

- **Primäreinkommen**
  sind Faktoreinkommen – vgl. oben, also die aus wirtschaftlicher Tätigkeit unmittelbar entstandenen individuellen Einkommen aus unselbstständiger und selbstständiger Arbeit sowie Einkommen aus Vermögen (Zinsen, Mieten, Pachten).

- **Transfereinkommen**
  sind alle dem Sektor Private Haushalte zufließenden staatlichen finanziellen Zuwendungen ohne direkte Gegenleistung (vgl. dazu Kap. 2), auch genannt *empfangene laufende Übertragungen*

- **Sekundäreinkommen**
  Transfereinkommen der privaten Haushalte aufgrund staatlicher Einkommensumverteilungspolitik. Die Höhe des Sekundäreinkommens richtet sich nach bestimmten politischen *Verteilungsprinzipien bzw. Verteilungsgrundsätzen:*

  - *Prinzip der Einkommensnivellierung:* Eine weitgehend gleichmäßige Einkommensverteilung und wird angestrebt (vgl. unten staatliche Einkommenspolitik und auch das Ziel der Gewerkschaften anhand der Bezugsgröße „Lohnquote“) und damit wird der Grundsatz der sozialen Gerechtigkeit verfolgt (vgl. auch unten „Vermögenspolitik“).

  - *Bedarfsprinzip:* Gewährleistung eines sozial gerechten und ausgewogenen Einkommens wie z. B. das *Sozialeinkommen* (Staffelung der Arbeitseinkommen nach Alter, Familienstand, Vorbildung etc.) sowie *Transfereinkommen* für bedürftige Bevölkerungsgruppen (z. B. Kindergeld, Sozialhilfe) – vgl. unten „staatliche Einkommenspolitik“.

  - *Leistungsprinzip:* Leistungsgerechte Entlohnung bzw. Einkommensverteilung. Probleme dabei bestehen in der Leistungsmessung bestimmter Tätigkeiten und dass auch Einkommen unter dem Existenzminimum möglich sind. Dieses Prinzip steht in Konkurrenz zum Bedarfsprinzip. Bei einer Einkommenspolitik, die sich stärker am Bedarfsprinzip als am Leistungsprinzip orientiert, besteht die Gefahr, dass zu wenig Leistungsanreize bestehen, da durch den Umverteilungseffekt den Leistungseinkommen zu hohe Abgabenlasten aufgebürdet werden müssen.

- **Nominaleinkommen**
  ist der in Euro ausgedrückte Einkommensbetrag. – Vgl. auch „Nominallohn“.

- **Realeinkommen**
  ist das um die Preisentwicklung bereinigte Nominaleinkommen. – Vgl. auch „Reallohn“.

- **Effektivlohn**
  ist der über dem Tariflohn (übertariflich) gezahlte tatsächliche Nominallohn.

- **Einkommensverteilung**
  - *Funktionelle bzw. funktionale Einkommensverteilung:* Bezugsgröße sind die volks-wirtschaftlichen Produktionsfaktoren, wobei der Anteil der Löhne und Gehälter der abhängig Beschäftigten am Volkseinkommen als **Lohnquote** (= Anteil des Volkseinkommens für den Faktor Arbeit) und der Anteil am Volkseinkommen für den Faktor Kapital als **Gewinnquote** bzw. *Profitrate* bezeichnet wird.

  - *Personelle Einkommensverteilung:* Bezugsgröße sind Einzelpersonen oder Personengruppen, z. B. private Haushalte. Hier wird ermittelt, wie viele Anteile der Erwerbs-, Vermögens- und Transfereinkommen am Volkseinkommen auf Nichtunternehmerhaushalte und wie viele Anteile auf Unternehmerhaushalte entfallen.

  - *Primärverteilung:* Bezugsgröße sind die persönlichen Brutto-Faktoreinkommen ohne Berücksichtigung der Transfereinkommen. – Vgl. oben „Primäreinkommen“.

  - *Sekundärverteilung:* Bezugsgröße ist das **verfügbare Einkommen** der Einkommensbezieher, das wie folgt berechnet wird: Primäreinkommen *abzüglich* Steuern und Sozialversicherungsbeiträge (= geleistete Übertragungen) *zuzüglich* Transfereinkommen (= empfangene Übertragungen) – vgl. oben.

6.1.2 Einkommens- und Vermögensverteilung in Deutschland

Gem. iwd (Nr. 49, 2.12.2004, S. 3) hat ein Angestelltenhaushalt (Bezeichnung nach der sozialen Stellung des Haupteinkommensbeziehers) 2003 im Durchschnitt ein monatliches Haushaltsbruttoeinkommen von 4.741 €, in dem 440 € Transferzahlungen eingerechnet sind. Nach Abzug von Steuern und Sozialversicherungsbeiträgen verbleiben noch 3.486 € netto in der Haushaltskasse. In den westlichen Bundesländern erhielt jeder Haushalt 2003 im Durchschnitt 887 € Transferleistungen, im Osten 911 €. Zwischen 1998 und 2003 sind die Transfers um ca. 16 % gestiegen, d. h. um das Doppelte der Bruttolohnsteigerung. Dagegen haben jedoch ebenfalls die Sozialversicherungsbeiträge von 35 % des Bruttolohns Anfang der 90er Jahre auf 42 % in 2003 zugelegt. Der zunehmende Transferbedarf (in 2003 durchschnittlich 26 %) hat seinen Hauptgrund darin, dass für nur 58 % der privaten Haushalte in Deutschland Erwerbsarbeit die wichtigste Einkommensquelle darstellt – mit sinkender Tendenz, denn die Arbeitslosigkeit und die zunehmende Rentner-/Pensionistenzahl nehmen zu.

Nach Berechnungen der Deutschen Bundesbank haben die privaten Haushalte in Deutschland 1999 ein Geldvermögen von ca. 3.450 Mrd. €, wobei ca. 1/3 davon in Spareinlagen, Sparbriefen, Sichteinlagen etc. angelegt ist. Bei den sonstigen Vermögenswerten, über die die privaten Haushalte verfügen stehen Haus- und Grundbesitz bei fast der Hälfte aller Haushalte an erster Stelle. Insgesamt verfügen (eigene Berechnungen) ca. 10 % aller Haushalte 1999 über ca. 20 %, ca. 28 % aller Haushalte über ca. 75 % des gesamten Vermögens (Geldvermögen und Haus-/ Grundbesitz).

6.2 Die Einkommenspolitik – insbesondere die Lohnpolitik

6.2.1 Staatliche Einkommenspolitik

Die staatliche Einkommenspolitik orientiert sich an den Prinzipien der *Einkommensnivellierung* und am *Bedarfsprinzip,* mit den Zielen

- Mehrung des allgemeinen Wohlstands,
- Erhaltung des sozialen Friedens.

Verteilungskämpfe im Rahmen der Tariflohnpolitik bezüglich der Verteilung des Primäreinkommens überlässt der Staat den in dieser Hinsicht **autonomen Tarifvertragsparteien**, also Arbeitgebern und Gewerkschaften (Ausnahme: Beamte), die auch als *Sozialpartner* bezeichnet werden – vgl. unten.

6.2.2 Bestimmungsgründe für die Tariflohnpolitik

- Orientierung an der Gewinnentwicklung der Unternehmen einer bestimmten Branche/eines bestimmten Wirtschaftszweiges während der vergangenen Tariflaufzeit.

- Erwartungen u. a. hinsichtlich Gewinn, Auftragslage, Wirtschaftswachstum und Beschäftigung.

- Derzeitige und zukünftige Steuer- und Abgabenpolitik.

- Derzeitige und geschätzte Inflationsrate bzw. Preisentwicklung.

- Orientierung am bisherigen und erwarteten *Produktivitätsfortschritt (-zuwachs):*

$$\text{Produktivität} = \frac{\text{BIP}}{\text{Zahl der Erwerbstätigen}}$$

6.2.3 Tarifpolitik

6.2.3.1 Lohnpolitik der Gewerkschaften

Der verteilungspolitische Kampf der Gewerkschaften hat die reale Steigerung der **Lohnquote**, ausgedrückt in v. H. des Volkseinkommens, zum Ziel.

$$\text{Lohnquote} = \frac{\text{Einkommen aus unselbständiger Tätigkeit}}{\text{Volkseinkommen}} \times 100\%$$

Eine Erhöhung der Lohnquote soll eine gerechtere Einkommensverteilung zugunsten des Faktors Arbeit bewirken mit dem Effekt einer weitgehenden Einkommensnivellierung. Dieses Ziel wird von den Gewerkschaften aggressiv im Rahmen von Tarifverhandlungen (vgl. Arbeitskampf) verfolgt. Von der angewendeten Methode her wird diese Tarifpolitik als **offensive Lohnpolitik** bezeichnet. Begründung der Gewerkschaften für die Verfolgung dieser Politik ist die „Kaufkrafttheorie des Lohnes" – vgl. dazu Kap. 2 und Kap. 3: Multiplikatorprozess, nachfrageorientierte Wirtschaftspolitik. Ziel ist die Erhöhung der Massenkaufkraft.

Unterstellte Wirkungskette der „Kaufkrafttheorie des Lohnes": (Quelle: iwd, Wirtschaft und Unterricht, Jahrgg. 25, Nr. 5, 1999)

Anhebung der Tariflöhne (i.d.R. Stundenlöhne)
↓
Volkseinkommen steigt (Lohnsumme der Nichtunternehmerhaushalte)
↓
→ Nachfrage nach Konsumgütern steigt (Steigerung der Konsumausgaben) ←
↓
Produktion von Konsumgütern steigt und damit die Kapazitätsauslastung der Konsumgüterindustrie
↓
Beschäftigung in der Konsumgüterindustrie steigt → Volkseinkommen steigt
↓
Nettoinvestitionen (Erweiterungsinvestitionen in der Konsumgüterindustrie zur Überwindung von Produktionsengpässen)
↓
Nachfrage nach Investitionsgütern steigt
↓
Beschäftigung in der
Volkseinkommen steigt ←Investitionsgüterindustrie steigt

Nachdem die Lohnquote in Deutschland seit 1982 mit einer kurzen Unterbrechung nach der Wiedervereinigung ständig gesunken ist – von 76,9 % in 1982 auf 64,2 % in 1999 (Quelle diw), erscheint sie als alleiniges Orientierungsdatum in den Tarifverhandlungen für manche Gewerkschafter ungeeignet. Im Rahmen einer **expansiven Lohnpolitik** wird unter zugrunde Legung der o. a. „Kaufkrafttheorie des Lohnes" eine Steigerung des Lohntarifs, die über dem Produktivitätsfortschritt (-zuwachs) liegt, verfolgt. Damit sinkt die **Gewinnquote** der Arbeitgeberseite – vgl. unten „Lohnpolitik der Arbeitgeber". Die Folge dieser Lohnpolitik wird jedoch sein, dass die Unternehmen die höheren Lohnkostenbelastungen (steigende Lohnstückkosten) auf die Preise **überwälzen**, was i.d.R. zu einer allgemeinen Preisniveauerhöhung führt. Dadurch wird die **Nominallohnerhöhung** wieder **kompensiert** oder sogar real ins Gegenteil verkehrt (eine u. U. höhere Steuer- und Abgabenbelastung bei höherem Nominallohn muss zusätzlich noch berücksichtigt werden), d. h. die **Reallöhne** steigen nicht bzw. sinken, d. h. die Kaufkraft nimmt nicht zu bzw. fällt. Dies wiederum führt auf Seiten der Gewerkschaften bei der nächsten Tarifrunde zu höheren Lohnzuwachsforderungen als Inflationsausgleich. So entsteht eine **Lohn-Preis-Spirale**.

Eine Überwälzung der Lohnkostensteigerung und der damit verbundenen Zunahme der Lohnnebenkosten gelingt jedoch nur in konjunkturell guten Zeiten; in einer Rezession ist dies i.d.R. nicht möglich, so dass Unternehmen Gewinnrückgänge hinnehmen müssen und u. U. sogar in die Verlustzone geraten.

Die Arbeitgeberseite argumentiert gegen eine Erhöhung über dem Produktivitätszuwachs mit folgender Modellrechnung (vgl. iwd, Nr. 4, 23.01.03 für einen 4-Personen Arbeitnehmerhaushalt, Durchschnittsverdienst):

Bruttolohnerhöhung	100,00 €
Lohnsteuer, „Soli"	22,80 €
Nettolohnerhöhung	56,00 €
Konsum von Importgütern	16,00 €
Ersparnis	5,70 €
Nachfragezuwachs nach inländ. Konsumgütern	34,30 €
[Nachfragezuwachs bei einem Single-Haushalt	26,70 €]
Dagegen:	
Zusätzliche Kostenbelastung des Unternehmens pro Arbeitnehmer	121,20 €

Die Einkommen aus abhängiger Arbeit stiegen in 2002 durchschnittlich um 1,8 %, je Arbeitsstunde um 2,4 %, die gesamtwirtschaftliche Produktivität nahm um 1,3 % zu, der Konsum sank preisbereinigt um 0,5 % ebenso nahmen die Ausrüstungsinvestitionen um 8,4 % ab, die Zahl der Arbeitsplätze um 0,6 %.

Eine weitere Verschärfung der Ertragssituation – so die Arbeitgeberseite – erfolgt dann, wenn zusätzlich zu den Lohnstückkosten andere Produktionskosten steigen wie z. B. Energiekosten.
Dies veranlasst die Unternehmensseite zu Reaktionen, meist in Form von Rationalisierungs- und Umstrukturierungsmaßnahmen, wobei Arbeitskräfte „freigesetzt" werden, oder zu einem Ausweichverhalten, wie z. B. Produktionsverlagerung ins Billiglohn-Ausland, Ausstieg aus dem Tarifverbund und Einführung von „Haustarifen", die unter dem Tariflohn liegen, Gründung von Tochterunternehmen im Billiglohn-

Ausland und Beauftragung dortiger Subunternehmen, Outsorcing von Unternehmensbereichen, Beschäftigung von Niedriglohn-Arbeitskräften.

Rationalisierungsinvestitonen im Inland verlangen einen hohen Kapitaleinsatz. Die Kosten des Faktors Kapital müssten auf die Preise abgewälzt werden, so dass schließlich als Folge eine **Preis-Lohn-Spirale** entstehen würde, wenn die Gewinnquote – unter Berücksichtigung der Rücklagenbildung für zukünftige Investitionen und des „Shareholder-Value-Prinzips“ – nicht sinken soll. Dies kann wiederum zu negativen Auswirkungen auf dem Arbeitsmarkt führen. Um einen solchen **„Boomerangeffekt“** (Preiserhöhung, Arbeitslosigkeit), ausgelöst durch überzogene Lohnzuwächse, zu vermeiden sowie eine **„Trendwende“** auf dem Arbeitsmarkt bei anziehender Konjunktur („Mitmacheffekt“) einzuleiten, wird durch die Unternehmerseite von den Gewerkschaften und vom Staat als Arbeitgeber strenge langfristige **„Lohndisziplin“** verlangt. – Zusammenfassend kann festgestellt werden, dass die Arbeitgeberseite unter „Lohndisziplin“ Abschlüsse unter dem gesamtwirtschaftlichen Produktivitätszuwachs versteht, um die internationale / globale Konkurrenzfähigkeit nicht zu gefährden. Ihre wichtigsten Argumente sind:

- Wirkungsvoller als kräftige Lohnerhöhungen sind Investitionen, um inländische Arbeitsplätze zu erhalten und neue zu schaffen.

- Dauerhaft steigende Energiepreise und die darauf lastenden Steuern sind ein immer mehr ernst zu nehmender Kostenfaktor.

- Auch Rohstoffpreise zeigen im langfristigen Trend z. T. nach oben.

- Eine sich kurzfristig ändernde Technologie verlangt ständige kurzfristige Marktanpassungen und Umstrukturierungsmaßnahmen, insbes. in der Informations- und Kommunikations-Technik bei einem zusätzlich hohen Kosteneinsatz für Forschung und Entwicklung (F+E) und hohen in den Preis einzurechnenden Risikoprämien für die Unternehmen aufgrund stark schwankender Gewinne auf einem hart umkämpften Markt.

Dauerhafte Lohnabschlüsse **unter dem Produktivitätsfortschritt** bergen jedoch **Gefahren** in sich, so z. B.:

- Negative Auswirkungen auf die nachfragegestützte Binnenkonjunktur (= „Negativer Multiplikatoreffekt“) durch reale Einkommensverluste (vgl. oben) sowie weiterhin aus einer Zukunftsangst heraus vorgenommene *Budgetumschichtungen* in den Arbeitnehmerhaushalten, die um ihren Arbeitsplatz fürchten (vgl. oben Maßnahmen der Arbeitgeberseite). So z. B. werden geringere Konsumausgaben zum täglichen Lebensunterhalt, dafür mehr Ausgaben für langlebige Gebrauchsgüter oder Immobilien oder Ersparnisbildung in Kapitalanlagen (vgl. Stat. Taschenbuch Bundesmin. f. Arbeit und Sozialordnung ´97, Nr.6.2 ff).

- Die Kaufzurückhaltung des Sektors H kann verstärkt werden durch höhere staatliche Abgabenbelastung bei den Sozialbeiträgen und nur geringfügig im einzelnen Haushalt gemildert werden durch Steuerentlastungsmaßnahmen.

- Weitere Belastungen der Binnenkonjunktur ergeben sich durch Kürzungen der Transferleistungen sowie durch gesetzliche und/oder tarifliche Einschnitte in bisherige Lohnstrukturen – vgl. dazu Kürzungen im Bereich der Lohnsonderzahlungen, Neuregelung der Feiertagsarbeit, Lohnfortzahlungen im Krankheitsfalle etc.).

- O. a. Kriterien einer nachgebenden bzw. nicht anspringenden Binnenkonjunktur führen zu geringeren staatlichen Einnahmen bei direkten und indirekten Steuern sowie bei den Sozialversicherungsträgern. Höhere staatliche Neuverschuldungen und / oder Kürzungen staatlicher Ausgaben sind die Folge.

- Die Ziele des StabG können durch zu niedrige aber auch durch zu hohe Lohnabschlüsse und den daraus resultierenden Verhaltensänderungen von Unternehmen, Haushalten und Staat gefährdet werden – vgl. oben. Forderungen nach veränderten gesetzlichen Rahmenbedingungen für Wirtschaft und Arbeitsmarkt müssen dann gestellt und umgesetzt werden. Die logische Schlussfolgerung, erst Gesetze zu ändern oder neue zu erlassen, wenn volkswirtschaftliche Zwänge dies erfordern, kann durch EU-Gesetzgebung umgekehrt werden. Nationalstaatliche Gesetzgebung hat diese EU-Richtlinien ohne Rücksicht auf nationale Zwänge und Gegebenheiten umzusetzen, was wiederum u. U. zu einer Verschärfung bereits bestehender nationaler wirtschaftlicher Probleme führen kann – vgl. dazu das Antidiskrimierungsgesetz, EU-Arbeitsmarktregelungen.

6.2.3.2 Lohnpolitik der Arbeitgeber

Grundsätzliches Leitmotiv ist der **Leistungsbezug der Entlohnung** mit Orientierung der Nominallohnsteigerung um Produktivitätsfortschritt. Damit wäre eine Lohnsteigerung kosten- und inflationsneutral, soweit es sich um konjunkturelle Effekte, nicht um strukturelle Verschiebungen am Arbeitsmarkt handelt.

Ziel der Arbeitgeber ist eine Kaufkraftsteigerung der **Masseneinkommen** über den Weg einer möglichst breiten, jedoch den Gewinn, genauer die **Gewinnquote**, nicht beeinflussenden, Vermögensstreuung. Die Arbeitgeber vertreten hauptsächlich die angebotsorientierte klassische Wirtschaftspolitik.

$$\text{Gewinnquote} = \frac{\text{Einkommen aus Unternehmertätigkeit und Vermögen}}{\text{Volkseinkommen}}$$

Oder anders ausgedrückt: Gewinnquote = 100 % - Lohnquote.

Die Arbeitgeber verteidigen damit ihren Anteil am wachsenden „Kuchen" Bruttoinlandsprodukt, was als **defensive Lohnpolitik** bezeichnet wird. Dies bewirkt natürlich bei steigender Konjunktur ein reales weiteres Auseinanderdriften der Einkommensschere zugunsten des Faktors Kapital. Um die Gewinnsituation zu halten, werden freiwillige (autonome) Preisniveausenkungen ausbleiben und sogar starke Preissteigerungen auf Teilmärkten eine steigende Kaufkraft abschöpfen – vgl. dazu den Teilmarkt „Freizeit". Auch der Staat wird sich entsprechend „bedienen", bei Arbeitgebern und Arbeitnehmern, um steigende Anforderungen an das soziale Netz, an Bildung, Verwaltung, Verkehr etc. finanzieren zu können. Bei herrschender **Marktmachtposition** auf Unternehmerseite bzgl. des Arbeitsmarktes ist daher eine **negative Lohndrift** (vgl. oben) mit Unterlaufen des Tarifvertrags bzw. seiner einseitigen Kündigung möglich, insbes. was den geteilten Arbeitsmarkt Deutschlands betrifft. Ein weiteres Ausnützen der Marktmachtposition ist erkennbar, wenn bei nachhaltig steigender Konjunktur auf Seiten der Arbeitgeber nur ein **Mitnahmeeffekt** zu Lasten des Arbeitsmarktes festzustellen ist. Das Leistungsprinzip wird dann nur einseitig von der Unternehmerseite für sich in Anspruch genommen. Die Folge können Massenarbeitslosigkeit und niedrige Kaufkraft sein. Dies bewirkt i.d.R. positiv niedrige Preissteigerungen und ein niedriges Zinsniveau, aber auch mittel- und langfristig gesellschafts- und wirtschaftspolitische Kurskorrekturen – vgl. oben sowie „Hartz I bis IV“, die den breiten Wohlstand Deutschlands gefährden können.

Das Gegenteil zur „negativen Lohndrift“ ist z. B. in verschiedenen Industriezweigen in den letzten Jahrzehnten zur üblichen Praxis geworden, nämlich die Lohnzahlung über dem Tariflohn (= **positive Lohndrift**, u. a. in Automobilwerken). Konkurrenz auf dem Facharbeitermarkt und die vom Produktmarkt eingeräumte Möglichkeit, hohe Lohnkosten auf die Preise abwälzen zu können (Marktmachtposition auf einem Produktmarkt), hat verschiedene Arbeitgeber veranlasst, hohe **Effektivlöhne** in innerbetrieblichen Verhandlungen mit dem Betriebsrat ihren Arbeitnehmern zuzugestehen. Bei spürbar nachlassender Nachfrage nach diesem Produkt haben Auseinandersetzungen zwischen Unternehmen und Belegschaft gezeigt, dass ein Effektivlohn Spielräume bietet, um Arbeitsplätze erhalten zu können, ohne in das Tarifgefüge eingreifen zu müssen.

Überschaubares statistisches Material zu den Themenbereichen und ihren Zusammenhängen wie Lohnerhöhung, Produktivitätsfortschritt, BIP-Wachstum, Volkseinkommen und Arbeitslosigkeit bietet die Broschüre „Wirtschaft in Zahlen“ (Hrsg. Bundesmin. f. Wirtschaft ...)

6.2.3.3 Tarifvertrag und Ablauf eines Arbeitskampfes

Lohn- und Tarifpolitik
Tarifautonomie Art. 9 GG
Tarifvertragsgesetz (TVG)

Tarifpartner
(= Tarifvertragsparteien)
(= Sozialpartner)

Tarifabschluss ↔

Tarifverträge

Gewerkschaften

Hauptziele
- Verbesserung der Entlohnung
- Günstigere Arbeitsbedingungen
- Stärkung der Mitbestimmungsrechte
- Sicherung von Arbeitsplatzen
- Schutz vor Ausbeutung

Dachverband = Deutsch. Gewerkschaftsbund (DGB)

Darunter:
8 Einzelgewerkschaften, z. B.
ver.di
IG Metall
IG Bergbau, Chemie u. Energie
GEW

Arbeitgeber / - vereinigungen

Hauptziele
- Schutz vor überhöhten Lohnforderungen
- Wahrung eigener Interessen
- Wahrung der einzelbetrieblichen Entscheidungskompetenz

Dachverband = Bundesvereinigung der Deutsch. Arbeitgeberverb. (BDA) – organisiert in 14 Landesvereinigungen

Darunter:
55 Branchenverbände, z. B.
BDI (Industrieverb)

Einzelner Arbeitgeber, der nicht einem Branchenverband angehört bzw. ausgetreten ist

---

Manteltarif

Merkmale u. a.
- Laufzeit i.d.R. 5 Jahre
- Festschreibung von allgemeinen Arbeitsbedingungen (z.B. Urlaubstage, Zuschläge, Kündigungsschutz, Sparzulagen,) – soweit nicht gesetzlich geregelt
- Arbeitszeitregelungen (z. B. Sonn- und Feiertagsarbeit, Mehrarbeit) – soweit nicht gesetzlich geregelt

---

Lohntarif
(Gehaltstarif)

Merkmale u. a.
- Laufzeit i.d.R. 1 Jahr
- Vergütungsregelung für best. Tätigkeiten
- Eingruppierungsmerkmale (= Arbeitsbewertungsmerkmale)
- Festlegung von Lohngruppen (bisher)
- Festlegung eines **Ecklohns** (= Stundenlohn für eine normale Facharbeitergruppe; danach berechnet werden die **prozentualen** Zuschläge und Abschläge für die restlichen Lohngruppen
- Jahressonderzahlungen (z. B. Weihnachtsgeld)

Ablauf eines Arbeitskampfes bei Tarifvertragsverhandlungen (schematisiert und verkürzt)

- Rechtzeitige **Kündigung** des Tarifvertrags, erst dann

- Ablauf der **Friedenspflicht**.

- Evtl. **Warnstreiks**. Während der Laufzeit des Tarifvertrags herrscht Friedenspflicht, d. h. Streiks (Arbeitsniederlegungen) sind verboten. Sie werden als „wilde Streiks“ bezeichnet. Teilnehmer an wilden Streiks sind dem Arbeitgeber gegenüber schadensersatzpflichtig.

- **Forderungen** der Tarifvertragsparteien werden der jeweils anderen Partei bekannt gegeben.

- **Beginn der Verhandlungen** zwischen dem betroffenen Branchenverband und der entsprechenden Gewerkschaft. Einmischungsversuche bzw. direkte oder indirekte Beeinflussungen in die bzw. der Tarifautonomie durch „Empfehlungen“ staatlicher Repräsentanten bzw. „Runde Tische“, „Konzertierte Aktionen“ oder „Bündnisse für Arbeit“ etc. sind nicht erlaubt und – wenn dies dennoch geschieht – für die Tarifverhandlungen nicht von bindender Bedeutung.

- U. U. **Scheitern** der ersten Verhandlungen (= ersten Tarifrunden)

- U. U. Anrufen (= Beauftragen) eines von beiden Parteien akzeptierten **Schlichters** und / oder **Streik** (Punkt- oder Flächenstreik als Arbeitskampfmittel der Gewerkschaften) nach Urabstimmung, wobei mind. 75 % der Mitglieder dieser Gewerkschaft für eine Arbeitsniederlegung stimmen müssen. – Ein Streik wird i.d.R. immer ausgerufen, wenn weitere Verhandlungen scheitern bzw. ein Schlichterspruch von den Mitgliedern oder den Verhandelnden nicht angenommen wird. – Während des Streiks wird an die Gewerkschaftsmitglieder ein Streikgeld gezahlt als Ersatz für den ausgefallenen Lohn; Nichtmitglieder erhalten kein Streikgeld und auch keinen Lohn. Arbeitwillige Arbeitnehmer, die nicht streiken wollen, dürfen von den Streikenden nicht an der Ausübung der Arbeit gehindert werden.

- **Aussperrung** als Arbeitskampfmittel der Arbeitgeber, d. h. kein Arbeitnehmer darf das Unternehmen betreten um zu arbeiten. Kein Lohn während dieser Zeit. Die Aussperrung kann als Gegenmaßnahme bei einem Streik oder als autonome Maßnahme der Unternehmen ohne gegenüberstehendem Streik durchgeführt werden.

- **Ende des Arbeitskampfes** nach Annahme des **Verhandlungsergebnisses** oder des **Schlichterspruches** durch beide Tarifvertragsparteien, wobei mind. 25 % der Gewerkschaftsmitglieder mit dem Ergebnis einverstanden sein müssen.

6.2.3.4 Neuere Instrumente der Tarif- und Beschäftigungspolitik

- Förderung der Teilzeitarbeit
- Ertrags- bzw. gewinnabhängige Entlohnung
- Negative Beschäftigungssteuer und Ausbildungsabgabe
- Überstundenkontingente, Arbeitszeitkonten
- Längere Laufzeiten von Tarifverträgen mit gestaffelter Lohnanhebung, Anpassung von Zulagen, Veränderung von Arbeitszeiten etc.
- Öffnungsklauseln in Flächentarifverträgen
- „Ich-AG“
- Job-Floater
- Zeitarbeitsfirmen (z. B. Personal Service Agenturen – PSA – der Bundesagentur für Arbeit)
- JobCenter der Bundesagentur für Arbeit
- JUMP – Programm zur Bekämpfung der Jugendarbeitslosigkeit
- Neufassung der Handwerksordnung, dabei z. B. Abschaffung des Meisterbrief-Zwangs für bestimmte Handwerksberufe
- Mini-Job-Regelung und Geringverdienerregelung
- Arbeitszeiterhöhungen ohne Lohnausgleich
- Arbeitszeitverkürzungen mit Lohnkürzungen
- Job-Aktiv-Gesetz
- Arbeitslosengeld Zwei – ALG II („Hartz IV“)

6.3 Vermögenspolitik

6.3.1 Unterteilung des Vermögens

Begriff „Vermögen“
Vermögen = alle in Geld bewerteten Sachgüter, Rechte (= Sachvermögen) und Forderungen inkl. Geldvermögen, die einer natürlichen oder juristischen Person zur Zeit gehören / zustehen.

Diese Definition bezeichnet das *Gesamtvermögen* einer Person. Werden davon die Schulden abgezogen, erhält man das *Netto- oder Reinvermögen*.
Die Summe aller Gesamtvermögen in einem Staat stellt das *volkswirtschaftliche Gesamtvermögen* dar.
Positive Änderungen des Sachvermögens bezeichnet man als *Nettoinvestition*, Änderungen des Geldvermögens als *Finanzierungssaldo*.

Verteilung des Geldvermögens in Deutschland
(Nach: SchulBank 09/2004)
Im Jahr 2003 beträgt das Geldvermögen insges. 3.922 Mrd. €; davon sind:
ca. 36 % Spar-, Sicht-, Termineinlagen, Bargeld, ca. 25 % Anlage in Versicherungen; ca. 12 % Investmentfonds; ca. 6 % Aktien, ca. 11 % festverzinsliche Wertpapiere und ca. 10 % sonstige Geldanlagen. – Die Entwicklung seit 1995 zeigt eine nahezu stetige Verlagerung von Anlagen in Spar-, Sicht-, Termineinlagen hin zu Anlagen in Versicherungen. Die Geldanlage in Aktien steigt von 1995 bis 1999 stark an, um dann bis 2003 weit unter das Niveau von 1995 zu fallen.

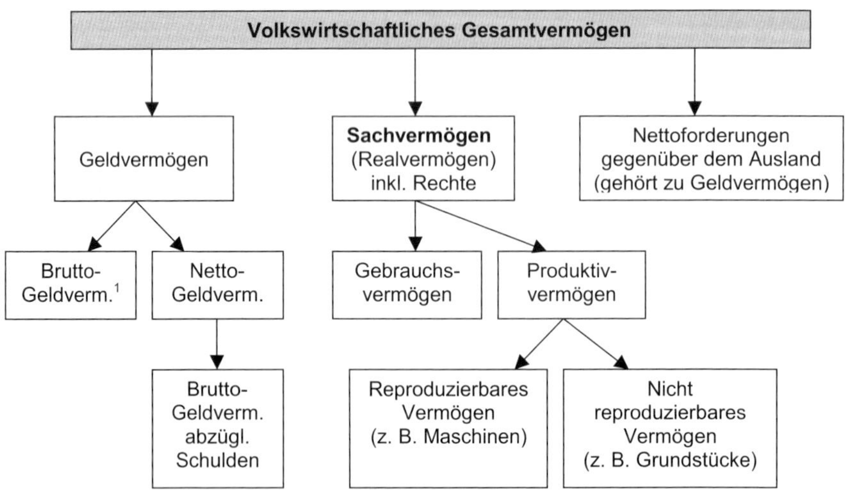

[1]: Bruttogeldvermögen: Geldanlage bei Banken, Bargeld- und Sichteinlagen, Termingelder, Spareinlagen, Anlage bei Bausparkassen, Anlage bei Versicherungen, Wertpapiere, sonstige Forderungen (z. B. betriebliche Pensionszusagen); Definition vgl. „Wirtschaft in Zahlen“, hrsgg. vom BMWI.

6.3.2 Ziele der Vermögensbildung und – politik

Definition „Vermögenspolitik"
Vermögenspolitik ist die Summe aller Maßnahmen, die auf Vermögensbildung oder Vermögensumverteilung gerichtet sind, mit dem allgemeinen Ziel der Sicherung und Verbesserung der Existenzgrundlage des/der Einzelnen zur Zeit und für die Zukunft.

Teilbereiche der Vermögenspolitik

- *Ziel: Förderung der Sparwilligkeit*
  Vermögensbildungspolitik: Staatliche Fördermaßnahmen des privaten Sparens für sozial schwächere Bürger/innen; Ziel: vgl. oben Definition „Vermögenspolitik".

- *Ziel: Förderung der Sparfähigkeit*
  - **Vermögensverteilungspolitik i.w.S.:** Umverteilung des *bestehenden Vermögens*; vgl. dazu Privatisierung von Staatsbetrieben, Erbschaftssteuer, Lastenausgleich.
  - **Vermögensverteilungspolitik i.e.S.:** Umverteilung des *Vermögenszuwachses* durch staatliche Förderung der Sach- und Geldvermögensbildung; vgl. dazu Baukostenzuschuss, Vermögensbildungsgesetz, tarifliche Vereinbarungen wie Sparzulagen sowie verschiedene Gewinnbeteiligungsmodelle für Arbeitnehmer wie der Investivlohn (s. u.).

Ziele der Vermögensbildung und – politik

- Erzielung von Einkommen aus dem Vermögen zur Bildung zusätzlichen Vermögens oder zur Entnahme des Vermögensertrags; allgemeines Ziel vgl. oben Definition.

- Breitgestreute Bildung von Vermögen zur Schaffung weitgehender Unabhängigkeit von staatlichen Transferleistungen; allgemeines Ziel vgl. oben Definiton; weitere Ziele: Entlastung des Staatshaushalts und der Sozialversicherungsträger sowie Verbesserung der Eigenvorsorge und vermehrte Übernahme von Eigenverantwortung.

- Mitbestimmung und Mitverantwortung bei Vermögensbildung in Arbeitnehmerhand aus Unternehmensgewinnen; vgl. unten.

- Vermögen als Messgröße und Grundlage für die Einkommensumverteilung.

- Gegensteuerung der Gefahr einer Vermögenskonzentration auf Wenige und Vergrößerung des Unterschieds zwischen Arm und Reich (Wohlstandsschere); damit Sicherung des sozialen Friedens.

- Schaffung / Bildung von Kapital zu Investitionszwecken.

6.3.3 Bildung von Produktivvermögen in Arbeitnehmerhand

Voraussetzung
Einkommensumverteilung durch Umverteilung des Eigentums am Produktivvermögen.

Ziel
Der Arbeitnehmer/die Arbeitnehmerin soll an der Verteilung des Produktivvermögenszuwachses beteiligt werden, an dessen Entstehung er mitgewirkt hat. Diskriminierende soziale Unausgewogenheiten zwischen den Faktoren Arbeit und

Kapital sollen damit vermieden werden. Weiterhin sollen verfügbare Mittel zu Investitionszwecken gebildet werden.

Durchsetzbarkeit
Die derzeit einzig mögliche gesellschaftlich akzeptierte Form der Umverteilung von Eigentum am Produktivvermögen ist die Beteiligung des Arbeitnehmers/der Arbeitnehmerin am **Vermögenszuwachs**, nicht die Umverteilung des gesamten Produktivvermögens.

Möglichkeiten zur Erhöhung der Faktoreinkommen der Arbeitnehmer/innen durch z. B.

- **Investivlohn** = nicht ausbezahlter Lohnanteil, der in irgendeiner Form für eine bestimmte Zeit gespart wird, z. B. im Unternehmen oder extern. Die **wichtigste Form** ist das Sparen im Rahmen des „Vermögensbildungsgesetzes" auf Wertpapierkonten wie Aktien, Beteiligungen, Genossenschaftsanteilen, Genussscheinen, Fondanteilen etc. Dieses Kapital erhöht die Finanzierungsmöglichkeit für die Unternehmen. **Kritik:** Das im Unternehmen Gesparte steht dem berechtigten Arbeitnehmer bei Verlassen des Betriebs zu und muss sofort oder später ausbezahlt werden. Weiterhin muss der Investivlohn, soll er eine vermögensbildende Funktion erhalten, über dem Produktivitätsfortschritt als Messzahl liegen, d. h. dieser Lohnanteil ist Kostenfaktor für den Unternehmenssektor. Mögliche **Folge:** Der Unternehmensbereich wird die höheren Kosten auf die Preise überwälzen. Dies führt u. U. zu zu hohen Belastungen für Grenzbetriebe. Mögliches **Verhalten der Haushalte: Entweder** Verlagerung der Ersparnisse, um die Konsumausgaben zu erhöhen, d. h. der Unternehmenssektor kann die Preiserhöhung durchsetzen, wobei jedoch ein Umverteilungs- bzw. Vermögensbildungseffekt ausbleibt, **oder** der Sektor der privaten Haushalte spart den Investivlohn zusätzlich zu seiner sonstigen Ersparnis, dann gelingt die Preiserhöhung nicht, der Konsum sinkt real, der Vermögensbildungs- und Umverteilungseffekt gelingt. „U" aber wird, um seine Gewinnquote zu erhalten, Rationalisierungsmaßnahmen mit negativem Beschäftigungseffekt durchführen.

- **Ertrags- oder Gewinnbeteiligung** als direkte Beteiligung am Produktivvermögen durch Änderung der Verfügungsgewalt über Eigenkapitalanteile (= Eigentumsänderung am Produktivvermögenszuwachs). Tariflich vereinbart oder von Unternehmerseite freiwillig gewährt oder gesetzlich vorgeschrieben erhält der Arbeitnehmer/die Arbeitnehmerin einen Anteil an der Verzinsung des Eigenkapitals, also am Ertrag bzw. Gewinn des Unternehmens, der gespart werden soll. Dies kann von einem einzelnen Betrieb durchgeführt werden oder überbetrieblich organisiert werden, wobei die Abführung der Beteiligungsgelder unmittelbar an den Arbeitnehmer/die Arbeitnehmerin erfolgen kann (= Berechtigte) oder an einen zwischen-geschalteten Fond mit Anteilsscheinen oder im Rahmen einer Direktversicherung. – Auch diese Vermögensbildungsform wird im Sektor „U" als Kostenfaktor behandelt mit gleicher Wirkung wie beim Investivlohn – siehe oben Kritik und Folgen. Um eine Kostenüberwälzung auf die Preise zu vermeiden, wird als Ausweg von verschiedenen gesellschaftlichen und politischen Gruppierungen vorgeschlagen, diesen Lohnanteil (also die Gewinnbeteiligung) als Risikokapital zu betrachten, d. h. das Unternehmen könnte mit diesem Kapital Investitionen durchführen, deren positiver Erfolg dem Arbeitnehmer/der Arbeitnehmerin wieder zugute kommen würde, jedoch müsste dann die Arbeitnehmerseite auch am Verlust beteiligt werden.

Ergebnis
Staatliches und somit gesellschaftspolitisch erwünschtes Ziel einer Beteiligung von Arbeitnehmern am Produktivvermögen ist die gleichmäßigere Vermögensumverteilung durch die Vermögenspolitik. Dadurch sollen gem. liberaler Einsicht persönliche wirtschaftliche und sonstige Spielräume, wie Chancengleichheit in sozialer Sicht sowie z. B. auch auf der Bildungsebene ermöglicht werden. Gerade bei der Beteiligung am Produktivvermögen spielt die Machtverteilung im Hinblick auf unternehmerische Entscheidungen auch auf Arbeitnehmerseite eine besondere Rolle. Eine stärkere Einbindung der Arbeitnehmerseite in die Unternehmensführung soll durch die Bildung von Privateigentum in Arbeitnehmerhand in Form von Unternehmensanteilen erreicht werden. Jedoch sind der Verantwortlichkeit der Arbeitnehmerseite – vgl. Verlustbeteiligung – Grenzen gesetzt. Nicht erreicht werden kann dieses Ziel durch eine reine Umverteilung von Produktivvermögenszuwächsen über Steuern (vgl. Vermögenssteuer, Erbschaftssteuer), da die direkte Anbindung an ein Unternehmen fehlt.

Auf Unternehmerseite verspricht man sich betriebswirtschaftliche Vorteile, z. B. eine höhere Leistungsmotivation und stärkere Identifikation der Arbeitnehmer mit dem Betrieb sowie eine höhere Selbstfinanzierungsrate durch die betriebliche Kapitalbindung eines Lohnanteils.

7 Wachstums- und Strukturpolitik unter besonderer Berücksichtigung des Umweltschutzes

7.1 Wachstumspolitik

Gemäß § 1 des StabG wird ein „angemessenes und stetiges Wachstum“ gefordert, d. h. eine nachhaltige Zunahme der volkswirtschaftlichen Produktionsmöglichkeiten (= des Produktionspotenzials). Gemessen wird das Wachstum in der absoluten oder relativen Veränderung des Sozialprodukts als Ergebnis der volkswirtschaftlichen Produktion.

7.1.1 Bedeutung und Grenzen des Wachstums

7.1.1.1 Bedeutung des Wachstums (= „Chancen des Wachstums“)

Ein hohes Wachstum gilt als Voraussetzung für eine funktionierende Soziale Marktwirtschaft.

Wachstum soll die Grundlage bieten für:

- einen höheren Lebensstandard durch steigenden Konsum der privaten Haushalte und des Staates; also: für „mehr“ Wohlstand,
- die Erhaltung und Erweiterung des Arbeitsplatzangebotes (siehe Ziel „Vollbeschäftigung“ des StabG),
- die Überwindung konjunktureller und struktureller Arbeitslosigkeit,
- die Integration geburtenstarker Jahrgänge in den Wirtschaftsprozess,
- eine gerechtere Einkommens- und Vermögensverteilung,
- die Erreichung der sozialen Ziele und die finanzielle Absicherung der Sozialversicherungsträger,
- die Erhaltung des sozialen Friedens in einer liberalen Gesellschaft,
- Unabhängigkeit und Sicherheit für den einzelnen sowie Macht und Ansehen im Ausland für Unternehmen und Staat, die ihren Niederschlag in einer harten Währung finden.

7.1.1.2 Grenzen des Wachstums (= „Risiken des Wachstums“)

Weltweite Kritiker eines ungehemmten exponentiellen Wachstums („Wachstumsfetischismus“ verschiedener Industrienationen) sehen in ihm eine globale lebensbedrohende Umwelt- und Ressourcenzerstörung. Vereinigungen bzw. Institutionen, wie z. B. der „Club of Rome“ (1. Bericht 1972) oder der politische „Umweltgipfel“ von Rio 1992 mit der Verabschiedung der Agenda 21 bzw. kirchliche Resolutionen begründen die Grenzen des Wachstums anhand folgender Punkte:

- zunehmende Zerstörung des Lebensraumes u. a. durch zunehmende Bodenversiegelung und -vernichtung, Waldraubbau, Zerstörung der Ozonschicht,

- Zunahme von Abfall, Lärm, Chemikalienbelastung der Umwelt (vgl. Ziel: Erhaltung einer lebenswerten Umwelt),

- Ausbeutung nicht regenerierbarer Rohstoffe in zunehmendem Maße; absehbare Ressourcenerschöpfung z. B. der Weltreserven von Kohle und Rohöl,

- steigende Anspruchshaltung bezüglich des Lebensstandards besonders in Industrieländern; Inkaufnahme einer Verminderung der Umwelt-Lebensqualität,

- Zwang zur Rationalisierung von Produktionsvorgängen; dadurch steigende Arbeitslosigkeit und Verarmung,

- weiteres Auseinanderdriften der Unterschiede zwischen „reichen" und „armen" Ländern (siehe dazu auch „terms of trade") und Förderung von Abhängigkeiten,

- menschliche - ethische Verarmung der Arbeitnehmer durch zunehmende Arbeitsteilung,

- Überbetonung der materiellen Wohlfahrt und ihrer Statussymbole vor anderen Werten,

- Gefahr der Kontraproduktivität (= „Schadensreparatur") ohne „echtes" Wachstum,

- Sättigungsgrenzen bei Bedürfnissen mit zunehmendem Einkommen sowie auf best. Märkten

- „Entmenschlichung" des Produktionsprozesses (dazu s. u. 1.2.3).

7.1.2 Wachstumsfaktoren und Wachstumsbegriffe

7.1.2.1 Bestimmungsgründe und Antriebskräfte des Wachstums als Wachstumsfaktoren

Die Produktionsmöglichkeiten (das Produktionspotenzial) und die Produktivität in einer Volkswirtschaft sowie die Rahmenbedingungen (vgl. Kap. 1) bestimmen Umfang und Richtung des Wachstums. Das Produktionspotential selbst unterliegt dem quantitativen und qualitativen Einfluss der verfügbaren Produktionsfaktoren Arbeit, Natur (hier: natürliche Ressourcen), Kapital und technischem Wissen.
Antriebskraft und Bestimmungsgrund einer Erweiterung des Kapitalstocks bzw. Produktionspotenzials (= Wachstum) ist die **Investitionsneigung** im Sektor „U". Diese wird bestimmt durch folgende Faktoren:

- Von der **künftig erwarteten Wettbewerbsstärke** aufgrund der eigenen **Marktposition** in einem sich ständig wandelnden nationalen und internationalen interaktivem Markt- und Wettbewerbsgefüge. **Externe Effekte** aus diesem Wirkungszusammenhang, die nicht oder kaum beeinflussbar sind (je nach eigenem Marktanteil oder eigener bzw. staatlich gesteuerter Machtposition) determinieren Planung und Einleitung langfristiger Zukunftsinvestitionen. Verteidigung und Ausbau der eigenen Marktposition hängen ab von der **Innovationsfähigkeit und - kraft**

(s. u.), um einen **Wettbewerbsvorsprung** zu erzielen (= Effizienzfaktor wie auch erwartete Rentabilität, Arbeitnehmer - / Mitarbeiterqualifikation oder Umweltqualität).

- Von der **Gewinnerwartung** aufgrund von Umsatzentwicklung und Kostenentwicklung. Die **Umsatzentwicklung** hängt direkt ab von den ex-ante-Planungen der privaten Haushalte, des Staates, des Auslandes und des Unternehmenssektors in sich, also von der **gesamt-wirtschaftlichen Nachfrage** (vgl. Kap. 2). Wichtigster Bestimmungsgrund ist hier die **Konsum- bzw. Sparneigung** der privaten Haushalte, die einen **positiven oder negativen Multiplikatorprozess** in Gang setzen kann (vgl. Kap. 2: Auswirkungen auf BIP und Volkseinkommen). Durch staatliche Rahmenbedingungen (z. B. Steuergesetzgebung) kann dieser Prozess beeinflusst und verändert werden (z. B. staatliche Wohnungsbauförderung). Die Kostenentwicklung, insbesondere die der Lohnstückkosten, bestimmt vor allem die internationale Wettbewerbsfähigkeit über Preisgestaltungsspielräume. Die Höhe der Lohnnebenkosten, Lohnstarrheit nach unten, Flexibilität in der Arbeitszeit und im Kündigungs-schutzrecht etc. sind hier wichtige Bestimmungsfaktoren, ebenso wie Kapitalkosten (vgl. auch Kap. 4: Staatsquote), Mieten und Pachten, d. h. die Kosten und Bedingungen der eingesetzten Produktionsfaktoren (= Gesamtwirtschaftliches Angebot, wobei Importdruck und Strukturprobleme noch zu berücksichtigen sind).

Ein weiterer Bestimmungsgrund - neben den Investitionen - ist das „Know How“, insbesondere in den „Schlüsseltechnologien“ und „Wachstumsindustrien“. Es determiniert den „Erfindergeist“, also Innovationen (s. o.) bezüglich von Produkten und Verfahrenstechniken. Umgekehrt er-weitern Innovationen wiederum den Wissensfortschritt: unabhängig von ihrer Vermarktbarkeit im Bereich der Forschung, abhängig von ihrer Vermarktbarkeit im Bereich des Patentwesens. Eine Wissensvermehrung ist jedoch abhängig vom Bildungs-Qualitätsmanagement und dem Kapitaleinsatz von privater, staatlicher, unternehmerischer und gewerkschaftlicher Seite, d. h. von der Kapitalakkumulation in Bildungsinvestitionen. Dadurch kann wiederum die Arbeitsproduktivität zunehmen und somit der Lebensstandard steigen. Rahmenbedingung hierzu ist jedoch gesellschaftspolitische Akzeptanz von Begriffen wie Leistungsstreben, Qualifikationsstreben, Gewinnstreben, Zuverlässigkeit, Fortschrittsdenken, positive Zukunftsgestaltung, Flexibilität, Kreativität etc. als weitere Antriebskräfte des Wirtschaftswachstums. Wirtschaftliche Rahmenbedingungen (vgl. Kap. 1) bedürfen ständiger Anpassung an ständig sich verändernde technologische, gesellschaftliche und wirtschaftliche Daten durch den Staat mit entsprechender Zeitverzögerung. Begriffe der Wachstumspolitik wie Deregulierung, Subventionsabbau, Globalisierung, Liberalisierung der Märkte, Bildungsoffensiven (Investition in Bildung), Stabilisierung, Infrastrukturinvestitionen, Vermögenspolitik, Wettbewerbserhaltungspolitik, Dynamisierung, Risikokapital etc. spielen dabei eine entscheidende Rolle im nationalen und internationalen Anpassungsprozess. Auswirkungen sind feststellbar auf Rechtsprechung, Verwaltung, politische Willensbildung, Erziehung (inkl. Lehrpläne) und Wirtschaftsethik.

7.1.2.2 Wachstumsbegriffe

Maßgrößen als Basis der Betrachtung der Sozialproduktsentwicklung bzw. BIP-Entwicklung:

- ***Nominelles Wachstum**:* Veränderungen des BIP, bewertet in **jeweiligen Preisen,** also ohne Inflationsbereinigung.

- ***Reales Wachstum**:* Veränderungen des BIP auf Vorjahres-Preisbasis mit Ermittlung sog. Kettenindices (als aussagekräftiger Maßstab für **Steigerung des Lebensstandards** umstritten). – Vgl. dazu Ermittlung der Preissteigerungsrate.

- ***Absolutes Wachstum**:* Veränderungen des BIP, ausgedrückt in €.

- ***Relatives Wachstum**:* prozentuale Veränderung des BIP nominal oder real (Vergleichsmaßstab).

- ***Exponentielles Wachstum**:* Progressiv sich verändernde Wachstumsraten des BIP (real oder nominal) aufgrund von Selbstverstärkungseffekten (vgl. Multiplikatoreffekt mit getrennter Betrachtung der Nettoinvestitionstätigkeiten in der Konsumgüter- und der Investitionsgüterindustrie sowie des entsprechenden staatlichen Instrumenteneinsatzes). Expansion des Produktionspotenzials.

- ***Null-Wachstum**:* Stagnation der Wirtschaftsentwicklung; i.d.R. realer Rückgang des BIP als Folge (vgl. dazu Kap. 1 „Stagflation").

- ***Negativ-Wachstum:*** Nominale oder reale Abnahme des BIP, d. h. Schrumpfung bzw. Kontraktion des Produktionspotenzials.

- ***Qualitatives Wachstum (Steigerung der Lebensqualität)**:* Derzeitige Maßgröße = **Ökosozialprodukt.** Verfolgung des Stabilitätszieles einer „lebenswerten Umwelt" (s. Kap. 1) mit deutlicher Reduktion des Umweltverbrauchs und der Immissionslage (= qualitativer Zustand der Umweltmedien Boden, Wasser, Luft, darstellbar anhand von Messdaten der Medienbelastung, der Ozon-Strahlungsbelastung, der Lärmbelastung etc.).

Bewertung des Ökosozialprodukts:

- *Ausgabenorientierung:* In jeweiligen Marktpreisen bewerteter Rohstoffverzehr, Umweltsanierung (Schadensreparatur), Umweltschutz, Flächenverbrauch etc.

- *Abschreibungsorientierung:* Bewertet wird die **„Sustainability" (= Nachhaltigkeit)** wirtschaftlicher Aktivitäten im Hinblick auf Inanspruchnahme und Abnutzung des **Naturpotenzials**. Angesetzt werden die Kosten, die entstehen, um das Naturvermögen präventiv, nachhaltig zu erhalten (= **„Vermeidungskostenansatz";** Vermeidung von Umweltbelastungen, Reduzierung des Belastungsniveaus); d. h. Berücksichtigung der gegenwärtigen und zukünftigen Umweltfolgen in der Wirtschaftspolitik (vgl. auch **„Ökobilanzen"**).

Ziel qualitativer Wachstumspolitik soll die Entkopplung der BIP-Steigerung vom Umwelt- und Energieverbrauch sein.

7.1.2.3 Wachstum, bzw. BIP-Entwicklung /- höhe als Wohlstandsindikator bzw. Wohlfühlindikator (Wohlfahrtsindikator)

Wachstum erhöht Lebensstandard, sichert Arbeitsplätze, sichert Rahmenbedingungen von Staat und Gesellschaft für eine positive wirtschaftliche Entwicklung (s. Freiheit, Freizügigkeit, Soziales Netz, Gesundheitsversorgung, Bildung etc.).
Diese Rahmenbedingungen (= **soziale Indikatoren**) sind zwar wesentliche Faktoren der Lebensqualität und sichern einen entsprechenden Wohlstand auf hohem und zunehmendem Niveau, soweit dies auch quantifizierbar ist, auf der Grundlage einer freiheitlich-demokratischen Grundordnung, die wiederum als Basis der Sozialen Marktwirtschaft dient.
Aber: Wachstumskritik und Kritik am BIP als Wohlstandsmesser (- indikator) erfolgt aus

- **ethischer Sicht** (s. Leistungsbezug in der Arbeitswelt, überzogener Wettbewerb, Egoismus, starke Einkommensdifferenzierung und materielle „Wohlstandssymbole" = gesellschaftliche Bedingungen der Produktion) , die einmündet in eine

- **Industrialismus-Kritik** (s. extreme Arbeitsbedingungen wie Arbeitsteilung mit ihren persönlichen und sozialen nachteiligen Folgen, z. B. Fremdbestimmung, Arbeitsstress, gesellschaftlicher Stress, sozialer Auf- und Abstieg).

- **Konsumkritik** oder auch **Verteilungskritik** (s. o. Statussymbole als psychologische und soziale Ersatzbefriedigung mit der Folge, dass Bedürfnisse sich häufig schneller entwickeln als die Produktion mit den daraus resultierenden Einkommen, was zu negativen Wohlfühlindikatoren wie „Unzufriedenheit", „Anspruchsdenken" oder „Staatsverdrossenheit" bzw. „Politikverdrossenheit" führt).

- Reine **Marktgerichtetheit** der Erfassung volkswirtschaftlicher Produktion; Vernachlässigung von Hausfrauentätigkeit, Heimwerksarbeit, Nachbarschaftshilfe, Erziehungsarbeit, ehren-amtlicher Tätigkeiten.

- Nicht-Berücksichtigung der **Umweltbeeinflussung** (vgl. Ökosozialprodukt und Lebensqualität und Grenzen des Wachstums).

Diese o. a. Faktoren, welche die „Wohlfahrt", „das Wohlfühlen" in einer Volkswirtschaft beeinflussen, entziehen sich i.d.R. dem „Maßstab der Geldbewertung" (z. B. in Marktpreisen), da kein direkter Marktwert ermittelt werden, sondern nur adäquat geschätzt werden kann (z. B. „Hausfrauentätigkeit"). Somit ist das Wachstum bzw. das Sozialprodukt/BIP als Wohlstandsindikator ungeeignet und kennzeichnet nicht den **„Zufriedenheitsfaktor"**.

7.2 Strukturpolitik

Wirtschaftswachstum und Strukturwandel sind untrennbar verbunden: Strukturwandel ist Voraussetzung für Wachstum und umgekehrt auch Folge des Wachstums. Wachstumszwang, technologische Revolutionen (s. „Lange Wellen“, vgl. Kap. 3) bedingen einen Strukturwandel z. B. auf dem Arbeitsmarkt, wie Umorientierung der Arbeitssuchenden von herkömmlichen Arbeitsplätzen hin zu solchen mit hoher Produktivität und Zukunftssicherheit. Strukturwandel vollzieht sich im

- staatlichen Bereich (s. Wiedervereinigung)
- gesellschaftlichen Bereich (s. Bildungszielwandel)
- politischen Bereich (innen, außen)
- wirtschaftlichen Bereich (Binnenmarkt, EU-Markt, Weltmarkt; volkswirtschaftlich und betriebswirtschaftlich).

Hier soll insbesondere der volkswirtschaftliche Binnenmarkt betrachtet werden, ohne darüber hinwegzusehen, dass zwischen allen Bereichen eine enge Interdependenz herrscht. Wachstumsprobleme sind i.d.R. Strukturprobleme und u. a. Aufgabe der Strukturpolitik ist es, Probleme zu erkennen und einen Strukturwandel herbeizuführen, um die gesamtwirtschaftliche Angebotsseite zu fördern.

7.2.1 Wachstums- und Strukturprobleme

Wachstums- und Strukturprobleme ergeben sich aus:

- der **Belastung der Umwelt** und aus der **Knappheit der Ressourcen** (s. o.);
- **regionalen Disparitäten**; Gründe regionaler Unterschiede liegen z. B. in / im
  - der sektoralen Wirtschaftsstruktur:
    Der Primäre Sektor verliert zunehmend an Bedeutung bezüglich Erwerbstätigen und Wertschöpfung; der Sekundäre Sektor nimmt ebenfalls ab; allerdings muss zwischen Wachstumsindustrien (z. B. Telekommunikation) und schrumpfenden Industriezweigen (z. B. Schwerindustrie) unterschieden werden; im Tertiären Sektor nehmen Beschäftigung und Wertschöpfung weiterhin zu.
    (Anteil des jeweiligen Sektors an der Bruttowertschöpfung 1992/1996 in %:
    I: 1,4/1,1; II: 37,6/33,4; III: 61,1/65,5)
  - politischen, gesellschaftlichen und sozialen Rahmenbedingungen und Strukturen,
  - der Finanzkraft der Länder und Gemeinden,
  - regionalen Image.

Diese Unterschiede können an folgenden **Kennzeichen / Merkmalen** abgelesen werden:

- Wirtschaftsleistung/Einwohner nach Kaufkraft-Parität (purchasing power parity, PPP) = Messung des BIP eines Landes über die Kaufkraft seiner eigenen Währung und nicht über den Wechselkurs,
- Verteilung der Beschäftigten in den Wirtschaftsbereichen,
- Abwanderungs- / Zuwanderungs-Struktur von Unternehmen und Arbeitskräften,
- regionale Arbeitslosenquote,
- Steueraufkommen und BIP pro Einwohner,
- Zahl der Betriebsgründungen und -schließungen,
- Boden- und Mietpreisniveau.

Ursachen sektoraler Strukturprobleme:

- Aufholbedarf im technischen know how (s. Produkte, Fertigungsabläufe);
- Innovationsstau, dadurch Wegbrechen von Nachfrage, Auftauchen von Nischenprodukten aus dem Ausland, Verlagerung von Nachfragesegmenten;
- Veränderungen von Masseneinkommen, Kaufkraft und Nachfrageverhalten;
- Veränderungen von Rahmenbedingungen und Infrastruktur (s. strukturelle Anpassungen in der EU).

Folgen des notwendigen Strukturwandels:

- Übergang zu kapitalintensiverer Produktion,
- Zunahme des Tertiären Sektors,
- Nachfrage nach höher qualifizierten Arbeitskräften; Freisetzung geringer qualifizierter Arbeitnehmer,
- Entstehen und Verschwinden von Teilmärkten mit den dazu gehörenden Unternehmen,
- Größere Vielfalt bei Produkten und Beschäftigung,
- Auswirkungen auf die Umwelt.

7.2.2 Ansätze zur Überwindung von Wachstums- und Strukturproblemen

Mögliche **Lösungsansätze** zur Überwindung von Wachstums- und Strukturproblemen berühren die Angebots- und die Nachfrageseite:

- Sicherung des **Marktmechanismus** durch Verhinderung von Wettbewerbsbeschränkungen;

- **Beeinflussung** des Marktes durch Subventionen (Erhaltungs-, Gestaltungs-, Anpassungssubventionen), staatliche Einnahmenpolitik, staatliche Ausgabenpolitik, staatliche Direktinvestitionen, effiziente Verwaltung, regulierende oder deregulierende Ordnungspolitik (s. insbesondere Liberalisierung des Kapitalmarktes und Ordnungspolitik der EU contra nationaler Strukturförderungspolitik). Eventuelle Gefahren aus der Marktbeeinflussung: Mitnahmeeffekte (s. z. B. Arbeitsmarkt), Bürokratismus, Aufrechterhaltung überholter, ineffizienter Strukturen (s. z. B. Kohleindustrie);

- **Marktlenkung** durch gesetzliche **Gebote oder Verbote** (z. B. Güterproduktion, Umweltschutz). Eventuelle Gefahren: Auflagencharakter / Zwangscharakter; viele Ausnahmeregelungen;

- **Marktlenkung** durch staatliche **Preispolitik:**

  Höchstpreispolitik: staatlich festgelegter Preis liegt **unter** dem möglichen Marktpreis; Ziel ist der Schutz des Verbrauchers; Gefahr: Auftreten eines Schwarzmarktes; Unterproduktion;

  Mindestpreispolitik: Staatlich festgelegter Preis liegt **über** dem möglichen Marktpreis; Ziel ist der Schutz des Produzenten; Gefahr: Auftreten eines Grauen Marktes, Überproduktion;
  Staatlich **administrierte** Preise; Ziel kann u. U. sein, das Nachfrageverhalten zu beeinflussen (s. z. B. Diskussion um die Ökosteuer);

- **Gesellschaftspolitik:** Ausbildungs- / Bildungsinvestitionen zur Förderung des Humankapitals, Verbesserung des Informationsflusses durch globale technische Innovationen (Umbau zur Informationsgesellschaft);

- Verbesserung der **Infrastruktur;**

- **Sozialpolitik:** Beschäftigungspolitische bzw. arbeitsmarktpolitische Maßnahmen (administrierter Arbeitsmarkt, Beschäftigungsgesellschaften, Kombi-Lohn-Modelle), Bekämpfung der strukturellen Arbeitslosigkeit (Ausprägungen der strukturellen Arbeitslosigkeit: regionalspezifisch, berufs- / qualifikationsspezifisch, branchenspezifisch, geschlechtsspezifisch, altersspezifisch, mobilitätsbedingt); Einkommens- und Vermögensverteilung;

- **Regionalförderung:** Nachhaltige Förderung strukturschwacher Gebiete: z. B. Steuerung der Regionalentwicklung durch die EU (Strukturfondsmittel);

- **Industriepolitik:** Produkt- und Prozess-Innovationsförderung durch Förderung von Forschung und Entwicklung (auch eine **wachstumspolitische Maßnahme**);

- **Mittelstandspolitik:** Verbesserung der Eigenkapitalbasis durch bessere Kapitalbeschaffung, staatliche Hilfe der Existenzgründungen, Risiko-Kapital-Fonds;

- **Privatisierungspolitik:** (z. B. Telekom);

- **Verbesserung des „Standortes Deutschland“**, z. B. im Rahmen der staatlich administrierten Lohnkostenbestandteile, Technologieförderung, Verbesserung der Rahmenbedingungen.

7.3 Maßnahmen zur Verbesserung der Umweltbedingungen

Wirtschaftswachstum sowie Betrachtung der Umwelt als freies kollektives Gut (kein Marktausschluss von Umweltverwendern durch entsprechenden Marktpreis) führen als **Ursachen** zu einer **Gefährdung** der Umwelt.
Zielvorgaben der Umweltpolitik im Rahmen des Stabilitätszieles „Erhaltung einer lebenswerten Umwelt“ sind qualitative Zielbestimmungen (s. Waldsterben), quantitative Vorgaben (s. Ozonloch) sowie eine grundlegende Kosten-Nutzen-Analyse mit Hilfe von Ökobilanzen. Die **Prinzipien der Umweltpolitik** basieren auf dem Grundsatz der Gefährdungshaftung, da Dritte beeinträchtigt werden (= externer Effekt).

Unterschieden werden die Prinzipien:

- **Verursacherprinzip** (Verursacher trägt Umweltschadenkosten);
- **Vorsorgeprinzip** (Vorbeugungsprinzip / Vermeidungsprinzip);
- **Gemeinlastprinzip** (Kostenübernahme durch Staat = Soziallastprinzip, Steuerzahler trägt dann die Kosten);
- **Kooperationsprinzip** (Mitwirkung und Mitverantwortung aller Beteiligten).

Die **umweltpolitischen Instrumente** werden unterteilt in:

- **Nicht - fiskalische Instrumente**: z. B.:
  - Umweltauflagen wie Gebote und Verbote bezüglich Produktionsverfahren, Produkten, Verpackungen, Vertrieb, Konsum;
  - Umweltkontrollen und Haftung für Schäden;
  - Veranlassung aller Beteiligten zu umweltbewusstem Handeln.
- **Fiskalische Instrumente**
  - Umweltlizenzen für „Verschmutzungsrechte“;
  - Umweltzertifikate für umweltschonende Verpackungen zum Beispiel;
  - Umweltabgaben: z. B. Produkt- oder Emissionsabgaben, Finanzierung von „Umweltinvestitionen“, „Ökosteuer“;
  - Subventionen.
- **Marktorientierte Instrumente**
  - Freiwilliges umweltfreundliches Verhalten von Unternehmen und Verbrauchern;
  - Umweltschutzvereinbarungen:
  - Branchenabkommen, Kooperationsvereinbarungen (Selbstbindungs- , Selbstverpflichtungsvereinbarungen), Zweckverbandsgründungen (z. B. zur Abfallentsorgung, -vermeidung bzw. -wiederverwertung).

Die o. a. Instrumente können dirigistischen Charakter oder marktkonformen Charakter besitzen. Die Umweltpolitik im Rahmen der Stabilitätszielverfolgung hat zum Leitziel die positive Umkehrung des Schlagwortes: „Ökonomie contra Ökologie“. Erreicht werden soll qualitatives Wachstum mit positiven Effekten auf dem Arbeitsmarkt und Schaffung neuer Berufe.

LITERATURVERZEICHNIS

(Auch als Einstieg in eine Facharbeit aus der Volkswirtschaftslehre)

Altmann, Jörn, Wirtschaftspolitik: Eine praxisorientierte Einführung, Stuttgart 1995[6]

Arbeitsgemeinschaft zur Förderung der wirtschaftlichen und sozialen Bildung (Hrsg.); Geld und Geldpolitik. Ein Heft für die Schule, Sekundarstufe II. Bonn 1999

Arnim, Hans Herbert v., Volkswirtschaftspolitik: Eine Einführung, Frankfurt/M. 1980

Basseler, Ulrich u.a., Grundlagen und Probleme der Volkswirtschaft, (von Ulrich Basseler, Jürgen Heinrich, Walter A. S. Koch; Hrsg.: Verein für Didaktik, Wirtschaft, Technik, Gesellschaft e. V., Köln), Köln 1991

Bauer, Max (Bearb.) u. a., Volkswirtschaft, Buchners Kolleg Wirtschaft Recht Band 1, Bamberg 2006

Bayerische Landeszentrale für politische Bildungsarbeit (Hrsg.), Unsere Demokratische Ordnung: Eine Einführung für Landsleute aus der DDR, München 1990

Brombierstäudl, Ulrike, Volkswirtschaft: Wirtschaft/Recht Grund- und Leistungskurs, Freising 1995

Bundesministerium der Finanzen (Hrsg.), Unsere Steuern von A - Z - Ausgabe 1997, Bonn 1997

Bundesministerium für Arbeit und Sozialordnung (Hrsg.), Statistisches Taschenbuch '97: Arbeits- und Sozialstatistik, Bonn 1997

Bundesministerium für Wirtschaft, Referat Öffentlichkeitsarbeit (Hrsg.), Wirtschaft in Zahlen '99, Bonn 1999

Bundesverband deutscher Banken e. V. (Hrsg.), Im Kreislauf der Wirtschaft: Einführung in die Volkswirtschaftslehre, Wiesbaden 1991

Bundesverband deutscher Banken e. V. (Hrsg.), Das Bankwesen in Deutschland. Köln 1999

Bundesverband deutscher Banken (Hrsg.), Euro – das Buch zum Geld, Berlin 1999

Bundesverband deutscher Banken (Hrsg.), Schul/Bank: Wirtschaft – Materialien für den Unterricht, Berlin 2002

Dahl, Dieter, Volkswirtschaftslehre, Wiesbaden 1975

Deutsche Bundesbank (Hrsg.), Monatsberichte, Frankfurt

Deutsche Bundesbank (Hrsg.), Geschäftsbericht 2002, Frankfurt 2003

Diedrigkeit, Rüdiger, Atlas Geld- und Wertpapiere: Handel der Banken mit Geld und Wertpapieren, Wiesbaden 1991

Emde, Raimund, Volkswirtschafts- Wirtschaftspolitik (Kurswissen Wirtschaft), Stuttgart 1994[2]

Europäische Zentralbank (Hrsg.), Die einheitliche Geldpolitik in Stufe 3, Frankfurt, Sept. 1998

Europäische Zentralbank (Hrsg.), Jahresbericht 2002, Frankfurt 2003

Europäische Zentralbank (Hrsg.), Monatsberichte, Frankfurt

Fuchs, Gerhard, Globalisierung – (mehr als) Wirtschaft ohne Grenzen. In: Praxis Geographie, Jg. 28, H. 7-8 / 1998, S. 4 – 10, Braunschweig

Gabler-Wirtschafts-Lexikon: Classik, Gabler Wiesbaden 1994

Görgens, Egon / Ruckriegel, Karlheinz / Seitz, Franz: Europäische Geldpolitik (Wisu-Texte) Düsseldorf 2004[4]

Görgens, Egon u. Ruckriegel, Karlheinz, Grundzüge der makroökonomischen Theorie. (10. Auflage). Bayreuth 2007

Hardes, Heinz-Dieter u.a., Volkswirtschaftslehre: - problemorientiert, (von Heinz-Dieter Hardes, Gerd-Jan Krol, Fritz Rahmeyer, Alfons Schmid), Tübingen 1995[19]

Hartmann, Gernot B., Volks- und Weltwirtschaft, Rinteln 1995[17]

Hartmann, Gernot B., Volks- und Weltwirtschaft in Plan und Gestalt, Rinteln 1984

Informationen zur politischen Bildung, H. 263 / 2. Quartal 1999, Globalisierung, Berlin

Institut der deutschen Wirtschaft Köln, iwd (Hrsg.), Informationsdienst des Instituts der deutschen Wirtschaft, Köln, div. Jahrgänge

Landeszentralbank im Freistaat Bayern (Hrsg.), Das Europäische Zentralbanksystem im Dienst des Bürgers: Was ändert sich mit Beginn der Währungsunion? München, Januar 1999

Lötzerich, Roland/Schneider, Peter J./Zindel, Manfred, Unterrichtshilfen Wirtschaft, Darmstadt 1992

Mattes, Peter/Schopf, Michael, Lernbuch Volkswirtschaft, Darmstadt 1995

Meyers Enzyklopädisches Lexikon
Meyers Lexikon Redaktion unter Leitung von Werner Digel (Hrsg.), Schülerduden „Die Wirtschaft", Mannheim, Wien, Zürich 1988
Pätzold, Jürgen, Stabilisierungspolitik: Grundlagen der nachfrage- und angebotsorientierten Wirtschaftspolitik, Bern, Stuttgart, Wien, 1993
Randak, Harald, Grundfragen unserer Wirtschaft, München 1996
Rube, Klaus-Hartwig, Wirtschafts- und Rechtslehre, (Vorbereitung auf das Abitur Wirtschafts- und Rechtslehre, Leistungskurs), München 1995
Rube, Klaus-Hartwig, Volkswirtschaftslehre im Leistungskurs Wirtschafts- und Rechtslehre - Kopier- und Folienvorlagen, Reichenbach 1996
Schiller, Günter, Volkswirtschaftslehre: Eine entscheidungsorientierte Einführung, Darmstadt 2001
Staatsinstitut für Schulpädagogik und Bildungsforschung München (Hrsg.), Handreichungen für den Unterricht im Leistungskurs Wirtschafts- und Rechtslehre, 8. Folge: Volkswirtschaft, München 1989
Witthoff, Hans-Wilhelm, Konjunkturtheorie und Konjunkturpolitik, Bad Homburg v.d.H. 1991
Woll, Artur, Allgemeine Volkswirtschaftslehre, München 1994
www.destatis.de

Abituraufgabe GK 2002

"In Amerika gehört es in diesen Wochen zum guten Ton, möglichst oft einzukaufen. 'Shop ´till you drop' lautet die Botschaft, die Einzelhändler, Politiker und Ökonomen im Land verbreiten: Kaufe ein, bis du umfällst. An den Türen der Bekleidungsgeschäfte hängen neben den pflichtbewusst angebrachten Flaggen Schilder, die hohe Nachlässe für frisch gelieferte Winterware versprechen. Autohersteller bieten zinslose Kredite, um ihre Waren loszuwerden. Einkaufen gilt als patriotisch, denn Terroristen soll es nicht gelingen, das Land tief in die Rezession zu stürzen. [...]
Die Volkswirte sind sich aber darüber einig, dass [bei uns in Deutschland] selbst ein nationaler Kaufrausch die Probleme nur lindern könnte. Den Mechanismus der exportorientierten deutschen Wirtschaft können auch die Verbraucher nicht ausschalten: Solange die USA und Japan sich nicht erholen und die Nachfrage nach deutschen Produkten gering bleibt, wird der Kostendruck auf die Unternehmen anhalten. Das wiederum verstärkt bei den Verbrauchern die Angst davor, den Arbeitsplatz zu verlieren. Viele geben deshalb so wenig Geld wie möglich aus."

Quelle: Süddeutsche Zeitung, 18.10.2001

1.1 Erläutern Sie mittels einer schlüssigen Wirkungskette, wie eine verstärkte Konsumtätigkeit der privaten Haushalte die Konjunktur beleben kann!

1.2 Legen Sie unter Einbeziehung des Textes dar, warum in Deutschland der Konsum der privaten Haushalte nicht in dem Maße wie in den USA zu einer Stimulierung der gesamtwirtschaftlichen Nachfrage beiträgt!

In den USA greift der Staat nach den Anschlägen vom 11. September 2001 mit einem Konjunkturprogramm von 150 Mrd. US-Dollar massiv in den Wirtschaftskreislauf ein. In Deutschland wird angesichts der sich abzeichnenden Rezession eine Rückkehr zur Politik des "deficit spending" diskutiert.

1.3 Erläutern Sie die Politik des "deficit spending" und zwei mögliche Gefahren dieser Art von Wirtschaftspolitik!

(20BE)

"Angesichts rückläufiger Inflation und einer schwachen Konjunktur hat die Europäische Zentralbank (EZB) gestern den [wichtigsten] Leitzins überraschend stark gesenkt. Den Satz der Hauptrefinanzierungsgeschäfte reduzierte die EZB von 3,75 auf 3,25 Prozent. [...] Bundeskanzler Gerhard Schröder äußerte die Erwartung, dass die Zinssenkung der deutschen und europäischen Wirtschaft Wachstumsimpulse geben wird. ‚Dies ist ein wichtiger und richtiger Schritt, den die Europäische Zentralbank in völliger Unabhängigkeit getan hat`, meinte Schröder in Berlin."

Quelle: Handelsblatt, 09.11.2001.

2.1 Erläutern Sie an zwei Aspekten, wie die Unabhängigkeit der Europäischen Zentralbank gewährleistet wird!

2.2 Definieren Sie allgemein den Begriff "Leitzinsen"! Stellen Sie dar, wie eine Leitzinssenkung zu Wachstumsimpulsen führen könnte!

2.3 Erläutern Sie drei Gründe, warum die beschriebene Leitzinssenkung in der Rezession nicht unbedingt die erhofften Wachstumsimpulse geben muss!

(19 BE)

Die Exportorientierung der deutschen Wirtschaft lässt sich aus folgendem Auszug aus der Zahlungsbilanz für das Jahr 2000 ablesen:

	Salden in Mrd. €
Außenhandel	+59,1
Dienstleistungen	-44,7
Erwerbs- und Vermögenseinkommen	-1,2
Laufende Übertragungen	-27,1
Vermögensübertragungen	+15,3
Kapitalbilanz	+9,8

Quelle: Monatsbericht der Deutschen Bundesbank, Januar 2002.

3.1 Erklären Sie, was unter Leistungsbilanz zu verstehen ist! Geben Sie je ein Beispiel für Transaktionen in vier genannten Teilbilanzen!

3.2 Erläutern Sie - ausgehend von drei Teilbilanzen mit den größten Saldenbeträgen – Gründe für die vorliegenden außenwirtschaftlichen Ungleichgewichte!

Die fortschreitende außenwirtschaftliche Verflechtung und die internationale Arbeitsteilung rufen teilweise massive Proteste so genannter Globalisierungsgegner hervor. Sie führen zu einer verstärkten gesellschaftlichen Diskussion über die Vor- und Nachteile der Globalisierung.

3.3 Erörtern Sie mögliche soziale und ökologische Auswirkungen der Globalisierung auf Deutschland!

(21BE)

(Summe 60 BE)

Lösung GK 2002

1.1 *Wirkungskette für Konjunkturbelebung durch Konsumsteigerung der privaten Haushalte, z.B.:*

Eine steigende Konsumgüternachfrage führt zu höherer Produktion in der Konsumgüterindustrie mit zunehmender Kapazitätsauslastung und Beschäftigung. Das Volkseinkommen steigt und damit wiederum - entsprechend der Konsumquote - die private Konsumgüternachfrage. Bei stärkerer Kapazitätsauslastung kommt es zu Erweiterungsinvestitionen, die Nachfrage in der Investitionsgüterindustrie steigt. Die wachsende gesamtwirtschaftliche Nachfrage bewirkt eine konjunkturelle Belebung mit steigendem Wirtschaftswachstum (Multiplikatoreffekte).

1.2 *Gründe für geringere Wirkung der Konsumsteigerung auf gesamtwirtschaftliche Nachfrage in Deutschland, z.B.:*

- *In Deutschland ist der Anteil der Exporte an der gesamtwirtschaftlichen Nachfrage höher als in den USA. Damit wirken sich außenwirtschaftliche Faktoren (Rezession in den USA und Japan) stärker auf die Binnenwirtschaft aus.*
- *Der Druck auf deutsche Unternehmen wächst angesichts des verschärften Wettbewerbs auf dem Weltmarkt. Angekündigte Rationalisierungsinvestitionen bedrohen Arbeitsplätze. Die Angst um den Arbeitsplatz führt zu zurückhaltendem Konsum und lässt die Sparquote steigen ("Angstsparen").*
- *Die seit 11.09.01 etwas nachlassende private Nachfrage wird in den USA durch zinslose Kredite, hohe Nachlässe und patriotische Kampagnen stärker gefördert.*
- *Ggf.: Die Bevölkerung in den USA ist konsumfreudiger, die Konsumquote liegt höher als in Deutschland. Damit sind die Verstärkereffekte größer, die von einer Erhöhung der Konsumgüternachfrage ausgehen.*

1.3 *"Deficit spending"*

- *Begriffsklärung:*

  Der Staat nimmt in der Rezession ein Defizit im Staatshaushalt in Kauf. Erhöhte Staatsausgaben, finanziert durch zusätzliche Kreditaufnahme, führen theoretisch über Verstärkereffekte zu einer Erhöhung der gesamtwirtschaftlichen Nachfrage. Grundgedanke dabei ist, dass in einer konjunkturellen Erholung diese Kredite wieder zurückgezahlt werden.

- *Mögliche Gefahren:*

  - *Ausbleiben des Aufschwungs bzw. keine Rückzahlung der Kredite im Aufschwung, wachsende Staatsverschuldung;*
  - *erhöhte Nachfrage auf dem Kapitalmarkt, steigende Kreditzinsen, Zurückdrängen der Investitionen der Unternehmen ("crowding-out");*
  - *ungerechte Einkommensverteilung zu Lasten zukünftiger Generationen;*
  - *höhere Nettokreditaufnahme im Widerspruch zum Stabilitätspakt der EU.*

2.1 Wahrung der Unabhängigkeit der EZB, z.B.:

- *institutionell, d.h. Unabhängigkeit von Weisungen von EU-Organen oder von Regierungen der Mitgliedsstaaten;*
- *personell, d.h. achtjährige Amtszeit der Mitglieder des Direktoriums ohne Wiederwahl;*
- *operativ, d.h. Unabhängigkeit hinsichtlich der Wahl und des Einsatzes ihres geldpolitischen Instrumentariums.*

2.2 Leitzinsen

- *Definition, z.B.*

  Leitzinsen sind die von der Zentralbank festgelegten Zinssätze für Transaktionen mit ihren Geschäftspartnern; sie haben Auswirkungen auf das gesamtwirtschaftliche Zinsniveau und Signalwirkung für das Verhalten der Wirtschaftssubjekte.

- *Darstellen der Wirkung einer Leitzinssenkung, z.B.:*

  Geschäftsbanken können sich günstiger bei der EZB refinanzieren; diese geben die Zinssenkung an ihre Kreditnehmer weiter; dadurch erhöhen Unternehmen und Haushalte ihre Kreditnachfrage für Investitionen bzw. Konsumausgaben.

2.3 Mögliche Gründe für geringere / ausbleibende Wachstumsimpulse einer Leitzinssenkung:

- *Geschäftsbanken geben die Zinssenkung nicht oder verzögert an Kreditnachfrager weiter.*
- *Trotz sinkender Zinsen erhöhen die Unternehmen ihre Investitionen wegen geringer Kapazitätsauslastung und schlechter Absatzerwartung nicht.*
- *Die privaten Haushalte erhöhen den Konsum wegen wirtschaftlicher Unsicherheit ("Angstsparen") nicht.*

3.1 Leistungsbilanz:

Die Leistungsbilanz ist eine Teilbilanz der Zahlungsbilanz, die die Handels-, Dienstleistungsbilanz, Bilanz der Erwerbs- und Vermögenseinkommen und die Bilanz der laufenden Übertragungen zusammenfasst.

Vier konkrete Beispiele zu unterschiedlichen Teilbilanzen, z.B. Bilanz der Erwerbs- und Vermögenseinkommens: Löhne, die deutsche Grenzgänger aus dem Ausland beziehen; Zins- und Dividendenzahlungen.

3.2 Gründe für außenwirtschaftliches Ungleichgewicht, z.B.:

Der hohe Überschuss in der Handelsbilanz kommt zu Stande, weil die deutschen Exporteure im Warenhandel eine starke Position auf dem Weltmarkt einnehmen (qualitativ hochwertige Güter). Der erforderliche Import von Rohstoffen fällt wertmäßig nicht so stark ins Gewicht wie der Export hochwertiger Industrieerzeugnisse.
Das hohe Defizit in der Dienstleistungsbilanz ergibt sich u.a. aus dem Reiseverkehr, da die Deutschen sehr reisefreudig sind und viel Geld für Urlaubsreisen im Ausland ausgeben.
Das relativ hohe Defizit in der Bilanz der laufenden Übertragungen entsteht vor allem durch die Überweisungen ausländischer Arbeitnehmer (die in der Zahlungsbilanz als Inländer gelten) in ihre Heimatländer und Zahlungen an internationale Organisationen (z.B. EU).

3.3 *Soziale und ökologische Auswirkungen der Globalisierung:*

- *Sozialer Nutzen:*

  Die Globalisierung zwingt Deutschland zum Umbau in eine moderne Dienstleistungsgesellschaft mit Schlüsselindustrien im forschungsintensiven High-Tech-Bereich. Es entstehen neue "hochwertige" Arbeitsplätze. Internationale Arbeitsteilung ist mit Wohlstandsgewinnen verbunden.

- *Sozialer Schaden:*

  Die fortschreitende internationale Arbeitsteilung zwingt die Unternehmen in Deutschland aufgrund der relativ hohen Lohnstückkosten zu Rationalisierungsmaßnahmen bzw. zur Verlagerung lohnkostenintensiver Produktion in sog. Niedriglohnländer. Dadurch gehen im Inland kurz- und mittelfristig Arbeitsplätze verloren (strukturelle Arbeitslosigkeit).

- *Ökologischer Nutzen:*

  Deutschland entwickelt sich immer mehr zu einer Dienstleistungsgesellschaft; der Anteil der Industrieproduktion am BIP nimmt weiter ab. Damit werden auch weniger Schadstoffe emittiert. Die internationale Arbeitsteilung ermöglicht prinzipiell die Reduzierung des Ressourcenverbrauchs durch Spezialisierung.

- *Ökologischer Schaden:*

  Die Umwelt wird durch lange Transportwege belastet. Die zunehmende Industrialisierung in den Ländern der Dritten Welt lässt die CO_2 - Emission weiter ansteigen. Dies kann zu weltweiten Klimaveränderungen führen, die sich auch in Deutschland auswirken.

Fazit, z.B.: *Bei einem freien Spiel der Marktkräfte überwiegen kurzfristig gesehen die Nachteile besonders im ökologischen Bereich. Langfristig gesehen könnten entsprechende Rahmenbedingungen eine nachhaltige Entwicklung ermöglichen.*

Abituraufgabe LK 2002

Das letzte Herbstgutachten der Forschungsinstitute löste eine politische Diskussion aus, inwieweit in Deutschland eine Rezession drohe bzw. herbeigeredet werde. Helmut Maier-Mannhart nahm dazu im November 2001 folgendermaßen Stellung:
„Hilfreich wäre in dieser Lage ein ungetrübter Blick auf die Realität. Dann nämlich erkennt man beispielsweise, dass sich die Wirtschaft in Deutschland in einem regelrechten Schockzustand befindet. Nichts verdeutlicht dies besser als der Ifo-Geschäftsklimaindex, der im September in einer Weise abgestürzt ist wie seit dem Ölpreisschock im Jahr 1973 nicht mehr. Um 4,5 auf 85 Punkte ist er im Westen gefallen, auf den tiefsten Stand seit dem Ende der Rezession im Jahr 1993. (...) Dass diese verheerenden Wirkungen nicht allein mit dem psychologischen Effekt des 11. September zu tun, sondern einen realen Hintergrund haben, zeigt der Auftragseingang in der Industrie im September, der gegenüber dem Vorjahr um 7,4 Prozent eingebrochen ist. Die anhaltend schwache Ordertätigkeit hat schon längst (...) durchgeschlagen."

Quelle: Süddeutsche Zeitung, 10./11.11.2001

1.1 Beurteilen Sie die Aussagekraft der beiden im Text genannten Konjunkturindikatoren!

1.2 Zeigen Sie anhand einer schlüssigen Wirkungskette, welche Folgen sich aus der beschriebenen Situation für Unternehmen, private Haushalte und Staat ergeben können!

1.3 Erläutern Sie die Notwendigkeit treffender Prognosen zur gesamtwirtschaftlichen Entwicklung für die finanz- und geldpolitischen Entscheidungsträger!

(18 BE)

In der politischen Diskussion wird häufig darauf hingewiesen, dass die konjunkturelle Entwicklung nicht nur von binnenwirtschaftlichen Faktoren beeinflusst wird. Mit diesem Diskussionspunkt beschäftigt sich auch die folgende Karikatur:

Quelle: Handelsblatt

2 Interpretieren Sie die Karikatur im Hinblick auf stabilitätspolitische Probleme und konjunkturelle Risiken in der Bundesrepublik Deutschland! Begründen Sie dabei die dargestellten Zusammenhänge!

(10 BE)

Vor dem Hintergrund der Konjunkturschwäche im Herbst 2001 sowie hoher Arbeitslosenzahlen ist die Entwicklung der „Schattenwirtschaft" ein besonders besorgniserregendes Phänomen.

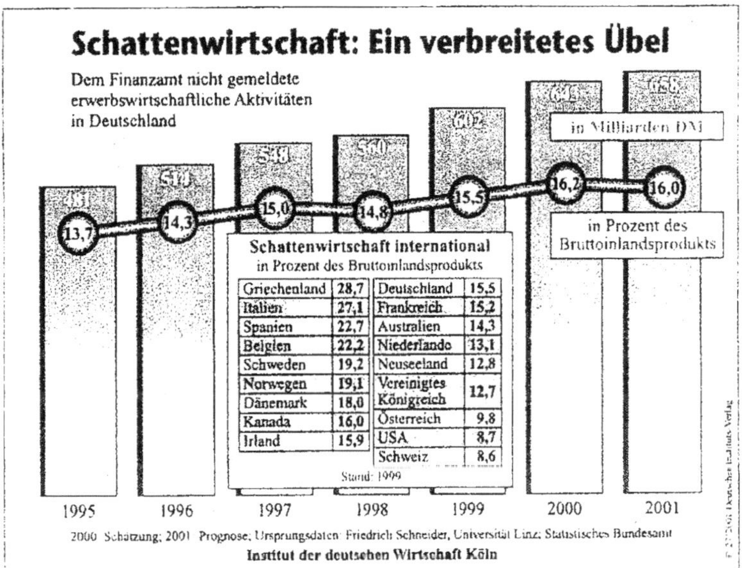

Quelle: iwd Nr. 27, 5.7.2001

3.1 Fassen Sie die Kernaussagen der Grafik auf S. 27 zusammen und erläutern Sie drei Gründe für den in der Grafik aufgezeigten Trend!

3.2 Stellen Sie drei negative Auswirkungen eines hohen Anteils der „Schattenwirtschaft" dar!

(14 BE)

„Warum aber richten sich alle Hoffnungen auf die USA, die derzeit selbst in einer rezessiven Phase stecken? Weil sie den Hebel umgelegt haben, sowohl geld- wie auch fiskalpolitisch. Nach der jüngsten Zinssenkung der Federal Reserve kostet kurzfristiges Geld nur noch zwei Prozent und ist damit so billig wie seit Jahrzehnten nicht mehr. Und außerdem schnürt die Bush-Administration ein Konjunkturpaket in der Größenordnung von 150 Milliarden Dollar. Beides zusammen lässt erwarten, dass die US-Wirtschaft relativ zügig die Talsohle durchschreitet und sich schon im ersten Quartal 2002 Aufwärtstendenzen abzeichnen.
In scharfem Kontrast dazu steht, was in Europa passiert. Hier hat die Europäische Zentralbank zwar ihren Kurs der Trippelschritte verlassen und am Donnerstag mit 0,5 Prozent Leitzinsen auf 3,25 Prozent gesenkt. Zu spät, wie viele meinen, denn die Geldpolitik wirkt belebend auf die Volkswirtschaft mit einer Verzögerung von etwa einem Jahr. (...) Und in der Fiskalpolitik? Nun, hier geht die Bundesregierung genau den entgegengesetzten Weg zu den USA."

Quelle: Helmut Maier-Mannhart, Süddeutsche Zeitung, 10./11.11.2001

4.1 Erläutern Sie zwei mögliche Gründe, warum die Europäische Zentralbank (EZB) den Forderungen nach Leitzinssenkungen im Jahr 2001 erst spät nachgekommen ist, und entkräften Sie den Vorwurf, dass die EZB die Wachstumsschwäche mitverursacht hat!

4.2 Legen Sie drei Argumente dar, mit denen der Bundesfinanzminister die Forderung nach staatlichen Konjunkturprogrammen ablehnen könnte!

Gefragt ist laut Aussage des Bundesverbandes der Deutschen Industrie (BDI) kein kurzfristiger Konjunkturaktionismus, sondern eine mittelfristig angelegte Struktur- und Wachstumspolitik.

4.3 Beschreiben Sie eine konkrete Maßnahme aus diesem Bereich und zeigen Sie, wie diese Maßnahme langfristig stetiges Wachstum sichern könnte!

(18 BE)

Summe: 60 BE)

Lösung LK 2002

1.1 Beurteilen der Aussagekraft, z. B.:

- *Der Geschäftsklimaindex erfasst, wie die Unternehmen ihre Geschäftslage einschätzen. Dies wirkt sich auf ihr Investitionsverhalten aus. Das Geschäftsklima könnte also der tatsächlichen Entwicklung des Inlandsprodukts vorangehen und als Frühindikator fungieren. Die Daten beruhen allerdings auf den subjektiven Einschätzungen der Befragten und werden von psychologischen Faktoren stark beeinflusst.*
- *Da die eingegangenen Bestellungen die Höhe der künftigen Produkte bestimmen, wird der Auftragseingang als Frühindikator verwendet. Allerdings können Aufträge kurzfristig auch zurückgenommen werden. Ggf.: Es wird nur die Industrie erfasst.*

Ein schlüssiges Fazit wird erwartet.

1.2 Zeigen der Folgen anhand einer schlüssigen Wirkungskette, z. B.:

Eine pessimistische Einschätzung der künftigen Wirtschaftslage durch die Unternehmen und rückläufige Auftragseingänge lassen einen Rückgang der Produktion und eine niedrigere Kapazitätsauslastung erwarten. Die rückläufigen Absatzchancen im In- und Ausland bewirken einen Rückgang der Investitionsgüternachfrage. Dies führt zu einer geringeren Beschäftigung und zu sinkendem Volkseinkommen mit negativen Auswirkungen auf die Konsumgüternachfrage der Haushalte. Abnehmende Wachstumsraten bzw. ein Rückgang des realen BIP führen in eine Rezession. In deren Verlauf sinken die Steuereinnahmen des Staates bei gleichzeitig steigenden Ausgaben durch die wachsende Arbeitslosigkeit. Der Staat könnte dadurch zu einer höheren Nettokreditaufnahme oder entsprechenden Einsparungen auf der Ausgabeseite gezwungen werden.

1.3 Erläutern, z. B.:

- *Regierungen*

  Als Träger der Finanzpolitik brauchen die Regierungen möglichst zuverlässige Wachstumsprognosen. Diese bilden die Grundlage für die Schätzung der künftigen Steuereinnahmen, auf deren Basis im Rahmen der Haushaltsplanung die Staatsausgaben bzw. die Nettokreditaufnahme geplant werden müssen. Außerdem müssen gegebenenfalls Maßnahmen zur Konjunktursteuerung ergriffen werden. Falsche Prognosen können zu Fehlreaktionen bzw. falscher Dosierung von Maßnahmen mit entsprechend prozyklischen Wirkungen führen.

- *EZB*

  Als Trägerin der Geldpolitik benötigt die EZB unter anderem zuverlässige Prognosen über das Wachstum des Produktionspotenzials. Diese Größe ist eine wichtige Determinante für den Referenzwert des Geldmengenwachstums. Fehleinschätzungen führen zu einem zu geringen oder zu starken Geldmengenwachstum mit entsprechenden negativen Auswirkungen auf die konjunkturelle Entwicklung bzw. die Preisstabilität (ggf. ist auch eine Argumentation über andere Einflussgrößen der „Zwei-Säulen-Politik“ der EZB möglich).

2 *Anhand der wesentlichen Elemente der Karikatur sollen die stabilitätspolitischen Probleme und konjunkturellen Risiken zusammenhängend und schlüssig dargestellt werden.*

3.1 *Zusammenfassen, z. B.:*
Von 1995 bis 2001 hat der in der „Schattenwirtschaft" erwirtschaftete Wert von 481 Mrd. DM auf 658 Mrd. DM ständig zugenommen. Der Anteil der „Schattenwirtschaft" am BIP stieg von 13,7 % im Jahr 1995 auf 16,0 % im Jahr 2001. Im internationalen Vergleich liegt Deutschland damit im Mittelfeld.
Erläutern möglicher Gründe, z. B.:
- *hohe Arbeitslosigkeit; vielfach wird das Arbeitslosengeld durch Verdienst aus „Schwarzarbeit" aufgebessert;*
- *hohe Abgaben (Steuern, Sozialversicherungen) machen „Schwarzarbeit" für Auftraggeber und –nehmer lukrativ;*
- *zahlreiche Vorschriften erschweren den Aufbau eines eigenen Unternehmens;*
- *Arbeitszeitverkürzungen und längerer Jahresurlaub ermöglichen zusätzliche Beschäftigung.*

3.2 *Darstellen, z. B.*
- *Es kommt zu Einnahmeausfällen bei der Lohn- und Einkommensteuer sowie bei den Sozialversicherungsträgern. Die entstehenden Defizite müssen durch Erhöhung von Steuern und Sozialversicherungsbeiträgen wieder aufgefangen werden. Die hohen Abgaben treffen die „ehrlichen" Haushalte und Unternehmen. Die Verdrossenheit über die hohen Belastungen wächst.*
- *Eine Erhöhung von Steuern und Sozialversicherungsbeiträgen zum Ausgleich der Einnahmeausfälle durch die „Schattenwirtschaft" machen den Standort Deutschland für Direktinvestitionen aus dem Ausland unattraktiv. Inländische Unternehmen werden versuchen, Produktionsstandorte in Länder mit geringeren Abgaben zu verlagern. Die registrierte Arbeitslosigkeit steigt.*
- *Durch die zunehmende „Schattenwirtschaft" kommt es zu Wettbewerbsverzerrungen mit einer Vernichtung regulärer Arbeitsplätze, weil vor allem kleineren Betrieben durch die kostengünstigere „Schwarzarbeit" Aufträge entzogen werden. Die Zahl der offiziellen Arbeitslosen nimmt dadurch zu. Die „neuen" Arbeitslosen weichen teilweise wiederum in die „Schattenwirtschaft" aus; diese wächst weiter.*
- *Die nicht gemeldeten erwerbswirtschaftlichen Aktivitäten verfälschen wirtschaftlich relevante Daten. Die Arbeitslosigkeit wird zu hoch und das BIP zu gering angesetzt. Dies könnte zu falschen Reaktionen bei den Entscheidungsträgern mit entsprechend negativen Auswirkungen auf die Volkswirtschaft führen.*

4.1 *Erläutern, z. B.:*
- *Das oberste Ziel der EZB, die Preisstabilität, war mit Überschreiten der Zielvorgabe von 2% (gemessen am Harmonisierten Verbraucherpreisindex) verfehlt. Eine Unterstützung der allgemeinen Wirtschaftspolitik ist laut Vertrag von Maastricht nur dann zulässig, wenn Preisstabilität gegeben ist.*
- *Eine Leitzinssenkung (bei Preissteigerungsraten über 2%) auf Druck der nationalen Regierungen hätte der Glaubwürdigkeit der unabhängigen EZB geschadet; der Abwertungsdruck auf den Euro hätte sich erhöhen können.*
- *Die EZB trifft ihre geldpolitischen Entscheidungen für den gesamten Euroraum. Sie muss dabei berücksichtigen, dass es Länder mit relativ hohen Wachstumsraten und gefährdeter Preisstabilität gibt (z. B. Irland, Luxemburg, Griechenland, Spanien).*
- *Ggf.: Der Zinsvorsprung der USA gegenüber Euroland wurde durch die stabilen Eurolandzinsen und die Zinssenkungen der amerikanischen Notenbank erst im Laufe des Jahres 2001 kleiner bzw. sogar beseitigt. Der Kapitalexport in den Dollarraum wurde damit unattraktiver, was zu einer Erholung des Eurokurses gegenüber dem US-Dollar führte. Durch die Aufwertung des Euro gegenüber dem US-Dollar wurde auch die Gefahr einer importierten Inflation (z. B. durch Verteuerung der Rohölimporte bzw. Vorprodukte) verringert.*

Entkräften des Vorwurfs, z. B.:
Die Wachstumsschwäche hat auch strukturelle Gründe. Zinssenkungen wirken sich in der Rezession kaum bzw. mit erheblichen Wirkungsverzögerungen auf die Investitionsneigung der Unternehmen aus, da diese stark von den Absatzerwatungen und Gewinnaussichten abhängig ist. Der Konsum der privaten Haushalte ist ebenfalls eher vom Einkommen und den Erwartungen abhängig als vom Zinsniveau.

4.2 Darlegen, z. B.:

- *Konjunkturprogramme erhöhen die gesamtwirtschaftliche Nachfrage nur dann nachhaltig, wenn sie nicht über entsprechende Steuererhöhungen, sondern über Neuverschuldung finanziert werden („deficit spending").*
- *Eine höhere Neuverschuldung könnte dazu führen, dass die im Vertrag von Maastricht festgelegten Konvergenzkriterien bezüglich des Haushaltsdefizits und der Staatsverschuldung nicht eingehalten werden können und damit Sanktionen der EU nach sich ziehen.*
- *Wenn die Staatsverschuldung weiter wächst, steigen die künftigen Zins- und Tilgungszahlungen. Es kommt zu einer ungerechten Einkommensumverteilung zu Lasten künftiger Generationen, die die hohe staatliche Schuldenlast „erben".*
- *Eine höhere Staatsverschuldung könnte auch das Zinsniveau erhöhen und private Investoren verdrängen („crowding-out").*

4.3 Beschreiben einer Maßnahme, z. B.:
Senkung der Beiträge zur Rentenversicherung im Rahmen einer Rentenreform; Senkung der Beiträge zur Krankenversicherung durch Reform im Gesundheitswesen; Arbeitsmarktpolitik (Flexibilisierung der Arbeitszeit, stärkere betriebliche und regionale Differenzierung der Löhne)
Strukturpolitik (sektoral oder regional).

Zeigen der Wirkung, z. B.:
Durch Beitragssenkungen würden auch die Lohnnebenkosten für die Unternehmen sinken. Auf diese Weise könnten Lohnstückkosten reduziert und damit die Wettbewerbsfähigkeit der deutschen Unternehmen gestärkt werden. Dadurch könnte die Investitionsneigung erhöht werden. Wenn das verfügbare Einkommen der Arbeitnehmer steigt, könnte auch die Konsumgüternachfrage belebt werden. Die höheren Steuereinnahmen könnten zu einer weiteren Senkung der Sozialversicherungsbeiträge bzw. zu einer Stabilisierung der Beitragssätze verwendet werden.

Abituraufgabe GK 2003

Das Problem der Nachfrage

Für die Abkehr von den starren Grenzen des Stabilitätspakts

In ihrem Regierungsprogramm spricht sich die SPD für „eine kluge Kombination aus Angebots- und Nachfragepolitik" aus. Darin liegt die größte Herausforderung für die bestätigte Bundesregierung; sie kann nur gemeistert werden, wenn sie sich durch das Getöse um die Flexibilisierung des Arbeitsmarktes nicht davon ablenken lässt, dass es hauptsächlich und vor allem auf die Belebung der Gesamtnachfrage ankommt, soll die Wirtschaft wieder Fahrt aufnehmen.
Es lässt sich nicht mehr bestreiten, dass wir europa- und weltweit eine bedrohlich größer werdende Nachfragelücke haben. Wird diese nicht geschlossen, werden alle Bemühungen um bessere Angebotsbedingungen die Spirale nach unten eher verstärken als aufhalten. Das Bruttoinlandsprodukt Deutschlands wächst kaum noch. Die Auftragseingänge in der Industrie sind zwischen Juni 2001 bis Juni 2002 ohne Ausnahme zurückgegangen. Die Kapazitäten in der verarbeitenden Industrie waren im zweiten Vierteljahr 2002 nur noch zu 81,5 Prozent ausgelastet, verglichen mit 86,9 Prozent im ersten Quartal 2001. Im Bauhauptgewerbe sinken die Aufträge zum Teil dramatisch. Setzt man das Niveau von 1998 gleich 100, so ist der Index bis Mai 2002 auf 69,3 Prozent abgestürzt. Die Einzelhandelsumsätze sind seit Januar 2002 (als das Euro-Bargeld eingeführt wurde) eingebrochen wie niemals in der Nachkriegsgeschichte. Im Juni erreichten sie ein Niveau wie vor sieben Jahren. Die Industrieproduktion schrumpft seit 2001, besonders im Maschinenbau. Die Anlage-Investitionen, wichtigster Motor für Wachstum und Fortschritt, stiegen 1999 noch um 4,2 Prozent, 2001 sanken sie um 4,8 Prozent. Für 2002 wird ein weiterer Rückgang um zwei Prozent erwartet.
Die Brutto-Investitionen des Staates gehen, vor allem seit 1995, kräftig und beständig zurück – das Ergebnis der Bestrebungen, den Vorgaben des Maastrichter Vertrages zu entsprechen. Während 1992 noch 47 Milliarden Euro investiert wurden, waren es im letzten Jahr noch 35,7 Milliarden. Weitere Kürzungen sind geplant.
Im gesamteuropäischen Sinne verantwortliche Politik muss koordinierte Wirtschaftspolitik sein, und in diesem Umfeld muss die EZB mitmachen. Erstens muss die EZB die Zinsen schnell und kräftig senken. Sie würde damit nur das nachmachen, was die amerikanische Zentralbank mit großer Selbstverständlichkeit praktiziert. Zweitens müssen die europäischen Regierungen vereinbaren, in welchem Ausmaß die bisher für richtig gehaltenen Defizitgrenzen auszuweiten sind. Man wird nicht alle Länder über einen Leisten schlagen können. Aber insgesamt muss es zu einer politisch gestalteten und beeindruckenden Ausweitung der Gesamtnachfrage kommen.

Quelle: Wilhelm Nölling, Süddeutsche Zeitung, 22.10.2002 (bearbeitet)

1.1 Legen Sie anhand der genannten Konjunkturindikatoren dar, wie der Autor die wirtschaftliche Lage und die zu erwartende Entwicklung beurteilt! Geben Sie mögliche Gründe für den Rückgang der Einzelhandelsumsätze in der dargestellten gesamtwirtschaftlichen Situation an!

1.2 Belegen Sie anhand des Textes, für welchen wirtschaftspolitischen Ansatz sich der Autor ausspricht, und erläutern Sie die grundlegende Konzeption dieser Art von Wirtschaftspolitik!

1.3 Zeigen Sie Grenzen dieser Politik in der im Text beschriebenen gesamtwirtschaftlichen Situation!

(22 BE)

2.1 Erläutern Sie, wie sich eine Fiskalpolitik, die – aufgrund der „Bestrebungen, den Vorgaben des Maastrichter Vertrages zu entsprechen“ – mit Blick auf den Stabilitätspakt erforderlich wird, kurz- und längerfristig auf das gesamtwirtschaftliche Wachstum auswirken könnte!

2.2 Erläutern Sie anhand von zwei selbst gewählten konkreten Maßnahmen des Staates, wie die im Text angesprochenen „Bemühungen um bessere Angebotsbedingungen“ zu einer Verbesserung der Wirtschaftslage beitragen können!

2.3 Nehmen Sie kritisch Stellung zu den geldpolitischen Vorschlägen des Autors!

(20 BE)

Trotz der geschilderten gesamtwirtschaftlichen Probleme in Deutschland ist der Außenwert des Euro im Jahr 2002 gegenüber dem US-Dollar gestiegen, so dass zeitweise der Kurs von 1 US-Dollar erreicht bzw. überschritten wurde.

3.1 Beschreiben Sie anhand einer Grafik das Wechselkurssystem zwischen Euro und Dollar!

3.2 Erörtern Sie die Auswirkungen des steigenden Eurokurses auf Unternehmen und Haushalte in Deutschland!

Vereinzelt wurden Stimmen laut, man solle die Parität – die Bewertung von Dollar und Euro im Verhältnis 1:1 – beibehalten, also ein System fester Wechselkurse einführen.

3.3 Erläutern Sie je zwei Vor- und Nachteile einer derartigen Maßnahme!

(18 BE)

(Summe: 60 BE)

Lösung GK 2003

1.1.

- *Deutschland befindet sich in Regression: Indikatoren dafür sind:*

  - *Stagnation des BIPs*
  - *Sinkende Kapazitätsauslastung*
  - *Sinkende Einzelhandelsumsätze*
  - *Sinkende Industrieproduktion*
  - *Sinkende Anlageinvestition*
  - *Sinkende Bruttoinvestitionen des Staates*
  - *Sinkende Auftragseingänge (Frühindikator!), v.a. im Bauhauptgewerbe; d.h. künftige Entwicklung verspricht kaum Besserung*

- *Gründe für den Rückgang der Einzelhandelsumsätze:*
  - *Angstsparen (pessimistische Erwartungen, Angst um Arbeitsplatz)*
  - *Gefühl durch Euroeinführung Verteuerung aller Konsumgüter → Kaufzurückhaltung*
  - *Marktsättigung in bestimmten Bereichen (z.B. Unterhaltungselektronik)*

1.2.

- *Autor vertritt nachfrageorientierten wirtschaftspolitischen Ansatz:*
  - *Befürwortung einer keynesianisch geprägten HH-Politik*
  - *Beklagt „bedrohlich größer werdende Nachfragelücke“ → zu schließen nur durch „Belebung der Gesamtnachfrage“*
  - *Forderung: „politisch gestaltete und beeindruckende Ausweitung der Gesamtnachfrage“ → aktive Einflussnahme des Staates auf Gesamtnachfrage*

- *Konzeption:*
  - *Antizyklische HH-Politik → Ziel: Einfluss auf Gesamtnachfrage*
  - *Ansätze: $\uparrow C_{St}$ oder $\downarrow T$*
  - *ggf. in Regression Finanzierung der N↑ durch deficit spending → ↑Staatsverschuldung*
  - *Boom: ↓Ausgaben des Staates zur Verhinderung einer Konjunkturüberhitzung; Bildung einer Konjunkturausgleichsrücklage*

1.3. *Wirkungshemmnisse in einer Stagnation / Regression:*

- *Ausgabensteigerung des Staates stark begrenzt*
- *Hohe bestehende Staatsverschuldung → weitere Kreditaufnahme erschwert („crowding out“, „Maastricht“)*
- *Hohe permanente Staatsausgaben (Soziallasten, Aufbau Ost, etc.)*
- *Koordinationsproblem zwischen Bund, Ländern und Gemeinden*
- *Mangelnde politische Durchsetzbarkeit*
- *Zielkonflikte → hoher Beschäftigungsstand / Preisniveaustabilität*
- *Zeitliche Verzögerungen der Wirkung (→ Lags)*

2.1.

- *Kurzfristige Wirkungen einer Fiskalpolitik bei Einhaltung der Maastricht-Kriterien:*
  - *Pflicht des Staates: Reduzierung des Haushaltsdefizits → ↓ Staatsausgaben → ↓ Gesamtnachfrage, ↓ Wirtschaftswachstum*
  - *↓ staatliche Transferleistungen (Z_H, Z_U) → ↓ C_H, ↓ Y^n*
  - *gleiche Wirkungen bei Steuererhöhungen, um Einnahmen zu erzielen*

- *Langfristige Auswirkungen:*
  - *↓ Staatsquote → Stärkung der Marktkräfte bzw. Initiative bei Unternehmen und Haushalten → positive Wirkung auf Wirtschaftswachstum*
  - *ggf. ↓ Staatsdefizit → Rückgang der Kreditaufnahme → ↓ Zinsen (Kapitalmarkt) → zinsgünstigere Kredite für Unternehmen*

2.2. Angebotsorientierte wirtschaftspolitische Maßnahmen zur Verbesserung der Wirtschaftslage: z.B.

- *Flexibilisierung des Arbeitsmarktes (Teilzeit, Leiharbeit, Zeitarbeit, 2. Arbeitsmarkt, Kombilohn, etc.)*
- *Deregulierung, z.B. Abbau bürokratischer Hindernisse*

2.3. Vorschlag des Autors: Leitzinsen „schnell und kräftig" senken:

- *Möglicher (Ziel-)Konflikt mit EZB-Hauptaufgabe: Stabilisierung des Preisniveaus, falls gleichzeitig inflatorische Tendenzen (↑ Ölpreise)*
- *Wirkung von Zinssenkungen auf Investitionsneigung umstritten; diese v.a. abhängig von Zukunftsperspektiven*
- *Geldpolitik der EZB muss sich an allen Mitgliedsstaaten der EWWU ausrichten*

3.1.

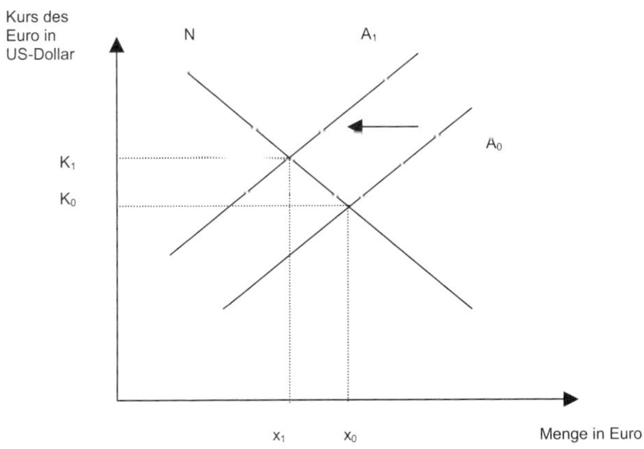

- *Zwischen € und $ flexible Wechselkurse*
- *Wechselkurs durch Angebot und Nachfrage*
- *Verschiebungen der Angebots- bzw. Nachfragekurve → frei schwankende Kurse*

3.2.

- *Auswirkungen eines steigenden Eurokurses auf <u>Unternehmen</u>:*

  - *In den $-Raum exportierende Unternehmen → Absatzprobleme, falls €-Kurs zu stark steigt → mögliche Folgen: steigende Rationalisierungen, Entlassungen, sinkender Preis*
  - *Andererseits: in $ abgerechnete Importe → Verbilligung (z.B. Rohöl) → sinkende Rohstoffpreise → steigenden Wettbewerbsfähigkeit*

  → bei billigeren Fertigprodukten aus $-Raum → evtl. steigender Konkurrenzdruck

- *Auswirkungen auf <u>Haushalte:</u>*

  - *Sinkende Energiekosten → mehr Finanzierungsmittel für anderen Konsum*
  - *Verbilligte Importe → stabile, evtl. sogar fallende Preise*
  - *Auslandsreisen in $-Raum billiger*
  - *In exportorientierten Unternehmen evtl. Arbeitsplätze in Gefahr*

3.3.

- *Vorteile von festen Wechselkursen:*

  - *Keine Kursschwankungen → sichere Kalkulationsgrundlage für Unternehmen*
  - *Keine Verzerrung der Kursbildung durch übersteigerte Spekulation*

- *Nachteile von festen Wechselkursen:*

  - *Inflationsgefahr durch Interventionspflicht*
  - *Gefahr nicht marktgerechter Kurse*
  - *Automatischer Zahlungsbilanzausgleich über Wechselkursveränderungen nicht möglich*

Abituraufgabe LK 2003

„Die Jahrhundertflut dieses Sommers hat erhebliche Schäden angerichtet. Das Ausmaß wird auf mindestens 15 Mrd. Euro geschätzt; der größte Teil davon entfällt auf die ostdeutschen Länder. Einigkeit herrscht allenthalben darüber, dass rasch geholfen werden muss. Heftig gestritten wird allerdings darüber, wie die notwendigen Mittel aufgebracht werden sollen. Eine Finanzierung der Fluthilfen durch höhere Schulden scheidet schon wegen des hohen Staatsdefizits weitgehend aus. Am besten wäre es sicherlich, die notwendigen Mittel durch Ausgabenumschichtungen frei zu machen. Das erscheint aber kurzfristig wenig realistisch. Die Bundesregierung geht denn auch einen anderen Weg. Sie will den Löwenanteil der notwendigen Mittel durch Verschiebung der für 2003 vorgesehenen steuerlichen Entlastung aufbringen. Von der Opposition wird die Verschiebung der Steuerreform vehement abgelehnt. Sie will den Bundesbankgewinn – oder genauer: den Teil, der zum Abbau der Staatsverschuldung vorgesehen ist – zur Finanzierung der Flutschäden heranziehen."

Quelle: Eckhardt Wohlers, Finanzierungshickhack, in: HWWA Wirtschaftsdienst 2002 Nr. 9, S. 512, (bearbeitet)

1.1. Erläutern Sie mögliche kurz- und mittelfristige Auswirkungen der Hochwasserkatastrophe auf die Verwirklichung von zwei wirtschaftspolitischen Zielsetzungen des „Stabilitätsgesetztes"!

1.2. Entwickeln Sie je zwei mögliche Argumente gegen eine Finanzierung durch Aufnahme von Krediten oder durch Ausgabenkürzungen bzw. –umschichtungen!

1.3. Wägen Sie die beiden von der Regierung bzw. von der Opposition favorisierten Finanzierungsalternativen gegeneinander ab!

(20 BE)

Im Laufe des Jahres 2002 verschlechterte sich die Lage auf dem deutschen Arbeitsmarkt zunehmend. Im Dezember stieg die Zahl der Arbeitslosen auf über 4,2 Millionen. Gleichzeitig nahm der Umfang der in Deutschland geleisteten Schwarzarbeit zu.

In den folgenden Statistiken werden wesentliche Probleme des Arbeitsmarktes deutlich:

Standardisierte Arbeitslosenquote im Jahre 2001 in Prozent
Quelle: iwd 28/37

Niederlande	Österreich	Irland	Portugal	Dänemark	USA	Belgien	Deutschland	Frankreich	Italien	Spanien
2,4	3,6	3,8	4,1	4,3	4,8	6,6	7,9	8,6	9,5	13,0

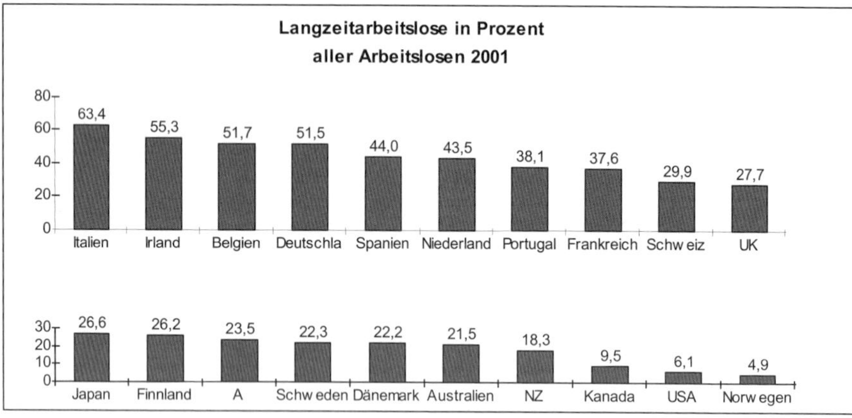

Irland, Niederlande: 1999, Deutschland: 2000, Langzeitarbeitslose ein Jahr und länger ohne Job: Quelle: OECD
Institut der deutschen Wirtschaft Köln

Maximale Anspruchsdauer in Monaten

	Arbeitslosengeld	**Arbeitslosenhilfe**
Belgien	unlimitiert	keine Arbeitslosenhilfe
Frankreich	60	unlimitiert
Niederlande	60	24
Dänemark	48	keine Arbeitslosenhilfe
Deutschland	32	unlimitiert
Portugal	30	10,5
Spanien	24	6
Finnland	23	unlimitiert
Griechenland	15	keine Arbeitslosenhilfe
Irland	15	unlimitiert
Schweden	14	5
Österreich	12	unlimitiert
Luxemburg	12	keine Arbeitslosenhilfe
Italien	9	keine Arbeitslosenhilfe
Vereinigtes Königreich	6	keine Arbeitslosenhilfe

Stand 2000: Quelle: EU-Kommission **Institut der deutschen Wirtschaft Köln**

Veränderung der Zahl der offenen Stellen in Deutschland im Jahr 2001 gegenüber 2000 in Prozent

	Fertigungsberufe	Technische Berufe	Dienstleistungsberufe	Insgesamt
6 Monate und mehr unbesetzt	+ 31,0	+ 51,8	+ 18,5	+ 22,9

Gemeldete Stellen ohne ABM-Stellen, beschäftigungsschaffende Maßnahmen, dauerhaft ausgeschriebene Stellen und Stellen aus der Jobvermittlung der Arbeitsämter, Quelle: Bundesanstalt für Arbeit
Institut der deutschen Wirtschaft Köln

Wirtschaftswachstum in Europa:
Veränderungen des realen Bruttoinlandprodukts in der EU-15 gegenüber dem Vorjahr in Prozent
(Quelle: iwd 28/41)

Jahr	1991	1992	1993	1994	1995	1996	1997	1998	1999	2000	2001
Staat mit der höchsten Wachstumsrate	Luxemburg 6,1	Luxemburg 4,5	Luxemburg 8,7	Irland 5,8	Irland 10,0	Irland 7,8	Irland 10,8	Irland 8,6	Irland 10,8	Irland 11,5	Irland 5,8
Staat mit der niedrigsten Wachstumsrate	Finnland -6,3	Finnland -3,3	Portugal -2,0	Portugal 1,0	Österreich 1,6	D 0,8	D 1,4	Italien 1,8	Italien 1,6	D/ Italien 2,9	D 0,6
Position Deutschlands im Wachstumsvergleich	2	4	10	11	14	15	15	14	14	14/15	15

2. Stellen Sie grundlegende Probleme des deutschen Arbeitsmarkts dar, die aus den Statistiken ersichtlich werden! Gehen Sie unter Einbeziehung internationaler Vergleiche auch auf mögliche Zusammenhänge zwischen den angeführten Größen ein!
(12 BE)

Um den Problemen auf dem Arbeitsmarkt entgegenzuwirken, gab die Bundesregierung der Kommission „Moderne Dienstleistungen am Arbeitsmarkt" („Hartz-Kommission") die Erstellung eines Konzepts zur Reformierung des Arbeitsmarkts in Auftrag.
Im Herbst 2002 standen unter anderem drei Vorschläge zur Diskussion:

- „Zeitarbeit": Die bei Arbeitsämtern oder Privatvermittlern angegliederten Zeitarbeitfirmen (Personal-Service-Agenturen) bieten Arbeitslosen eine Beschäftigung als Leiharbeiter an. Diese werden für eine begrenzte Zeit an Unternehmen „ausgeliehen".
- „Ich-AG": Arbeitslose sollen künftig einfach und unbürokratisch selbstständig machen können. Wer mit seiner Geschäftsidee nicht mehr als 25.000 € im Jahr einnimmt, darf seinen Verdienst zusätzlich zur Unterstützungsleistung behalten. Abführen muss er lediglich eine Pauschalsteuer von 10 Prozent.
- „Job-Floater": Eine „Job-Floater" genannte verzinsliche Anleihe im Volumen von 20 Mrd. € soll am Kapitalmarkt das Geld für die Förderung kleiner und mittelständischer Unternehmen in strukturschwachen Regionen aufbringen. Diese erhalten bei dauerhafter Einstellung eines Arbeitslosen über ihre Hausbank einen zinsgünstigen Kredit in Höhe von bis zu 100.000 €.

3.1. Erläutern Sie, wie die genannten Maßnahmen zur Losung der Probleme des Arbeistmarktes beitragen können!

3.2. Diskutieren Sie, inwieweit die als „Job-Floater" bezeichnete Maßnahme mit den Grundprinzipen unserer Wirtschaftsordnung vereinbar ist! (16 BE)

Die Lohnabschlüsse der Tarifrunde 2002 wurden von Teilen der Wirtschaft als relativ hoch angesehen. So kam es in der Bau- und in der Metallbranche zu Lohnerhöhungen von über 3 %. Von Gewerkschaften und Arbeitgebern wurden diese Lohnabschlüsse kontrovers diskutiert.

4. Stellen Sie die grundsätzlichen Positionen der Tarifpartner bei der Einkommenspolitik dar und setzen Sie sich mit der These auseinander, dass höhere Löhne Arbeitsplätze schaffen! Gehen Sie dabei auch auf die Auswirkungen höherer Löhne auf das Ziel der Preisniveaustabilität ein!

(12 BE)

(Summe: 60 BE)

Lösung LK 2003

1.1 *Bezugnahme auf Stabilitätsgesetz und Eingehen auf mittel-/kurzfristige Auswirkungen der Hochwasserkatastrophe: z.B.*

- *Stetiges und angemessenes Wirtschaftswachstum:*
  (1) Kurzfristig: Ausfall von Angebot, z.B. durch Zerstörung von Lagern im Handel;
  (2) Mittelfristig: Kompensation der Wachstumseinbrüche, z.B. durch Nachfrageschub in der Baubranche
- *Hoher Beschäftigungsstand:*
  (1) Kurzfristig: Beschädigung der Produktionsstätten → Arbeitslosigkeit oder Kurzarbeit
  (2) Mittelfristig: Nachfrageschub beim Wiederaufbau schafft neue Arbeistplätze

1.2 *Mögliche Argumente gegen weitere Kreditaufnahme: z.B.*

- *Weitere Staatsverschuldung belastet Haushalt mit Schuldendienst;*
- *Neuverschuldung → Probleme mit „Maastricht" – Kriterien*

Argumente für Kürzung bzw. Umschichtung von Staatsausgaben: z.B.

- *Gesetzliche Verankerung von Staatsausgaben verhindert (sofortiges) Einsparpotential*
- *Kürzung von Transferzahlungen benachteiligt Bezieher niedriger Einkommen*

1.3 *Abwägende Darstellung der Finanzierungsalternativen: z.B.*

Für eine Verschiebung der Steuerreform spricht:

- *Keine Ausweitung der Staatsverschuldung;*
- *Keine unmittelbare Auswirkung auf das 3% - Defizitkriterium des Stabilitäts- und Wachstumspakts*

Gegen eine Verschiebung spricht:

- *Zusätzliche Risiken für die ohnehin schwache Konsumgüternachfrage, weil die privaten Haushalte nicht entlastet werden;*
- *Das Vertrauen in die Verlässlichkeit finanzpolitischer Konzepte wird gestört und durch eine Verunsicherung der Unternehmen und Haushalte könnten sich weitere negative Auswirkungen auf die künftige gesamtwirtschaftliche Entwicklung ergeben.*

Für eine Verwendung des Bundesbankgewinns spricht:

- *Der finanzielle Spielraum zur Fortführung der Steuerreform bleibt weitgehend erhalten*
- *Die gesamtwirtschaftliche Nachfrage wird nicht unmittelbar berührt.*

Gegen eine Verwendung des Bundesbankgewinns spricht:

- *Die weitere Schuldentilgung muss in die Zukunft verschoben werden; daraus ergeben sich generell Nachteile, die mit einer höheren Staatsverschuldung verbunden sind.*

Ein schlüssiges Fazit wird erwartet.

2. *Deutschland hat im internationalen Vergleich eine hohe Arbeitslosenquote.*
51,5 % der Arbeitslosen sind Langzeitarbeitslose ⇒ schlechter Wert innerhalb der OECD. In angelsächsischen Ländern hat Langzeitarbeitslosigkeit kaum Bedeutung.
Die Anspruchsdauer für Arbeitslosenhilfe ist in D und F unbegrenzt. Daher vermutlich hoher Anteil an Langzeitarbeitslosen, d.h. wenig Anreiz zur Rückkehr in eine Beschäftigung. Aber Gegenposition: z.B. Italien.
Bei der Besetzung offener Stellen fällt auf, dass Stellen, die länger als 6 Monate unbesetzt sind, um 23 % stiegen. Vor allem bei technischen Berufen große Probleme → Hinweis auf strukturelle Probleme bzw. ineffiziente Arbeitsvermittlung.

Wirtschaftswachstum:
Spitzenwerte unmittelbar nach der Wiedervereinigung, seit 1995 ist Deutschland Schlusslicht. Geringes Wachstum ist offensichtlich Beleg für Strukturschwäche.

3.1 *Erläutern der Maßnahmen:*

- *Zeitarbeit:*
  Arbeitslose können leichter vermittelt werden, so dass die Arbeitslosigkeit sinkt, offene Stellen werden leichter/schneller besetzt. Langzeitarbeitslose können gezielter wieder in den Arbeitsprozess integriert und qualifiziert werden. ⇒ Wachstumspotential durch flexibleren Arbeitseinsatz / Senkung von Arbeitskosten.

- *„Ich-AG":*
  Unbürokratischer Weg in die Selbstständigkeit, auch für Langzeitarbeitslose. Geringe Belastung mit Abgaben schafft Motivation bzw. dämmt Schwarzarbeit ein. Häufiges Angebot von Dienstleistungen fördert Strukturwandel.

- *„Job-Floater":*
  Entstehung neuer Stellen, da Einstellung Arbeitsloser mit Investitionsförderung verbunden. Begünstigung des Mittelstandes in schwachen Regionen entlastet Arbeitsmarkt. Hinweis auch auf Multiplikatoreffekt.

3.2

- *Vereinbarkeit mit der Sozialen Marktwirtschaft:*
  Maßnahmen dienen der Förderung der sozialen Gerechtigkeit. Durch Eingriffe sollen Unternehmen Rahmenbedingungen zur Schaffung von Arbeitsplätzen verbessert werden. Maßnahmen greifen zwar in den Markt ein, aber Unternehmen haben Entscheidungsfreiheit bezüglich Umsetzung.

- *Bedenken bezüglich Vereinbarkeit:*
  Arbeit wird durch Job-Floater (künstlich) subventioniert. Diese Steuermittel könnten ggf. effizienter eingesetzt werden. Die Maßnahmen ist nur bedingt marktkonform.

Geeignetes Fazit.

4. *Grundpositionen der Tarifpartner zu den Lohnabschlüssen:*
- *Gewerkschaften:*
  Erhöhung der Lohnquote als oberstes Ziel. Volkseinkommen soll zugunsten des Faktors Arbeit umverteilt werden → Argumentation auch im Sinne sozialer Gerechtigkeit

- *Arbeitgeberverbände:*
  Löhne sind in erster Linie Kosten für das Unternehmen. Bezugsgröße für Lohnsteigerungen soll die Entwicklung der Produktivität sein. Nach dem Grundsatz könnten Arbeitskosten konstant gehalten oder gesenkt werden.

Auseinandersetzung mit der These, höhere Löhne würden mehr Arbeitsplätze schaffen:

- *Argumentation im Sinne der Multiplikatortheorie:*
  Höhere Löhne bedeuten mehr Kaufkraft, erhöhen damit die Konsumnachfrage. Kapazitäten werden besser ausgelastet, neue Mitarbeiter beschäftigt → Volkseinkommen und BIP wachsen.
  Gefährdung des Prozesses durch Lohn-Preis-Spirale. Dabei könnte auch ein Fazit mit eingearbeitet werden.

  Können höhere Löhne nicht über höhere Preisstabilität abgewälzt werden, schrumpfen die Gewinne der Unternehmen.
  Hierdurch Gefahr von Rationalisierungsmaßnahmen zum Erhalt der Wettbewerbsfähigkeit (auch Standortverschiebungen denkbar!) und somit Verlust von Arbeitsplätzen.

Abituraufgabe LK 2004

Der neue EZB-Chef Trichet gilt als standfester Kämpfer für stabiles Geld. Das wird auch nötig sein – denn die Machtprobe mit der Politik steht ihm bevor.

[...] EZB-Beobachter gehen davon aus, dass der politische Druck auf die Zentralbank, den auch Vorgänger Duisenberg zu spüren bekam, noch zunehmen wird. Viele glauben, dass die eigentliche Machtprobe mit der Politik erst noch aussteht – aber dass Trichet das Zeug dazu hat, sie zu gewinnen. [...]
Duisenberg konnte sich noch darauf berufen, dass die EZB sich einen Ruf als Wahrer der Geldwertstabilität erarbeiten musste. Inzwischen aber sei die EZB „erwachsen geworden", sagt die EU-Parlamentarierin Christa Randzio-Plath. Deshalb müsse sich die EZB jetzt fragen lassen, ob sie „die rigideste Definition von Preisstabilität in der Welt" haben müsse. Derlei Sticheleien könnten zunehmen – zumal sich die EZB selbst angreifbarer gemacht hat, als sie im Frühjahr die Bedeutung der Geldmenge in ihrer geldpolitischen Strategie relativierte. Damit, so Kritiker, habe die EZB ohne Not ein Argument aus der Hand gegeben, das sie von der Politik unabhängig macht.
Gute Argumente wird Trichet künftig brauchen, wenn er die Politik des stabilen Geldes fortführen will. So droht in der Frage der ausufernden Staatsverschuldung gewaltiger Zoff mit der Politik. Immer wieder haben Regierungen Druck auf ihre Zentralbanken ausgeübt, durch Zinssenkungen die Last des Schuldendienstes zu mindern und die Konjunktur anzukurbeln, um die Steuereinnahmen wieder zum Sprudeln zu bringen. [...] Die EZB müsste nach Meinung mancher Ökonomen schon jetzt die Zinsen eher erhöhen, um zu verhindern, dass die rapide gestiegene Geldmenge in Inflation umschlägt. Die Amtszeit Trichets beginnt mit einem klassischen Konflikt zwischen Geld- und Fiskalpolitik.
Die Gefahr von dieser Seite ist umso größer, weil gleichzeitig der Stabilitäts- und Wachstumspakt unter der Last der Rekorddefizite in Deutschland und Frankreich zu zerbröseln droht. Der Konflikt zwischen Trichet und dem französischen Staatspräsidenten Jacques Chirac und Bundeskanzler Gerhard Schröder scheint unvermeidlich. Die beiden haben sich darauf verabredet, den Pakt „flexibel" zu handhaben – was Trichet nicht gefallen kann. Das Drei-Prozent-Kriterium, gegen das die beiden Länder wiederholt verstoßen, geht sogar auf Trichet selbst zurück, der deutschen Diplomaten zufolge diese Zahl schon Anfang der Neunzigerjahre als damaliger Finanzstaatssekretär ins Spiel gebracht hat.
Auch von der Währungsseite könnte Trichet bald unter Beschuss geraten. Wegen des hohen Leistungsbilanzdefizits der USA schwächelt der Dollar seit Monaten. Viele erwarten, dass sich dies fortsetzen könnte – und manche befürchten sogar einen Dollar-Crash. Dann dürfte die EZB schon bald zu weiteren Zinssenkungen oder Interventionen auf dem Devisenmarkt aufgefordert werden. Dies würde [...] die Preisstabilität gefährden. Der EZB-Rat stünde unter seinem neuen Präsidenten schon sehr bald vor einer kniffligen Entscheidung.

Quelle: Wirtschaftswoche Nr. 45 vom 30.10.2003, Seite 26f.

1.1 Stellen Sie allgemein dar, inwiefern die Unabhängigkeit der europäischen Zentralbank (EZB) gewährleistet wird!

1.2 Erläutern sie, warum die Geldmenge in der geldpolitischen Strategie der EZB berücksichtigt wird!

1.3 Arbeiten Sie anhand des Textes den in Z. 23f. erwähnten „klassischen Konflikt zwischen Geld- und Fiskalpolitik" heraus! [18 BE]

2.1 Diskutieren Sie, ob die „Rekorddefizite in Deutschland und Frankreich“ (Z. 25) das Wachstum und die Beschäftigung in Europa bedrohen können!

2.2 Erklären Sie, was der französische Staatspräsident Jacques Chirac und Bundeskanzler Gerhard Schröder unter einer flexiblen Handhabung (vgl. Z. 28 f.) des Stabilitäts- und Wachstumspaktes verstehen! Zeigen Sie vor dem Hintergrund der EU-Osterweiterung, welche Risiken diese Flexibilisierung mit sich bringen könnte! [18 BE]

3.1 Erklären Sie den Zusammenhang zwischen dem amerikanischen Leistungsbilanzdefizit und einem „schwächelnden“ Dollarkurs (vgl. Z. 33)! Zeigen Sie, dass ein in diesem Zusammenhang befürchteter „Dollar-Crash“ (vgl. Z. 34) unwahrscheinlich ist!

3.2 Stellen Sie dar, wie sowohl „Zinssenkungen“ der EZB als auch Interventionen auf dem Devisenmarkt“ (Z. 35 f.) wieder zu einem steigenden Dollarkurs führen können, andererseits aber auch die Preisstabilität in Europa möglicherweise gefährden! [14 BE]

Quelle: Süddeutsche Zeitung vom 14./15. Juni 2003

4. Interpretieren Sie die obige Karikatur vor dem Hintergrund der wirtschaftlichen Lage und der Diskussion um die Steuerentlastung für das Jahr 2004 in Deutschland! [10 BE]

[Summe 60 BE]

Lösung LK 2004

1.1 Darstellen der Arten der Unabhängigkeit der Europäischen Zentralbank:

- *Operative Unabhängigkeit: Die EZB ist frei in der Auswahl und im Einsatz der geldpolitischen Instrumente.*
- *Institutionelle Unabhängigkeit: Keine Abhängigkeit von Weisungen anderer Institutionen und nationaler Instanzen.*
- *Finanzielle Unabhängigkeit: Die EZB befindet selbst über den Einsatz ihrer Haushaltsmittel.*
- *Personelle Unabhängigkeit: Hinweis z. B. auf die Tatsache, dass Wiederberufung von Mitgliedern des Direktoriums nicht möglich ist.*

1.2 Erläuterung: Z. B.
Gewährleistung der Preisniveaustabilität ist oberstes Ziel der EZB.
Theoretischer Hintergrund der großen Bedeutung der Geldmenge in der geldpolitischen Strategie der EZB: Quantitätsgleichung des Geldes nach Irving Fisher:
Geldmenge x Umlaufgeschwindigkeit des Geldes = Handelsvolumen x Preisniveau.
Bei konstantem Handelsvolumen und konstanter Umlaufgeschwindigkeit des Geldes steigt das Preisniveau immer dann, wenn die Geldmenge wächst.
Alternativer Lösungsansatz: Darstellung des Strategiewechsels der EZB vom Mai 2003, wonach langfristige Beobachtungen einen engen Zusammenhang zwischen Geldmengenwachstum und Inflationsraten aufzeigen.

1.3 Textbezug der Aufgabenstellung: insbesondere Zeilen 17 – 25.
Hoch verschuldete Länder sind an niedrigen Zinsen interessiert, um bei der Aufstellung der öffentlichen Haushalte einen höheren Handlungsspielraum nutzen zu können. Ferner kann durch niedrigere Zinsen die Konsum- und Investitionstätigkeit angeregt werden, was zu (positiven) Multiplikatoreffekten führt.
Der Staat würde in diesem Falle steigende Steuereinnahmen verbuchen können.
Oberstes Ziel der Geldpolitik ist jedoch die Preisniveaustabilität.

2.1 Diskussion von Pro- und Contra-Argumenten bezüglich hoher öffentlicher Defizite.
Die Argumentation kann dabei (auch) ein Fazit beinhalten.

Argumente für die Ablehnung der hohen Defizite: z. B.
- *Die Defizite erhöhen die Nachfrage auf dem Kapitalmarkt und tragen zu höheren Zinsen bei. Investitionen und private Konsumausgaben werden ggf. dadurch zurückgedrängt („crowding-out-Effekt"), beeinträchtigen also Wachstum und Beschäftigung.*
- *Die Defizite sind z. B. langfristig immer problematisch, auch wenn sie kurzfristig nachfragewirksam zu Beschäftigungs- bzw. Wachstumsimpulsen führen können.*
  Langfristig bedeuten sie immer eine Belastung, die einem Staat kaum noch finanzpolitischen Freiraum lässt.

Argumente für die Rechtfertigung der hohen Defizite: z. B.
- *Rekorddefizite sind notwendig, um die gesamtwirtschaftliche Nachfrage im Abschwung zu stimulieren. Dies geschieht durch die Erhöhung der Staatsausgaben.*
- *Durch die Haushaltsdefizite wird der Staat (in stärkerem Maße) in die Lage versetzt, Transfers z. B. an Einkommensschwache und Unternehmen zu leisten. Dadurch stabilisieren sich Konsum- und Investitionsnachfrage. Es ergeben sich positive Impulse für Wachstum bzw. Beschäftigung.*

2.2 *Eine „flexible Handhabung“ des Stabilitätspakts bedeutet, es mit der 3%-Defizit-Grenze eines staatlichen Haushalts in Bezug auf das Bruttoinlandsprodukt nicht ernst meinen zu müssen. Es geht hierbei um die Vorbildfunktion der so genannten „großen EU-Länder“. Bezüglich der EU-Osterweiterung ist die Aufweichung des Stabilitätspakts bedenklich. Probleme hierbei können u. a. sein, dass die neuen Länder im Osten nur über eine schwache Wirtschaftskraft verfügen und hohe Staatsdefizite zu einem Staatsbankrott führen können. Die neuen Beitrittsländer werden mit Sicherheit (auch ohne Erfüllung der Kriterien von Maastricht) einen Anspruch auf die Teilnahme an der EWU erheben, was dazu führen könnte, dass das Vertrauen in den Euro an den internationalen Kapitalmärkten sinkt.*

3.1 *Die amerikanische Wirtschaft importiert mehr Güter als sie exportiert (Außenhandelsdefizit). Dadurch besteht ein hohes Angebot an Dollar auf dem Devisenmarkt, sofern die Importe in Dollar bezahlt werden. Der Dollarkurs ist so ständig einem Abwertungsdruck ausgesetzt. Ein „Crash“ erscheint jedoch unwahrscheinlich: Er würde erst einsetzen, wenn auf den Finanzmärkten das Vertrauen auf den Dollar verloren wäre. Nicht der Güterverkehr, sondern der Devisenhandel ist in starkem Maße für den Dollarkurs verantwortlich, so dass sich aus dem Leistungsbilanzdefizit nicht unmittelbar ein Dollar-Crash ableiten lässt. U. a. hat der Dollar für viele Weltmarktprodukte Leitwährungsfunktion, so dass von einem Vertrauensverlust keine Rede sein kann. Zulässig auch: Darstellung, dass eine Abwertung amerikanische Exporte verbilligt und Importe in die USA verteuert, wodurch das Leistungsbilanzdefizit abgebaut wird und auf den Devisenmärkten die erhöhte Nachfrage nach Dollar einem weiteren Kursverfall entgegenwirken würde.*

3.2 *Zinssenkungen im Europa machen Anlagen im Dollarraum interessanter. Der Dollar wird verstärkt nachgefragt und der Kurs steigt wieder. Interventionen am Devisenmarkt bedeuten, dass die EZB zur Stützung des Dollars diese nachfragen müsste, was sie mit Bezahlen in eigener Währung begleicht. Die Geldmenge steigt also. Der steigende Dollarkurs (vgl. oben) führt zu höheren Importpreisen und damit zum Problem der importierten Inflation in Europa.*

4. *Trotz massiver konjunktureller Probleme hält die Regierung an der Senkung der Steuersätze fest. Dies ist kurzfristig nur bei höherer Neuverschuldung oder durch strikten Sparkurs zu erreichen, wobei beide Möglichkeiten mit Nachteilen verbunden sind. Ein Sparkurs führt zur Ausgabensenkung und wegen der geringeren Nachfrage zu einem weiteren Absinken der Konjunktur. Ein höheres Defizit ist wegen des erneuten Verfehlens der 3%-Defizit-Grenze auch kein gangbarer Weg. Es bleibt abzuwarten, ob durch niedrigere Steuersätze die Konjunktur so stimuliert wird, dass infolge der höheren Nachfrage die staatlichen Steuereinnahmen steigen und dass dann staatliche Leistungen wieder gesenkt werden können. Wahrscheinlich wird sich eine Mischung aus beiden Alternativen ergeben.*

Abituraufgabe LK 2005

EZB warnt vor Folgen des Ölpreisschocks

M1 Normalerweise gilt der Monatsbericht der Europäischen Zentralbank (EZB) nicht gerade als spannender Schmöker. Anders der aktuelle Novemberreport: So deutlich wie sonst nur selten warnen die EZB-Ökonomen in ihrem über 200 Seiten starken Bericht diesmal vor den Folgen des jüngsten Ölpreisanstiegs. Dieser stelle einen „beträchtlichen negativen Schock“ für Europas Wirtschaft dar. „Sollten die Ölpreise auf ihrem derzeitigen Stand verharren oder sogar weiter steigen, könnte dies die Stärke der wirtschaftlichen Erholung sowohl innerhalb als auch außerhalb der Euro-Zone dämpfen“, schreiben die Ökonomen.

Zwar sei die Wirtschaft im Euroraum dank des gesunkenen Energieverbrauchs besser für Ölpreisschocks gewappnet als im Vergleich zu den siebziger Jahren. „Dennoch wären ein dauerhaft hohes Ölpreisniveau oder noch weitere Preiserhöhungen ein Grund zur Besorgnis.“

Einen deutlichen Dämpfer hat der hohe Ölpreis der deutschen Wirtschaft versetzt. Diese kam nach dem ölpreisbedingten Abflauen des Exportbooms im dritten Quartal fast vollständig zum Erliegen.

Spekulative Investoren an den Finanzmärkten hatten den Ölpreis im Oktober auf den Rekordstand von über 55 Dollar pro Barrel getrieben. Zuletzt hatte sich der Preis für den Rohstoff wieder auf 48,50 Dollar pro Barrel abgeschwächt.

Nach Ansicht der EZB-Ökonomen hat sich der Ölpreisanstieg auch in den Inflationsraten des Euro-Gebiets bereits sichtbar niedergeschlagen. Im Oktober waren die Verbraucherpreise in der Euro-Zone um 2,5 Prozent gestiegen. Nach Einschätzung der Notenbank dürfte die jährliche Teuerungsrate auch in den kommenden Monaten deutlich über zwei Prozent bleiben. „Das ist eine beunruhigende Entwicklung“, heißt es in dem Bericht weiter. [...]

Beobachter rechnen aber weiterhin damit, dass die EZB frühestens im zweiten Quartal 2005 auf den Zinserhöhungskurs der US-Notenbank umschwenken wird. Diese hatte die amerikanischen Leitzinsen am Mittwoch erneut um ein Viertel Prozentpunkt auf nun zwei Prozent erhöht. Die Leitzinsen in den USA und in der Euro-Zone liegen damit gleichauf. [...]

Quelle: http://www.welt.de/data/2004/11/12/358936.html; aufgerufen am 09.01.05 (bearbeitet)

1.1 Erläutern Sie, warum der „jüngste Ölpreisanstieg“ einen „beträchtlichen negativen Schock“ (M 1, Zeile 4 f.) für die gesamtwirtschaftliche Nachfrage darstellen kann!

1.2 Legen Sie mögliche Gründe dar, warum die Europäische Zentralbank trotz der von ihr festgestellten „beunruhigende[n] Entwicklung“ (M 1, Zeile 23 f.) im Rahmen ihrer geldpolitischen Strategie derzeit auf eine Zinserhöhung verzichten könnte! [14 BE]

Das ökonomische Dauerproblem in Deutschland ist die hohe Arbeitslosigkeit. Nach einer Prognose des Instituts der deutschen Wirtschaft wird im Jahr 2005 die durchschnittliche Arbeitslosenquote 9,9 % betragen. Hauptursache dafür ist die strukturelle Arbeitslosigkeit.

Folgende Lösungsansätze zur Bekämpfung der Arbeitslosigkeit werden in jüngster Zeit verstärkt diskutiert:

- Erhöhung der Wochen- bzw. Jahresarbeitszeit ohne Lohnausgleich
- Senkung der Arbeitnehmerentgelte (insbesondere bei Sonderzahlungen wie Urlaubs- und Weihnachtsgeld)

- Reduzierung der Beiträge zur Sozialversicherung (Kranken-, Renten-, Arbeitslosen- und Pflegeversicherung)
- Senkung der Unternehmenssteuern

2.1 Erklären Sie das Phänomen der strukturellen Arbeitslosigkeit in Deutschland an zwei Beispielen!

2.2 Diskutieren Sie, inwiefern die genannten Maßnahmen geeignet sind, zu einem dauerhaften Abbau der Arbeitslosigkeit beizutragen! [28 BE]

Neben den genannten Maßnahmen für mehr Beschäftigung versucht die Bundesregierung, mit dem sogenannten Hartz IV-Gesetz unter anderem eine Ausweitung der Beschäftigung im Niedriglohnsektor zu erreichen. Zu diesem Thema liest man in der Wirtschaftswoche:

M2 Wolfgang Franz, Mitglied im Sachverständigenrat zur Begutachtung der gesamtwirtschaftlichen Entwicklung, fordert [...]: „Damit mehr Jobs im Niedriglohnbereich entstehen, müssen Arbeitgeber und Gewerkschaften die Tarifverträge nach unten öffnen.“ Zudem müsse die Höhe des neuen Arbeitslosengeldes II kräftiger als bisher geplant gesenkt werden. Franz: „Je stärker die Löhne für gering qualifizierte Arbeit sinken, desto mehr muss die Staatshilfe für Nichtarbeitende gekürzt werden. Andernfalls lohnt es sich für niemanden, arbeiten zu gehen.“ Bisher haben vor allem die Gewerkschaften im Zusammenspiel mit der Politik verhindert, dass sich ein Niedriglohnsektor in Deutschland entwickelt. Flächentarifverträge, die vom Arbeitsministerium meist auch für verbandsunabhängige Unternehmen allgemeinverbindlich erklärt werden, sowie das Günstigkeitsprinzip, das ein Abweichen vom Tarifvertrag nur nach oben ermöglicht, blockieren die freie Preisbildung auf den Arbeitsmärkten. Der faktische Mindestlohn, der bisher durch die Höhe der Sozialhilfe definiert war, wird für viele Menschen sogar noch steigen. Denn das Arbeitslosengeld II drückt lediglich für jene den Anspruchslohn nach unten, die bisher eine Arbeitslosenhilfe bezogen, die deutlich über der Sozialhilfe lag.

Quelle: Wirtschaftswoche Nr. 37/2004, S. 24 f.

3.1 Leiten Sie aus dem Text (M 2) ab, inwiefern sowohl Tariflöhne als auch das Arbeitslosengeld II faktisch wie Mindestlöhne wirken können!

3.2 Stellen Sie die freie Lohnfindung auf dem Arbeitsmarkt mit Hilfe des Marktmodells graphisch dar, arbeiten Sie die Auswirkung von Mindestlöhnen in Ihre Modelldarstellung ein und erklären Sie kurz Ihre Darstellung!

3.3 Erörtern Sie, inwieweit die Forderungen von Wolfgang Franz mit dem Wesen unserer Wirtschaftsordnung vereinbar sind! [18 BE]

[Summe 60 BE]

Lösung LK 2005

1.1 Erläutern, z. B.

- *Im Sektor U steigen die Energiekosten. Soweit eine Kostenüberwälzung über die Verkaufspreise nicht möglich ist, reduzieren sich die Gewinne und die Investitionsbereitschaft der Unternehmen, d. h. es könnte sich ein negativer Multiplikatoreffekt ergeben. Die Beschäftigung würde zurückgehen (sinkende Kapazitäten und / oder Rationalisierungen) und die steigende Arbeitslosigkeit würde zu einem insgesamt sinkenden BIP und Nationaleinkommen führen.*
- *Sofern die Unternehmen die hohen Energiekosten auf die Konsumenten abwälzen können, steigen die Preise (importierte Inflation). Die Haushalte müssten einen höheren Teil ihres Einkommens für die Deckung ihrer Energiekosten aufwenden, so dass die Ausgaben für andere Konsumgüter zurückgehen würden. Aufgrund der wirtschaftlich unsicheren Lage und der Angst vor Verlust ihres Arbeitsplatzes würden sie eher sparen als konsumieren („Angstsparen") bzw. die Sparrate zwangsweise senken.*
- *Durch den sinkenden Konsum der Haushalte, rückläufige Gewinne und die steigende Arbeitslosigkeit könnte auch der Staat Einbußen bei den indirekten und direkten Steuereinnahmen erfahren. Deshalb müsste der Staat seine Konsum- und Investitionsausgaben senken bzw. einfrieren oder sich höher verschulden, soweit dies möglich ist.*
- *Die Exportbranche könnte die höheren Produktionskosten ebenfalls auf die Preise ihrer Erzeugnisse aufschlagen und somit die Exportgüter verteuern. Die Auslandsnachfrage nach deutschen Gütern würde somit zurückgehen.*

1.2 Darlegen, z. B.:

Obwohl der Index der. Verbraucherpreise im Oktober eine jährliche Teuerungsrate von 2,5 Prozent anzeigte und diese nach Einschätzung der EZB auch in den nächsten Monaten deutlich über zwei Prozent bleiben und damit über der von der EZB selbst angestrebten Zielmarke von 2 % liegen wird, ergibt sich für die EZB kein dringender Handlungsbedarf:

Die EZB richtet ihre geldpolitische Strategie (Zwei-Säulen-Strategie) nicht allein an der Entwicklung der Inflationsrate aus, sondern vielmehr an der Entwicklung vieler realwirtschaftlicher und monetärer Indikatoren. Wesentliche Indikatoren weisen derzeit offenbar nicht auf eine beunruhigende Preisniveauentwicklung hin (z. B. lohnpolitische Zurückhaltung bei den Tarifverhandlungen, geringe Kapazitätsauslastung, geringes Wirtschaftswachstum). Zudem will die EZB den sich abzeichnenden Wirtschaftsaufschwung in Europa wohl nicht durch eine Leitzinserhöhung stoppen und u. U. ins Gegenteil verkehren.

2.1 Erklären, z. B.:

Strukturelle Arbeitslosigkeit entsteht durch mangelnde Übereinstimmung des Arbeitskräfteangebotes und der Arbeitskräftenachfrage, z. B. hinsichtlich

- *der Qualifikation der Arbeitnehmer (Fachkräftemangel und Überangebot an gering qualifizierten Arbeitskräften),*
- *der Lohnforderung (über Sozialhilfeniveau) und der Produktivität des einzelnen Arbeitnehmers, insbesondere im Niedriglohnsektor,*
- *der regionalen Verteilung von Arbeitskräften (Überangebot in Ostdeutschland),*
- *sektoraler und branchenspezifischer Nachfrageunterschiede (wachsende und schrumpfende Branchen).*

2.2 Diskutieren, z. B.:

<u>Erhöhung der Wochenarbeitszeit ohne Lohnausgleich:</u>

Pro: *Die Erhöhung der Wochenarbeitszeit ohne Lohnausgleich sorgt für sinkende Lohnstückkosten und macht damit die Arbeit in Relation zu Maschinen und Anlagen billiger. Der Rationalisierungsdruck nimmt dadurch ab; Erweiterungsinvestitionen - etwa in die Investition innovativer Produkte - werden erleichtert. Durch die damit erhöhte Wettbewerbsfähigkeit inländischer Unternehmen nimmt der Druck, die Produktion ins Ausland zu verlagern, ab. Der Lohn pro Arbeitnehmer bleibt auf gleichem Niveau, der private Konsum bleibt dadurch unbeeinträchtigt.*

Contra: *Allerdings könnten erhöhte Arbeitszeiten Neueinstellungen verhindern, da Engpässe bei den Mitarbeitern abgemildert werden und bisherige Mehrarbeit durch verpflichtende Arbeitszeit abgelöst wurde. Die oben genannten Vorteile bewirken vor allem eine Sicherung der bestehenden Arbeitsplätze.*

<u>Reduzierung der Arbeitnehmerentgelte:</u>

Pro: *Die Reduzierung der Löhne führt zu einer Minderung der Lohnstückkosten mit den gleichen positiven Auswirkungen wie oben genannt.*

Contra: *Ein Senken der Löhne führt zu einem Rückgang des verfügbaren Einkommens der Beschäftigten, damit zu einem Rückgang des Konsums der Haushalte und letztlich der gesamtwirtschaftlichen Nachfrage (negative Multiplikatoreffekte). Außerdem könnte die Motivation der Beschäftigten leiden und damit die Produktivität in Mitleidenschaft gezogen werden.*

<u>Reduzierung der Beiträge zur Sozialversicherung:</u>

Pro: *Eine Reduzierung der Beiträge zur Sozialversicherung bringt einen Rückgang der Lohnstückkosten für den Arbeitgeber. Damit kommt es zu den gleichen Vorteilen wie oben genannt. Außerdem erhöht sich für die Arbeitnehmer das verfügbare Einkommen; diese könnten mit einer Erhöhung der privaten Konsumnachfrage reagieren. Beide Auswirkungen erhöhen die gesamtwirtschaftliche Nachfrage (positive Multiplikatoreffekte) und beleben den Arbeitsmarkt.*

Contra: *Will man die Leistungen der sozialen Sicherungssysteme nicht abbauen, muss die Finanzierung der Sozialversicherungen entweder durch den Staat über höhere Steuern und/oder durch private Zuzahlungen sichergestellt werden. Beide Effekte laufen den oben beschriebenen Auswirkungen auf die gesamtwirtschaftliche Nachfrage entgegen und heben die positiven Wirkungen auf den Arbeitsmarkt teilweise wieder auf.*

<u>Senkung der Unternehmenssteuern:</u>

Pro: *Eine Senkung der Unternehmenssteuern führt zu einer Erhöhung der Gewinne nach Steuern, wodurch die Eigenkapitalbildung der Unternehmen und deren Investitionstätigkeit begünstigt wird. Die Attraktivität des Standorts Deutschland erhöht sich. Dadurch werden in der Tendenz Unternehmensverlagerungen ins Ausland verhindert und ausländische Direktinvestitionen in Deutschland gefördert. Insgesamt können sich somit positive Effekte auf die Investitionstätigkeit und die Beschäftigungssituation in Deutschland ergeben. – Aber: Hinweis auf „Heuschrecken-Debatte" möglich.*

Contra: *Bei fehlender Nachfrage kommt es trotz der Steuersenkungen zu keinen zusätzlichen Investitionen der Unternehmen. Wenn die Absatzerwartungen der Unternehmen pessimistisch sind, kann eine Senkung der Unternehmenssteuern daher ohne Wirkung auf den Arbeitsmarkt bleiben. Eine mögliche positive Wirkung einer Senkung der Unternehmenssteuern tritt eher mittelfristig ein und führt daher zunächst zu entsprechenden Steuerausfällen beim Staat. Verschuldet sich der Staat nicht zusätzlich, muss er seine Ausgaben reduzieren und die positive Wirkung auf den Arbeitsmarkt wird teilweise wieder aufgehoben. Auch wenn der Staat diese Steuerausfälle durch Steuererhöhungen an anderer Stelle ausgleicht, können sich negative Wirkungen auf die gesamtwirtschaftliche Nachfrage und die Beschäftigung ergeben- vgl. negativer Multiplikatoreffekt.*

3.1 Ableiten, z. B.:

Tariflöhne wirken zum einen wie Mindestlöhne, weil eine Abweichung nach unten aufgrund des Günstigkeitsprinzips nicht möglich ist. Zum anderen ergibt sich auch für verbandsunabhängige Unternehmen diese Wirkung, wenn Tariflöhne vom Arbeitsministerium für allgemeinverbindlich erklärt werden. Die betroffenen Unternehmen sind gezwungen, ihren Arbeitnehmern mindestens den Tariflohn zu bezahlen.

Das Arbeitslosengeld II wirkt faktisch wie ein Mindestlohn, da es sich für niemanden lohnt, seine Arbeitskraft zu einem niedrigeren Lohn anzubieten.

Die Unternehmen sind daher gezwungen, auch nicht tarifgebundenen Arbeitnehmern mindestens einen Lohn in dieser Höhe zu bezahlen.

3.2. Darstellen und Einarbeiten, z. B.:

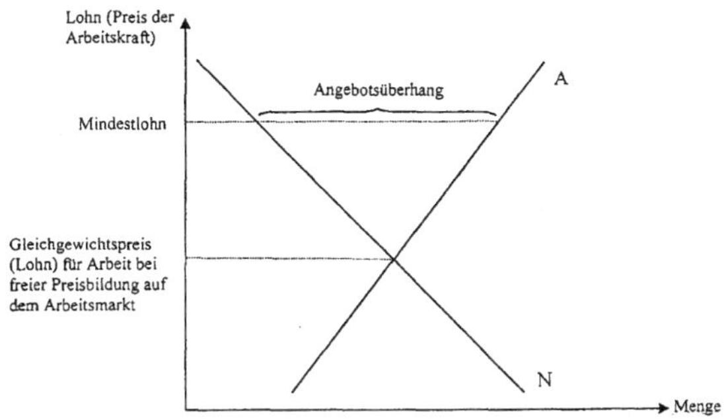

Erklären, z. B.:

Auf einem freien Arbeitsmarkt bildet sich der Preis für Arbeit, d. h. das Lohnniveau, durch Angebot und Nachfrage. Der Gleichgewichtspreis schafft dabei einen Ausgleich zwischen Angebot und Nachfrage. Der Mindestlohn liegt oberhalb des Gleichgewichtslohnes. Bei diesem Lohn ist die angebotene Arbeitsmenge größer als die von den Unternehmen nachgefragte Menge. Es entsteht ein Angebotsüberhang in Form von Arbeitslosigkeit.

3.3 Erörtern, z. B.:

Die soziale Marktwirtschaft bietet ihren Bürgern einerseits soziale Absicherung, die bei einer weiteren Senkung des Arbeitslosengeldes und der Sozialhilfe möglicherweise nicht mehr gegeben ist.

Andererseits verlangt der marktwirtschaftliche Gedanke unserer Wirtschaftsordnung einen gewissen Leistungsanreiz zur Arbeit, der nur dann gegeben ist, wenn die auf dem freien Markt gebildeten Löhne deutlich über dem Arbeitslosengeld II liegen.

Außerdem entspricht es unter Umständen nicht mehr dem Sozialstaatsgebot, wenn durch hohe Tariflöhne stets ein Überhang an Arbeitskräften entsteht, die durchaus bereit wären, ihre Arbeitkraft zu einem niedrigeren Lohn anzubieten, als dies Tarifverträge vorschreiben.

Ein sinnvolles Fazit wird erwartet.

Abituraufgabe LK 2006

M 1: Auszug aus dem Koalitionsvertrag zwischen CDU, CSU und SPD vom November 2005 (bearbeitet):

- Zur Senkung der Lohnzusatzkosten wird der Beitrag zur Arbeitslosenversicherung zum 1. 1. 2007 von 6,5 % auf 4,5 % reduziert.
- Bei der Haushaltskonsolidierung werden zunächst alle Einsparpotentiale auf der Ausgabenseite geprüft. Als weitere Schritte werden Einnahmeverbesserungen durch (...) den Abbau von Steuervergünstigungen und soweit erforderlich die Erhöhung von Steuern herangezogen.
- Um dem beginnenden Aufschwung Zeit zur Entfaltung zu lassen, wird der Mehrwertsteuersatz erst in 2007 um drei Prozentpunkte auf 19 % steigen. Davon steht dem Bund ein Prozentpunkt zur Senkung der Lohnzusatzkosten zu.
- CDU, CSU und SPD vereinbaren, dass es im Rahmen der notwendigen Konsolidierungsbemühungen eine Erhöhung der privaten Einkommensteuer für besonders hohe Einkommen (über 250.000 Euro bei Ledigen/500.000 Euro bei Verheirateten) ab dem 1. 1. 2007 geben soll. Damit steigt für Einkünfte über dieser Höhe der Steuersatz auf 45 %. Die gewerblichen Einkünfte werden von dieser Regelung ausgenommen.

Quelle: http://www.bundesregierung.de/Anlage920135/Koalitionsvertrag.pdf, aufgerufen am 09.03.2006, bearbeitet

M 2:

„Licht am Ende des Tunnels"

Angela Merkel will Deutschland mit den geplanten Reformen wieder eine Spitzenposition in Europa verschaffen. Dabei will sich die große Koalition von Union und SPD neben der Haushaltssanierung vor allem auf den Abbau der Arbeitslosigkeit konzentrieren.

Daran werde sich letztlich der Erfolg des gemeinsamen Bündnisses messen, erklärten übereinstimmend die designierte Regierungschefin Angela Merkel (CDU) und der künftige Vize-Kanzler Franz Müntefering (SPD) (...) bei der Vorstellung des Koalitionsvertrags in Berlin.

„Deutschland sollte es schaffen, dass wir in zehn Jahren wieder unter den ersten drei Ländern in Europa sind", sagte die CDU-Chefin in Berlin bei der Vorstellung des Regierungsprogramms von Union und SPD. Dies müsse aber auf der Basis sozialer Werte geschehen. Ziel sei es, den „Abwärtstrend zu stoppen, ihn umzukehren." (...) Dem Koalitionsvertrag sei als Prinzip ein Dreiklang aus Sanierung, Reform und Investitionen zu Grunde gelegt. (...) Merkel erklärte, 2006 könne noch kein verfassungsgemäßer Haushalt erreicht werden. „Aber 2007 muss das gelingen." Dazu würden zehn Milliarden Euro eingespart, fünf Milliarden an Steuersubventionen abgebaut und zehn Milliarden Euro würden durch die Erhöhung der Mehrwertsteuer erzielt. Wenn Deutschland den EU-Stabilitätspakt wieder erfülle, sei dies auch ein wichtiges Zeichen für die Zukunft Europas. „Vertrauen ist das, was wir wieder schaffen müssen", sagte Merkel. (...)

Quelle: http://sueddeutsche.de/deutschland/artikel/184/64120/; aufgerufen am 21.11.05, bearbeitet

M 3:

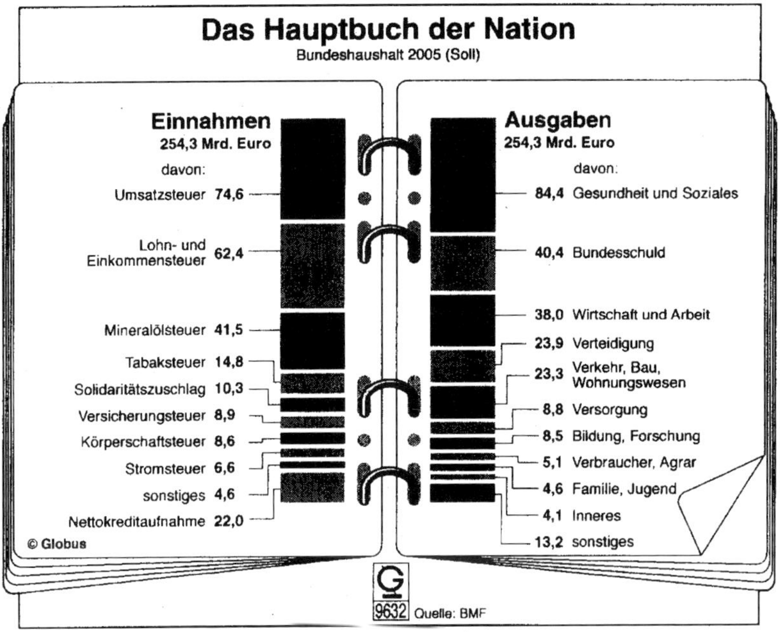
Das Hauptbuch der Nation
Bundeshaushalt 2005 (Soll)
Einnahmen
254,3 Mrd. Euro
davon:
Umsatzsteuer 74,6
Lohn- und Einkommensteuer 62,4
Mineralölsteuer 41,5
Tabaksteuer 14,8
Solidaritätszuschlag 10,3
Versicherungsteuer 8,9
Körperschaftsteuer 8,6
Stromsteuer 6,6
sonstiges 4,6
Nettokreditaufnahme 22,0
© Globus
Ausgaben
254,3 Mrd. Euro
davon:
84,4 Gesundheit und Soziales
40,4 Bundesschuld
38,0 Wirtschaft und Arbeit
23,9 Verteidigung
23,3 Verkehr, Bau, Wohnungswesen
8,8 Versorgung
8,5 Bildung, Forschung
5,1 Verbraucher, Agrar
4,6 Familie, Jugend
4,1 Inneres
13,2 sonstiges
9632 Quelle: BMF

M 4:

Abschied von der Niedrigzinspolitik eingeleitet

EZB erhöht Leitzins

Die zweieinhalb Jahre dauernde Phase historisch niedriger Zinsen in den zwölf Euro-Ländern ist zu Ende. Zur Bekämpfung der Inflation erhöhte die Europäische Zentralbank (EZB) am Donnerstag, 1. Dezember, zum ersten Mal seit fünf Jahren den Leitzins und hob ihn von 2,00 auf 2,25 Prozent an.

FRANKFURT. Eine Folge von weiteren Zinsschritten steht aber zunächst nicht an. „Dies ist keine Entscheidung im Voraus, dass wir eine Serie von Zinserhöhungen umsetzen werden", sagte EZB-Präsident Jean-Claude Trichet in Frankfurt. Die Notenbank wolle darüber erst auf Basis neuer Informationen entscheiden. Ökonomen erwarten die nächst Zinsanhebung im Frühjahr 2006. Bis Ende nächsten Jahres könne der Zins auf maximal 2,75 Prozent steigen.

Die Entscheidung des EZB-Rats sei wegen der gestiegenen Inflationserwartungen erforderlich gewesen, sagte Trichet. Dieser Schritt sei kein Dämpfer für das Wirtschaftswachstum, sondern im Gegenteil eine Voraussetzung dafür: „Preisstabilität ist eine notwendige Bedingung für dauerhaftes Wachstum und Beschäftigungszuwachs."

Die Notenbank sieht stabile Preise bei einer Inflationsrate von knapp unter zwei Prozent gewährleistet. Die hohen Öl- und Benzinpreise haben die Teuerung in der Euro-Zone auch im November mit 2,4 Prozent über dieser Grenze gehalten. Trichet unterstrich, dass die gestiegene Nachfrage in Asien die Ölpreise in die Höhe treibe. Mit einem deutlichen Rückgang sei daher zunächst nicht zu rechnen. Die EZB erwartet 2006 eine stärkere Inflation als bisher und hob ihre Prognose von durchschnittlich 1,9 auf 2,1 Prozent an. Die Wirtschaft werde sich schneller erholen und im nächsten Jahr mit 1,9 Prozent wachsen. Die geplante Mehrwertsteuererhöhung 2007 in der größten Volkswirtschaft Deutschland mit ihren Effekten im kommenden Jahr ist dabei berücksichtigt.

Die Notenbanker wollen mit ihrem Schritt verhindern, dass die Tarifparteien wegen der hohen Inflation stark steigende Löhne aushandeln. Dies könnte eine weitere Teuerungswelle – so genannte Zweitrundeneffekte – auslösen. Trichet wolle für die Lohnsteigerungen keine Zahl nennen, die die Bank für angemessen hält.

Trichet wehrte sich gegen die massive Kritik aus den EU-Staaten gegen die Zinserhöhung. „Diese moderate Korrektur mussten wir machen, um unsere volle Glaubwürdigkeit zu bewahren", sagte der EZB-Präsident. „311 Mill. Menschen erwarten von uns, dass wir Preisstabilität gewährleisten." Das Zinsniveau von zwei Prozent sei tiefer gewesen als jemals zu Zeiten der Deutschen Bundesbank.

Quelle:
www.handelsbltt.com/pshb/fn/relhbi/buildhbi/cn/GoArt!200013,200053,998683/SH/0/depot/0, aufgerufen am 07.12.2005, bearbeitet

M 5:

Quelle: http://de.news.yahoo.com/051114/294/4rlhs.html, aufgerufen am 18.01.2006, bearbeitet

1 Untersuchen Sie die im Text M 1 dargestellten geplanten Maßnahmen der Großen Koalition im Hinblick auf das Ziel „Abbau der Arbeitslosigkeit"! (16 BE)

2.1 Erläutern Sie anhand von Beispielen aus dem Bundeshaushalt 2005 (M 3) die Aufgaben des Sektors Staat in der Sozialen Marktwirtschaft und zeigen Sie anhand des Kreislaufmodells, wie der Staat diese Aufgaben erfüllt!

2.2 Begründen Sie unter Einbeziehung des Textes M 2 und des Bundeshaushalts 2005 (M 3), warum Deutschland bei der von der Koalition angestrebten Haushaltskonsolidierung kurzfristig offenbar auf Steuererhöhungen angewiesen ist! (18 BE)

3.1 Erklären Sie den Begriff „Leitzins" (M 4, Zeile 6) und arbeiten Sie aus dem Text M 4 die Gründe heraus, die die Europäische Zentralbank (EZB) zu einer Anhebung des Leitzinses bewogen haben!

3.2 Erläutern Sie, auch unter Berücksichtigung von M 3, mögliche Kritikpunkte aus den EU-Staaten an der Zinserhöhung (M 4, Zeile 30 f.) aus finanz- und konjunkturpolitischer Sicht! (16 BE)

4. Interpretieren Sie die Karikatur (M 5), gegebenenfalls auch unter Verwendung der Materialien M 1 – M 4 und Ihrer bisher erarbeiteten Ergebnisse! (10 BE)

Summe (60 BE)

Lösung LK 2006

1. *Untersuchung der im Text M 1 von der Großen Koalition geplanten Maßnahmen im Hinblick auf das Ziel Bekämpfung der Arbeitslosigkeit:*

   (1) Senkung der Beiträge zur Arbeitslosenversicherung:
   Erwartete Wirkung: Sinkende Lohnnebenkosten in Sektor U ↦ Senkung des Kostendrucks und Verbesserung der Wettbewerbsfähigkeit deutscher Arbeitgeber ↦ z. B. bessere Rahmenbedingungen für Investitionen.
   Durch die Erhöhung der verfügbaren Einkommen der Arbeitnehmer erwartet man positive Wirkungen auf die Konsumgüternachfrage und damit ggf. auch auf die Beschäftigung.

   (2) Haushaltskonsolidierung:
   Kürzungen auf der Ausgabenseite (z. B. Subventionsabbau): Befürchtung negativer Auswirkungen auf den Arbeitsmarkt, da strukturschwache Branchen betroffen sein könnten.
   Mittelfristig jedoch sinkender Schuldendienst. Somit Spielraum für Steuersenkungen ↦ Steigerung der ökonomischen Attraktivität des Standorts Deutschland bzw. Steigerung der Binnennachfrage ↦ positive multiplikative Effekte.

   (3) Mehrwertsteuererhöhung zum 01. 01. 2007:
   Mögliche Reaktion der Verbraucher mit vorgezogenem Konsum im Jahr 2006 ↦ Erhöhung von Beschäftigung und Volkseinkommen (positive multiplikative Effekte) und damit Arbeitsmarktentlastung.
   in 2007: Ausfall des vorgezogenen Konsums von 2006: ggf. negativer Multiplikatoreffekt. Die Situation könnte noch verschärft werden, sofern Unternehmen die Mehrwertsteuererhöhung nicht in vollem Umfang auf die Preise abwälzen können und die Mehrbelastung selbst tragen müssen.

   (4) Erhöhung der privaten Einkommensteuer („Reichensteuer"):
   Reduzierung des verfügbaren Einkommens bei Beziehern hoher Einkommen wird kaum zu einer Veränderung des Konsumverhaltens und der Konsumgüternachfrage führen.
   Da gewerbliche Einkommen von dieser Besteuerung ausgeschlossen sind, dürfte der Arbeitsmarkt kaum tangiert werden.

2.1 Erläuterung der Aufgaben des Staates an Beispielen aus dem Bundeshaushalts sowie unter Beachtung des volkswirtschaftlichen Kreislaufmodells: z. B.

   (1) Umverteilungsfunktion: z. B.
   Staat entzieht durch die Erhebung direkter und indirekter Steuern den Wirtschaftssubjekten Kaufkraft.
   Diese Staatseinnahmen fließen z. B. den privaten Haushalten als Sozialtransfers bzw. den Unternehmen als Subventionen wieder zu. Bei der Einkommensumverteilung spielen auch soziale Aspekte eine Rolle.

   (2) Rechts- und Machtfunktion des Staates: z. B.
   Bereitstellung von Gütern für die Allgemeinheit z. B. zum Zweck der Sicherung der öffentlichen Ordnung, wie z. B. Verteidigung oder der Sicherung der Infrastruktur. Hier kann der Staat Unternehmen Aufträge erteilen (siehe Konsum des Staates), die durch Steuererhebungen oder Nettokreditaufnahme finanziert werden.

(3) <u>Kultur- und Wohlfahrtsfunktion des Staates</u>: z. B.
Ausgaben z. B. für Gesundheit und Soziales. Darunter fallen auch Transferzahlungen an die privaten Haushalte. Finanzierung erfolgt z. B. durch Erhebung indirekter Steuern.

2.2 Begründung der offensichtlichen Angewiesenheit der Bundesregierung auf Steuererhöhungen unter Beachtung von Text M 2 und M 3 (Grafik des Bundeshaushalts) zur kurzfristigen Haushaltskonsolidierung:

Notwendigkeit der Haushaltssanierung/Haushaltskonsolidierung:

- *Erfüllung des EU-Stabilitätspakts;*
- *Erfüllung des im Koalitionsvertrags vereinbarten Dreiklangs aus „Sanierung, Reformen und Investitionen".*

Andere sinnvolle Zitate sind zulässig.

Erarbeitung von vier Argumenten für die begrenzte Möglichkeit der Realisierung einer Haushaltskonsolidierung über die Einnahme- bzw. Ausgabenseite: z. B.

- *Höhere Nettokreditaufnahme scheitert an Vorgaben des EU-Stabilitätspakts;*
- *es ist fragwürdig, ob durch das langsam einsetzende Wirtschaftswachstum (ohne zusätzliche staatliche Eingriffe) nennenswerte Steuermehreinnahmen tatsächlich zu erzielen sind;*
- *Ausgabenkürzungen in den Bereichen „Gesundheit und Soziales" sind politisch in der Regel schwer durchsetzbar;*
- *viele staatliche Ausgaben sind z. B. langfristig festgelegt oder gesetzlich fixiert, d. h. Einsparungen sind schwer durchführbar.*

Fazit: Haushaltssanierung ohne Steuererhöhungen ist bei den gegebenen Rahmenbedingungen kaum realisierbar.

3.1 <u>Begriffsklärung „Leitzins"</u>: z. B.

Zinssatz einer Zentralbank für den Einsatz ihres geldpolitischen Instrumentariums. Leitzinsen besitzen Signalfunktion bezüglich der Geldpolitik.
Zu den Leitzinsen der EZB zählen die Zinssätze für Hauptrefinanzierungsgeschäft, Einlagen- und Spitzenrefinanzierungsfazilitäten.

<u>Herausarbeiten der Gründe für die Anhebung des Leitzinses auf Basis der Textquelle:</u>
Darlegung von vier wesentlichen Gründen: z. B.

- *Zinsschritt wird mit „gestiegenen Inflationserwartungen" begründet; dabei ist Preisstabilität auch „notwendige Bedingung für dauerhaftes Wirtschaftswachstum";*
- *die „hohen Öl- und Benzinpreise haben die Teuerung in der Euro-Zone ... mit 2,4 %...; gestiegene Nachfrage in Asien treibt weiterhin die Ölpreise an;*
- *Notenbanker wollten verhindern, dass die Tarifparteien mit dem Argument einer hohen Inflationsrate große Lohnsteigerungen durchsetzen;*
- *EZB wollte ihre „volle Glaubwürdigkeit bewahren"; man erwartet von ihr die Gewährleistung von Preisstabilität.*

3.2 Erläuterung möglicher Kritikpunkte einer Zinserhöhung aus konjunktur- und finanzpolitischer Sicht.

Finanzpolitische Sicht: z. B.

- *hoch verschuldete Ländern müssen noch größere Teile des Budgets für Schuldendienst aufwenden;*
- *Konkurrenz finanzieller Mittel mit dem Schuldendienst; dadurch wird die*
- *Manövriermasse des Haushalts geringer.*

Konjunkturpolitische Sicht: z. B.

- *höheres Zinsniveau lässt ggf. die privaten Haushalte weniger konsumieren und mehr sparen, da z. B. Sparanlagen attraktiver werden; für die Unternehmen ergibt sich aus der Kaufzurückhaltung ggf. sowohl ein Kapazitäts- als auch ein Beschäftigungsproblem;*
- *im Sektor Unternehmen sinkt aufgrund höherer Kreditkostenbelastung die Bereitschaft zu investieren.*

4 Die Interpretation der Karikatur sollte umfassen:

(1) Eingehen auf das Thema:

Kern der Karikatur ist die Auseinandersetzung mit der geplanten MWSt-Erhöhung auf 19 %.

(2) Beschreibung wesentlicher Aspekte der Karikatur: z. B.

* *Auf dem „Damm" steht Bundeskanzlerin Merkel, die die Richtlinien der Politik bestimmt, zwischen zwei Wasserbecken.*
* *Im linken Becken steht aufgrund der hohen Lohnkosten den Arbeitgebern das Wasser bis zum Hals, im rechten Becken steht den Bürgern aufgrund hoher Verbraucherpreise bis zum Hals.*
* *Durch den Pumpvorgang soll Wasser aus dem Becken der Arbeitgeber in das Becken der Verbraucher umgeleitet werden.*
* *Der Bohrvorgang der Gewerkschaften stellt eine Verbindung zwischen den beiden Wasserbecken her und untergräbt die Absicht der Regierung.*

(3) Interpretation der Karikatur, ggf. unter Einbeziehung von M 1 bis M 4: z. B.

Die MWSt-Erhöhung soll die Arbeitgeber entlasten, weil sie als indirekte Steuer auf die Konsumgüterpreise überwälzbar ist, aber im Gegenzug durch die Senkung der Beiträge zur Arbeitslosenversicherung die Lohnnebenkosten gesenkt werden können. Dies ist Anlass für die Gewerkschaften, über Tariflohnerhöhungen die Preissteigerungen wieder auszugleichen. Dadurch könnte aber ein so genannte Lohn-Preis-Spirale ausgelöst werden. Der Karikaturist erachtet die MWSt-Erhöhung also nicht für sehr sinnvoll.

Abituraufgabe GK 2007

M 1

Frankreich will Zentralbank kontrollieren

Paris – Der Euro ist in Frankreich zum Wahlkampfthema geworden. Rechte wie linke Politiker fordern, die Rolle der Europäischen Zentralbank (EZB) neu zu definieren. [...]

Hintergrund ist, dass das Sinken des Dollar-Kurses in Frankreich mit Sorge betrachtet wird. Paris macht auch den starken Euro verantwortlich für die andauernde Exportschwäche der französischen Wirtschaft. Vor allem die Auto- und Luftfahrtindustrie sind davon betroffen.

Im dritten Quartal stagnierte die Industrieproduktion. Am Montag gab das Statistikamt Insee bekannt, dass die Industrieproduktion im Oktober 2006 sogar leicht sank. Die exportabhängige deutsche Wirtschaft hat am starken Euro hingegen wenig auszusetzen. „Es gibt Staaten, die sich auf die aktuelle Situation einstellen können“, räumte Premierminister Villepin ein. Frankreich komme damit jedoch nicht zurecht.

Der Premier [...] griff mit dem Vorschlag, die Rolle der EU-Finanzminister oder Regierungschefs zu stärken, eine Forderung der Kandidatin der Sozialistischen Partei für die Präsidentschaftswahlen, Ségolène Royal, auf: „Die Europäische Zentralbank muss politischen Entscheidungen unterworfen werden. Es darf nicht länger an Herrn Trichet[1] sein, über die Wirtschaft zu bestimmen. Das ist Aufgabe der demokratisch vom Volk Gewählten.“ [...]

Auch Nicolas Sarkozy, der voraussichtliche Bewerber der Partei UMP und parteiinterne Gegner von Villepin, will die Geldpolitik in Eeuropa politisch beeinflusst wissen. Der UMP-Chef und Innenminister hatte als erster französischer Spitzenpolitiker Ende Juli die Unabhängigkeit der EZB angegriffen. Er schlug vor, den Euro zu einem politischen Instrument zu machen. Mitte November bedauerte er „die Abwesenheit einer Wirtschaftsregierung in der EU, wodurch der Euro zu einer Währung ohne Kompass und ohne gemeinsame Ziele“ würde. [...]

Angeheizt wird die Debatte in Frankreich durch eine Flut von Medienberichten über „Teuro“ und schwindende Kaufkraft [...]. Auch Royal plädierte für steigende Löhne und Gehälter: „Die entscheidende Fraage, auf die wir antworten müssen, ist die Kaufkraft [...]. Die Gehälter müssen rauf.“ Dabei sind die Gehälter in den vergangenen Jahren in Frankreich im Vergleich zu Deutschland überdurchschnittlich gestiegen. [...]

[1] Jean-Cllaude Trichet: Präsident der Europäischen Zentralbank

Quelle: Süddeutsche Zeitung vom 12.12.2006, bearbeitet

M 2

Frankreichs Abnehmerländer

Anteil an der Gesamtsumme der Ausfuhren des Jahres 2005 in Prozent

Land	Anteil	Land	Anteil
Deutschland	14,7	Niederlande	3,9
Spanien	9,6	Schweiz	2,9
Italien	8,6	China	1,8
Vereinigtes Königreich	8,3	Übrige EU-Länder	10,4
Vereinigte Staaten	7,2	Übrige Länder	25,5
Belgien	7,1	*Summe*	*100,0*

Quelle: http://www.destatis.de/download/d/veroe/laenderprofile/lp_frank.pdf. - Aufgerufen am 28.12.06 , bearbeitet.

1.1 Beschreiben Sie die Zusammensetzung des Entscheidungsorgans des Eurosystems, und entkräften Sie aus Sicht dieses Organs die Befürchtung von Nicolas Sarkozy, der Euro werde „zu einer Währung ohne Kompass und ohne gemeinsame Ziele“ (vgl. M 1, Z. 27)!

1.2 Erörtern Sie, welche Auswirkungen eine Umsetzung der Vorschläge von Ségolène Royal (vgl. M 1, Z. 17 ff, und Z. 29 ff) auf Preisniveaustabilität und Beschäftigung in Frankreich haben könnte!

[24 BE]

2. Diskutieren Sie unter Einbeziehung von M 1 und M 2, inwieweit der gegenüber dem US-Dollar starke Euro „verantwortlich für die andauernde Exportschwäche der französischen Wirtschaft“ (vgl. M 1, Z. 6 f) sein könnte!

[14 BE]

M 3

„Arbeit ist nicht alles“

Der New Yorker Ökonom Jagdish Bhagwati lehnt Handelsschranken gegen China ab. Der Westen profitiere vom Aufschwung in Asien.

Die ZEIT: Professor Bhagwati, in Europa und Amerika geht die Angst vor China und Indien um. In solchen Niedriglohnländern werden immer mehr, immer hochwertigere Produkte hergestellt. Was ist, wenn bei diesem Wandel am Ende für den Westen zu wenig Jobs übrig bleiben? [...]

Jagdish Bhagwati: Das kann im Extrem nicht geschehen, und zwar aus einem ganz fundamentalen ökonomischen Grund: Wenn ein Land nur noch Produkte ausführt und das andere nur noch einführt, kommt es irgendwann zu einer Anpassung des Wechselkurses, die alles wieder einrenkt. [...]

Die ZEIT: Es würde sich doch lohnen, die hochwertigen Jobs in den reichen Ländern zu belassen und vor einer Abwanderung zu schützen.

Jagdish Bhagwati: Es gibt dieses interessante Argument, dass man zukunftsträchtige Branchen mit guten Jobaussichten nicht das Verlagern in andere Länder erlauben sollte. Das Problem ist: Man weiß selten im Voraus, welche Branchen das sind.

Die ZEIT: Man könnte bei Unternehmen anfangen, die im technischen Wettlauf vorauspreschen.

Jagdish Bhagwati: Die meisten Ökonomen wären wohl dafür, im weitesten Sinne die Hochtechnologie zu fördern. Ein Abschotten hingegen halte ich für nicht sinnvoll. Mein Schüler Paul Krugman hatte sich einmal dafür ausgesprochen, als es um den Handel mit Japan ging. Sein Argument lautete so: Wenn der japanische Markt für High-Tech-Erzeugnisse verschlossen ist und unserer für japanische Produkte offen, dann beliefert Japan zwei Märkte und wir nur einen. Und weil die höheren abgesetzten Stückzahlen die japanischen Unternehmen wettbewerbsfähiger machen, können sie unsere Firmen kalt abfertigen. Also forderte Krugman Schutz dagegen. Ich glaube, dass seine Annahme falsch war.

Quelle: DIE ZEIT, Nr. 48, vom 23.11.2006, bearbeitet

3.1 Erklären Sie auch mit Hilfe einer grafischen Darstellung des Marktmodells für ein System flexibler Wechselkurse die Aussage Bhagwatis in den Zeilen 8 – 11 (M 3)!

3.2 Erläutern Sie drei Maßnahmen, mit denen der von Krugman geforderte Schutz (vgl. M 3, Z. 22 ff) einheimischer Unternehmen gegenüber der ausländischen Konkurrenz erreicht werden könnte! Geben Sie mögliche Gründe dafür an, warum Bhagwati ein „Abschotten“ von Märkten nicht für sinnvoll erachtet!

[22 BE]

Summe [60 BE]

Lösung GK 2007

1.1 Das Entscheidungsorgan des ESZB (Europäisches Zentralbanksystem – auch „Eurosystem“) ist der Europäische Zentralbankrat der Europäischen Zentralbank EZB. Er setzt sich zusammen aus dem Direktorium (Präsident, Vizepräsident und vier weiteren Mitgliedern, die von den Staats- und Regierungschefs ernannt werden) sowie den Präsidenten der (ab 1.1.2007) 13 Nationalen Zentralbanken (NBZ) der Euro-Länder. – „Kompass und gemeinsame Ziele“ sind in den Aufgaben, Zielen und Strategien des ESZB festgelegt. Damit ist die Geldwertstabilität in Form der Preisstabilität oberstes Ziel und seine Erreichung oberste Aufgabe des ESZB. Die allgemeine Wirtschaftspolitik der EU und ihrer Mitgliedstaaten kann daher unterstützt werden, soweit dies dem Erreichen des Oberziels nicht widerspricht. Dazu dient die EZB-Säulen-Strategie: Analyse der Wirtschaftslage und Berücksichtigung ihres Einflusses auf das Preisniveau sowie Beobachtung, Kontrolle und Steuerung der Geldmenge. Wichtiges Instrument bei der Festlegung von Referenzwerten ist die Kommunikation mit den Regierungen der Teilnehmerländer. – Ergebnis: Die Befürchtungen von Sarkozy sind nicht gerechtfertigt.

1.2 Die Forderung von S. Royal nach einer Unterwerfung der EZB unter politische Entscheidungen widerspricht der gesetzlich verankerten Unabhängigkeit der EZB und des ESZB von der Einflussnahme der einzelnen Regierungen und damit dem Verbot der Einflussnahme der Politik auf ihre geldpolitischen Entscheidungen. Politiker der einzelnen Mitgliedstaaten sowie der EU könnten u. U. ein niedriges Zinsniveau bevorzugen sowie eine Ausweitung der Geldmenge (Erhöhung des Referenzwertes) mit den Zielen: Förderung von Wachstum und Beschäftigung sowie Ausweitung der Staatsfinanzen, also Investitionsanreize für die Unternehmen, Konsumanreize für die privaten Haushalte und Kreditaufnahmen des Staates zur Wirtschaftsförderung und Finanzierung sozialer Programme mithilfe dauerhaft billiger Kredite. Eine nachfrageinduzierte Inflation wäre die Folge sowie eine verstärkte Abwanderung des Euro-Kapitals in den US-Dollar, da die USA z. Zt. höhere Zinsen anbieten als der Euroraum. – S. Royal schlägt weiterhin vor, die Gehälter zu erhöhen, um die Kaufkraft zu erhöhen. Sie verwechselt hier offenbar die Kaufkraft einer Währung mit dem absolut verfügbaren Einkommen. Steigende Gehälter bewirken einen höheren Kostendruck bei den Unternehmen, den sie weitgehend an die Verbraucher überwälzen, d. h. steigende Preise, Kostendruckinflation. Um im internationalen Wettbewerb dem Preisdruck ausweichen und konkurrenzfähig bleiben zu können muss der Kostenfaktor Arbeit verbilligt werden, d. h. Entlassung von Arbeitskräften, bedeutet weiterhin einen monetären Nachfrageausfall (Arbeitslosengeld ist niedriger als das Gehalt). Eine höhere nachfragewirksame Geldmenge – soweit sie nicht gespart wird – könnte die Unternehmen daneben auch verleiten die Preise zu erhöhen um die monetäre Nachfrage abzuschöpfen, also: Inflationsdruck auf den Euro in Frankreich. – Andere Argumentation über die Kaufkrafttheorie: Mehr Beschäftigung durch höhere gütermäßige Nachfrage, die zu einer höheren Produktion und damit zu mehr Nettoinvestitionen und Einstellung von Arbeitskräften führt soweit das nicht gesparte zusätzliche verfügbare Einkommen zur Nachfrage nach in Frankreich produzierten Konsumgütern verwendet wird. – Eine Abwägung der negativen und positiven Argumente ist erforderlich. Hauptargumente dürften sein die Inflationsgefahr sowie die Gefährdung der internationalen Wettbewerbsfähigkeit.

2. Ein gegenüber dem US-$ starker Euro, der noch stärker wird, verteuert die französischen Produkte, die in den Dollarraum exportiert werden sollen, da für eine Einheit französischer Währung mehr Einheiten US-$ gezahlt werden müssen, d. h. die Preise für französische Produkte in den Dollarraum steigen ausgedrückt in US-$. Der Dollarraum beschränkt sich nicht auf die USA, sondern auf alle Länder, die Importe in US-$ abrechnen. Hier sind zu nennen (vgl. M 2) neben den USA China und ein Teil der übrigen Länder (Zahlen: Wichtigkeit als Abnehmer französischer Produkte), soweit diese nicht bereits in Euro fakturieren, was aus der Übersicht nicht erkennbar ist. Jedoch beträgt der Anteil der Nicht-EU-Länder am Export Frankreichs weniger als die Hälfte des Gesamtexports (insgesamt

37,4 %), d. h. die Exportschwäche Frankreichs ist nicht hauptsächlich bedingt durch den starken Euro gegenüber dem Dollar oder anderen Währungen – vgl. oben, denn auch Fakturierungen in Euro sind inzwischen nicht unüblich. Die Wirtschaft Frankreichs weist offenbar strukturelle Defizite auf, wobei die Luftfahrt- und Autoindustrie nicht alleine die tragenden Säulen sein können. Im Vergleich zu Deutschland – der angestellt wird, vgl. Aussagen in Zeile 11 ff – ist die französische Industrie international technologisch nicht wettbewerbsfähig („Es gibt Staaten, die sich auf die aktuelle Situation einstellen können"). Damit irrt der Premier, denn die Umstrukturierung und Neuorientierung der deutschen Wirtschaft ist nicht das Ergebnis aktueller Aktionen sondern ständiger lang andauernder Prozesse. Offenbar ist die französische Wirtschaft gegenüber dem Ausland (EU und Nicht-EU) auch aufgrund hoher Kostenstrukturen nicht konkurrenzfähig – vgl. die Aussage von Zeile 31 ff, wonach die Gehälter gegenüber Deutschland überdurchschnittlich gestiegen sind.

3.1 System der freien/flexiblen Wechselkurse mit Ausgleichsmechanismus:

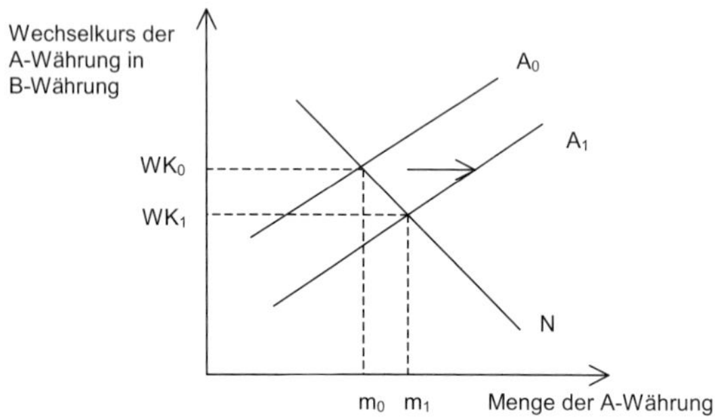

Voraussetzung: Zwei-Länder-Modell. – Land A erhöht seine Importe aus dem Land B. Das Angebot an A-Währung steigt (vgl. A_0 in Richtung A_1. Der Kurs der A-Währung sinkt gegenüber der B-Währung von WK_0 auf WK_1. Die Produkte des Landes A werden somit im Land B günstiger, die Produkte von B im Land A teurer. Die Nachfrage nach Produkten aus dem Land A steigen im Land B, d. h. der Export der A-Produkte nach Land B nimmt zu, und umgekehrt sinken die Importe des Landes A von Produkten aus dem Land B. Die Produktion und Beschäftigung in Land A wächst, in Land B nimmt das Wirtschaftswachstum ab, wodurch sich „alles wieder einrenkt" (vgl. M 3, Zeile 11). – Eine Darstellung aus der Sicht des Landes B ist ebenso möglich.

3.2 Der Schutz könnte erreicht werden z. B. durch folgende Handelsbarrieren:

- Importzölle verteuern importierte Waren soweit, dass die Binnenprodukte wettbewerbsfähig bleiben.
- Mit Hilfe einer Festlegung von Kontingenten kann die importierte Menge begrenzt werden.
- Importierte Waren müssen den Normen und Typisierungen sowie sonstigen Standards des importierenden Landes entsprechen. Dies verursacht i.d.R. bei den Exporteuren des Auslands Anpassungskosten, die die Waren verteuern oder vor einem Export abschrecken.

Mögliche Gründe, die gegen eine Abschottung von Märkten sprechen: Abschottung ist ein Eingriff in den globalen Wettbewerb. Dadurch wird die globale Arbeitsteilung verhindert, die i.d.R. kostensenkend und damit preissenkend wirkt. Einheimische Unternehmen unterstehen diesem globalen Wettbewerbsdruck nicht. Sie können mit höheren Kosten produzieren und damit höhere Marktpreise durchsetzen, der qualitative und der innovative Anpassungsdruck an die ausländische Konkurrenz fällt weg, d. h. das abgeschottete Land nimmt nicht am globalen technologischen Fortschritt teil. Ein negatives Wohlstandsgefälle zum Ausland könnte die Folge sein.

Abituraufgabe LK 2007

M 1

Aufschwung bringt Jobwunder
Arbeitslosenzahl sinkt erstmals seit vier Jahren unter vier Millionen – weitere Besserung 2007 erwartet

Die Zahl der Arbeitslosen in Deutschland ist erstmals seit vier Jahren wieder unter die Marke von vier Millionen gesunken. Im November waren 3,995 Mio. Menschen ohne Arbeit – 89.000 weniger als im Oktober und 536.000 weniger als vor einem Jahr. Noch im Februar hatte die Arbeitslosigkeit über fünf Mio. gelegen. Nach dem aktuellen Bericht der Bundesagentur für Arbeit (BA) sank die Arbeitslosenquote von 9,8 auf 9,6 Prozent. Üblicherweise steigt die Arbeitslosigkeit zu Beginn der kalten Jahreszeit. [...]

Entsprechend optimistisch sind viele Experten für das kommende Jahr. Die BA rechnet damit, dass die durchschnittliche Zahl der Arbeitslosen von 4,5 Mio. in diesem Jahr auf 4,3 Mio. im nächsten Jahr sinkt. Der Sachverständigenrat zur Begutachtung der gesamtwirtschaftlichen Entwicklung erwartet sogar einen Rückgang auf gut 4,2 Mio. im Jahresdurchschnitt. Seine Zuversicht begründet Bert Rürup, Vorsitzender des Sachverständigenrats, mit den gleichen Argumenten wie die positive Entwicklung in diesem Jahr: „Die beschäftigungsfreundliche Lohnpolitik, der erfolgreiche Restrukturierungskurs der hiesigen Unternehmen, die Folgen von Hartz IV sowie vor allem der durch das Anziehen der Exporte bereits Ende 2005 eingeläutete Aufschwung sorgen für diese erfreuliche Entwicklung", sagte er dem Handelsblatt. Der Impuls aus dem Ausland übersetze sich nun auf das Inland.

Dies wird von der Entwicklung der Zahl der offenen Stellen untermauert. 806.000 offene Stellen wurden der BA im November gemeldet, 216.000 mehr als im Vorjahresmonat. Auch die Zahl der sozialversicherungspflichtig Beschäftigten kletterte seit Februar im Monatsdurchschnitt um mehr als 42.000. „Das war die entscheidende Wende auf dem Arbeitsmarkt", sagte Rürup.

Die positive Entwicklung auf dem Arbeitsmarkt lässt auch die Kassen der Bundesagentur überquellen. [...] Angesichts der „sensationellen Entwicklung" bekräftigte das Kieler Institut für Weltwirtschaft seine Forderung, den Arbeitslosenbeitrag stärker als geplant zu senken. Eine Senkung auf 3,5 Prozent wäre „ohne weiteres drin". Dagegen will die Bundesregierung den Arbeitslosenbeitrag von heute 6,5 Prozent des Bruttolohns nur auf 4,2 Prozent senken.

Quelle: Handelsblatt, 1.12.2006, bearbeitet

1.1 Arbeiten Sie die im Text M 1 erkennbaren Arten der Arbeitslosigkeit heraus, und begründen Sie, warum trotz weiterhin hoher Arbeitslosigkeit die offenen Stellen nicht besetzt werden können!

1.2 Stellen Sie mögliche Auswirkungen einer Senkung des Beitrags zur Arbeitslosenversicherung auf Wachstum und Beschäftigung dar!

[17 BE]

M 2

ifo Konjunktur-Uhr Deutschland

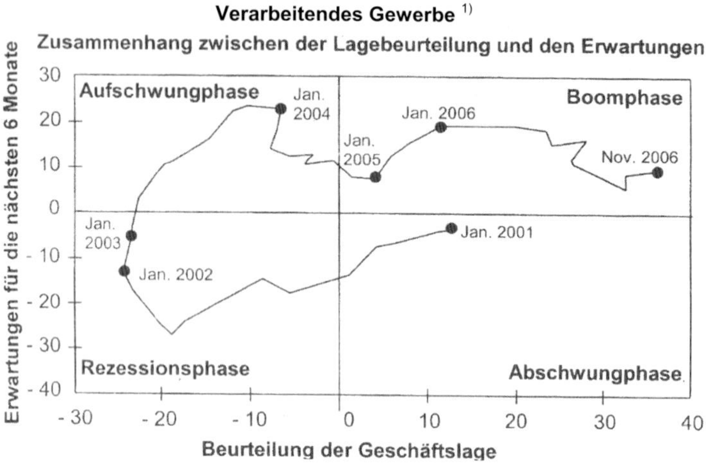

[1] Einschließl. Ernährungsgewerbe. Salden, saisonbereinigte Werte.

Quelle: ifo Konjunkturtest, 23.11.2006

Auf der Abszisse der Konjunkturuhr werden die Meldungen der befragten Unternehmen zur Geschäftslage (Salden aus den Prozentanteilen der Meldungen „gut" bzw. „schlecht") aufgetragen, auf der Ordninate die Geschäftserwartungen für die nächsten 6 Monate (Salden aus den Prozentanteilen der Meldungen „günstiger" bzw. „ungünstiger").

Quelle: http://www.cesifo-group.de/portal/page?_pageid=36,1899103&_dad=portal&_schema=PORTAL, aufgerufen am 11.01.2007, bearbeitet.

2.1 Beschreiben Sie die Entwicklung der in der „Konjunktur-Uhr" (M 2) dargestellten Indikatoren im Laufe eines Konjunkturzyklus, und geben Sie mögliche Gründe für diese Entwicklung an!

M 3

Quelle: http://www.stuttmann-karikaturen.de, aufgerufen am 19.12.2006

2.2 Interpretieren Sie die Karikatur, und nehmen Sie zur Meinung der dargestellten Person kritisch Stellung!

[25 BE]

M 4

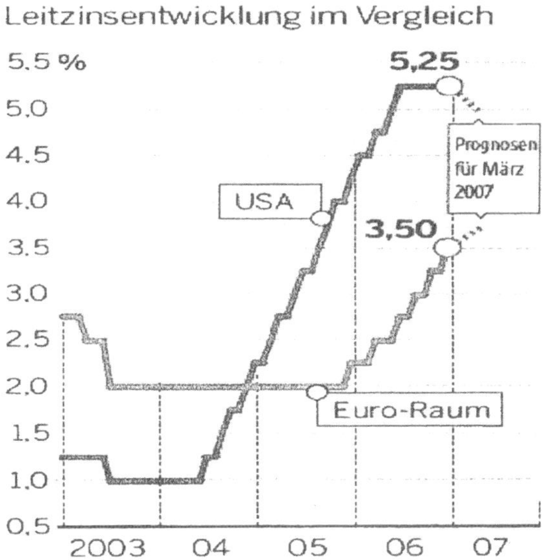

Quelle: Handelsblatt, 08.12.2006

M 5

Aussichten für die Inflationsentwicklung

In der zweiten Jahreshälfte 2006 und im Durchschnitt des Jahres 2007 dürften die jährlichen Gesamtinflationsraten weiterhin bei über 2,0 Prozent liegen, wobei das Preisniveau von der zukünftigen Entwicklung der Energiepreise abhängt Angesichts des starken internationalen Wettbewerbsdrucks ist damit zu rechnen, dass sich der von den Arbeitskosten ausgehende Preisauftrieb insbesondere im verarbeitenden Gewerbe 2007 in Grenzen hält. Laut der im Juni 2006 veröffentlichten Projektion der Experten des Eurosystems ist es jedoch wahrscheinlich, dass weitere indirekte Auswirkungen früherer Energiepreiserhöhungen und angekündigte Änderungen bei den indirekten Steuern einen Aufwärtsdruck auf die Inflation im Euroraum ausüben werden.

Quelle: EZB Monatsbericht Juli 2006, bearbeitet

3.1 Stellen Sie unter Berücksichtigung der Materialien M 4 und M 5 mögliche Gründe für die von der Europäischen Zentralbank Ende 2005 eingeleitete Zinspolitik dar!

3.2 Erläutern Sie auch anhand der Materialien M 1 und M 2, warum sich die von der Europäischen Zentralbank vorgenommenen Zinserhöhungen (M 4) im Ergebnis nicht negativ auf Wachstum und Beschäftigung in Deutschland ausgewirkt haben!

[18 BE]

[Summe: 60 BE]

Lösung LK 2007

1.1 Erkennbare Arten der Arbeitslosigkeit sind die saisonale AL (vgl. Zeilen 9 f: Hinweis auf die üblicherweise steigende AL zu Beginn der kalten Jahreszeit), die konjunkturelle AL (vgl. sinkende Zahlen im Jahresvergleich Nov. 2005 mit Nov 2006 um 536.000; dazu Zeilen 19 ff mit dem Hinweis auf den eingeläuteten Aufschwung) sowie die strukturelle AL (vgl. dazu die Aussagen in den Zeilen 23 ff mit dem Hinweis auf nicht besetzte offene Stellen). – Die häufigste von Unternehmern genannte Begründung lautet, dass Fachkräfte auf dem Arbeitsmarkt nicht in ausreichendem Maße vorhanden sind. Andere Begründungen können sich auf mangelnde Qualifikationen beziehen, auf nicht genügend „vorrätig" ausgebildete Fachkräfte, auf mangelnde Mobilitätsbereitschaft der Arbeitssuchenden.

1.2 Eine positive Auswirkung auf Wachstum und Beschäftigung könnte sich anhand der nachfrageorientierten Theorie ergeben: Senkung der AL-Beiträge führt bei den privaten Haushalten zu einem höheren verfügbaren Einkommen. Nach Abzug der Ersparnisse kann sich die Nachfrage nach Konsumgütern bei konstanten Preisen mengenmäßig erhöhen. Werden ausschließlich im Inland produzierte Konsumgüter mehr nachgefragt, wird wahrscheinlich in der derzeitigen Aufschwungphase bei weitgehend geräumten Lagern die Produktion erhöht werden; Nettoinvestitionen in Form von Erweiterungsinvestitionen werden bei Kapazitätsauslastung folgen (Wachstumseffekt), was i.d.R. positive Auswirkungen auf den Arbeitsmarkt hat. Zunahme des Vokseinkommens (Löhne und Gehälter der zusätzlich eingestellten Arbeitnehmer und höhere Lohntarifabschlüsse, ausgeschüttete Gewinne der Unternehmen) sowie weitere Investitionen des Sektors können zu einem positiven Multiplikatoreffekt führen. – Weitere Argumentation über die angebotsorientierte Theorie: Die Senkung der Lohnnebenkosten entlastet den Sektor Unternehmen und macht ihn international wettbewerbsfähiger. Investitionen in Forschung und Entwicklung sind möglich, damit steigt der technologische Vorsprung in manchen Branchen gegenüber den ausländischen Mitbewerbern, d. h. Investitionen zur Befriedigung einer wachsenden Auslandsnachfrage sind u. U. nötig mit entsprechendem Beschäftigungseffekt in der Konsumgüterindustrie und Investitionsgüterindustrie. Auswirkungen auf Volkseinkommen und damit auf Wachstum und Beschäftigung vgl. oben. – Steuer- und Beitragsmehreinnahmen entlasten die Staatskassen sowie die Sozialversicherungsträger. Die Senkung des Beitrags zur AL-Versicherung hat damit ihren positiven Zweck erreicht.

2.1 Abschwungphase (Punkt Jan. 2001): Die Geschäftslage wird noch positiv eingeschätzt, jedoch ins Negative sinkende Erwartungen für die nächsten 6 Monate– Rezessionsphase (Punkte Jan. 2002 und Jan. 2003): Negative Einschätzung der aktuellen Geschäftslage, jedoch insbes. ab Jan. 2003 steigende Erwartungen. – Aufschwungphase (Punkt Jan. 2004): Stark positive Erwartungshaltung bei noch negativer Einschätzung der aktuellen Geschäftslage. – Boomphase (Punkte Jan. 2005, Jan. 2006, Nov. 2006): Erwartungen und Einschätzung der Geschäftslage liegen beide im positiven Bereich, wobei Jan. 2006 einen konjunkturellen Höhepunkt signalisiert. - Vermutungen über einfließende Indikatoren gemäß dem Indikatorenmuster wie Auftragseingänge, Kapazitätsauslastung etc. sollen in jeder Phase grundsätzlich angestellt werden um mögliche Gründe (vgl. Aufgabe) aufzuzeigen.

2.2 Dargestellt wird die immer gleich bleibende Reaktion eines Zeitungslesers auf die Ankündigung einer Mehrwertsteuererhöhung in den verschiedenen Konjunkturphasen. Der Leser lehnt eines Erhöhung der Mehrwertsteuer grundsätzlich ab („Wahnsinn"), egal welche konjunkturelle Situation gerade herrscht. Er geht immer von negativen Auswirkungen aus. Eine Mehrwertsteuererhöhung schöpft grundsätzlich verfügbares Einkommen ab. D. h. in einer stark rezessiven Phase („Konjunktur am Boden") könnte die Nachfrage weiter gedämpft werden, Umsätze und Gewinne der Unternehmen noch weiter zurück gehen als ohne die Steuererhöhung, eine Steuerüberwälzung auf die Preise wird wahrscheinlich kaum möglich sein, d. h. die Steuererhöhung wirkt prozyklisch. – Während einer Aufschwungphase („Konjunktur zieht an") könnte die

Mehrwertsteuererhöhung eine Bremswirkung entfalten, d. h. sowohl in der Rezession wie auch in der Expansion werden u. U. die Unternehmen aufgrund des Umsatz-/ Gewinnausfalls nicht so investieren können wie dies notwendig wäre, um Wachstum und Beschäftigung stärker anzukurbeln. - In der Boomphase („Konjunktur boomt") könnte die Mehrwertsteuererhöhung ebenfalls prozyklisch wirken und zu einem noch stärkeren Preisanstieg führen, da bei steigenden Preisen auch absolut die Steuerbelastung mit steigt. Eine Steuererhöhung erscheint in einer Boomphase aus staatlicher Sicht unnötig, da die Mehrwertsteuerquelle ohnehin stark sprudelt. – Prozyklische Wirkung könnte die Mehrwertsteuererhöhung auch in der Abschwungphase („Konjunktur fällt") entwickeln; Gründe vgl. oben. – Kritische Stellungnahme: Nicht in jeder Konjunkturphase ist eine Mehrwertsteuererhöhung unangebracht. Z. B. verträgt ein robuster Aufschwung durchaus eine höhere Umsatzsteuerbelastung, denn diese zusätzliche Belastung kann weitgehend auf die Preise übergewälzt werden bei steigenden Löhnen/Gehältern sowie evtl. sinkenden Beitragssätzen in der Sozialversicherung und insges. steigendem Volkseinkommen; der Staat kann weitere Unterstützungsprogramme finanzieren. Haushaltspolitische Gründe wie z. B. Finanzierung der Senkung von Sozialversicherungsbeiträgen, Schuldenabbau können eine Mehrwertsteuererhöhung notwendig erscheinen lassen.

3.1 In mehreren kurz aufeinander folgenden Schritten hat die EZB ab Ende 2005 bis Ende 2006 den Leitzins erhöht von 2,0 % auf 3,5 %. Die Gesamtinflationsraten werden voraussichtlich auch in 2007 weiter über dem Referenzwert von 2 % für Preisstabilität liegen. Als Ursachen werden genannt die erfolgten und noch erwarteten Energiepreiserhöhungen sowie die Erhöhung der indirekten Steuern, insbes. der Mehrwertsteuer in Deutschland. Durch die Zinserhöhung wird eine Dämpfung der gesamtwirtschaftlichen Nachfrage beabsichtigt und damit eine Dämpfung des Preisanstiegs. Die USA vergrößerte ab Mitte 2004 den Zinsabstand zum € immer weiter. Um ein weiteres Abfließen von €-Kapital in den $ zu verhindern, muss der Abstand verringert werden. Darüber hinaus wird die Position des € gegenüber dem $ stärker; Exporte in den $-Raum verteuern sich, Importe von dort werden billiger. Auch diese Wechselwirkung wirkt sich stabilisierend auf das Preisniveau in Europa aus.

3.2 Investitionsentscheidungen der Unternehmen, die Wachstum und Beschäftigung beeinflussen, sind i.d.R. abhängig von den Umsatz-/Gewinnerwartungen – vgl. M 2 – und kaum von der aktuellen und angekündigten Zinsveränderung. Die Unternehmererwartungen werden gem. M 1 geprägt durch „Die beschäftigungsfreundliche Lohnpolitik", „[den] erfolgreiche[n] Restrukturierungskurs der ... Unternehmen", „die Folgen von Hartz IV" und das „Anziehen der Exporte". Weitere Entlastungen der Unternehmen wie z. B. die Senkung des Beitragssatzes zur Arbeitslosenversicherung schaffen ein positives Investitionsklima, abzulesen in seiner Auswirkung in M 2 (Boomphase 2006). Auch eine positive Entwicklung auf dem Arbeitsmarkt (vgl. M 1), die als „Wende" bezeichnet wird könnte ein freundlicheres Konsumklima erzeugen, d. h. Wachstums- und Beschäftigungsimpulse gehen nicht nur von der Auslandsnachfrage aus (vgl. M 1), die gestiegen ist trotz des starken Euros sondern wahrscheinlich auch von der Binnennachfrage.

Abituraufgabe GK 2008

M 1

	2003	2004	2005	2006	2007
Bruttoinlandsprodukt[1] (Veränderungen gegenüber dem Vorjahr in %)	− 0,2	+ 1,1	+ 0,8	+ 2,9	+ 2,5
davon (Anteil an der Veränderung des BIP in %-Punkten)					
- inländische Verwendung	+ 0,6	− 0,2	+ 0,3	+ 1,8	+ 1,2
- Außenbeitrag	− 0,8	+ 1,3	+ 0,5	+ 1,1	+ 1,2
Aufschlüsselung inländische Verwendung (Veränderungen gegenüber dem Vorjahr in %)					
- Private Konsumausgaben	+ 0,1	+ 0,2	− 0,1	+ 1,0	− 0,1
- Konsumausgaben des Staates	+ 0,4	− 1,5	+ 0,5	+ 0,9	+ 1,8
- Bruttoanlageinvestitionen	+ 2,4	− 0,3	+ 1,4	+ 6,1	+ 5,5
davon:					
- Ausrüstungen	+ 1,2	+ 4,6	+ 6,0	+ 8,3	+ 10,1
- Bauten	− 1,6	− 3,8	− 3,1	+ 4,3	+ 2,0
Anstieg der Verbraucherpreise (gegenüber dem Vorjahr in %)	+ 1,1	+ 1,6	+ 2,0	+ 1,7	+ 2,1
Zahl der Erwerbstätigen (in Mio.)	38,72	38,88	38,85	39,09	39,76

1) preisbereinigt, verkettet

Quellen: Destatis, Monatsberichte der Deutschen Bundesbank, Herbstgutachten 2007 der führenden Wirtschaftsinstitute

M2

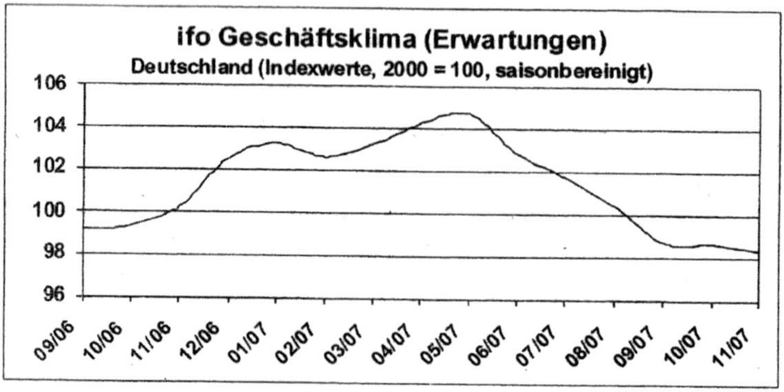

Quelle: http://www.cesifo-group.de

M3

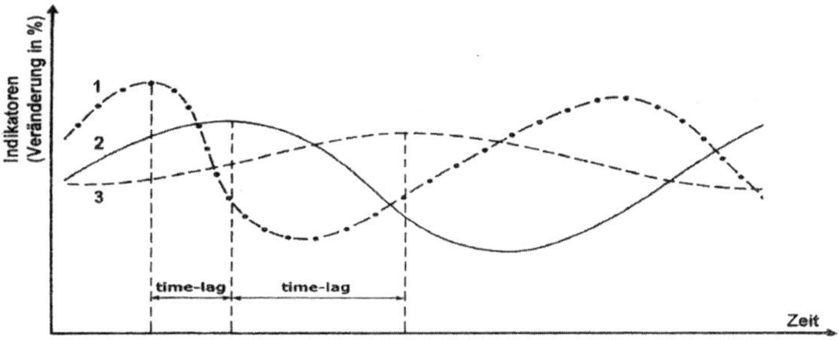

Quelle: Woll, A., Allgemeine Volkswirtschaftslehre, München 1994, S. 524, bearbeitet

1.1 Ordnen Sie den in der Grafik M 3 abgebildeten Kurven (1 – 3) je einen Indikator aus den Materialien M 1 und M 2 zu! Begründen Sie Ihre Zuordnung! Gehen Sie dabei auch auf das Entstehen von *time-lags* ein!

1.2 Analysieren Sie anhand der Materialien M 1 und M 2 ausführlich die konjunkturelle Situation in Deutschland im Jahr 2007!

[22 BE]

M 4

Plan B für Deutschland?

Von Marc Brost und Thomas Fischermann

Die Weltwirtschaft kühlt sich ab und bedroht damit den hiesigen Aufschwung. Das setzt die Bundesregierung unter Druck.

Es ist so weit: [...] Nun ist der Einbruch da – niemand hat damit gerechnet. Keiner hätte vorhergesagt, dass Hypothekenkredite in den USA platzen und die Hauspreise fallen würden. Doch die landesweite Immobilienkrise verursacht bei den Investmentbanken und Hedgefonds bereits milliardenschwere Verluste. Und die verunsicherten amerikanischen Verbraucher kaufen kleinere Autos und gehen seltener aus. [...]

Bislang rieten die meisten Ökonomen zur Ruhe: die amerikanische Immobilienkrise werden sich schlimmstenfalls zu einer vorübergehenden Konjunkturdelle auswachsen, in Europa werde man das kaum merken. Doch die Meinungen ändern sich, die Prognosen werden nach unten korrigiert. Auch in Deutschland könnten demnächst Umsätze, Einkommen und Arbeitsplätze betroffen sein. Und wenn die Schwarzseher Recht behalten, kann sich Finanzminister Peer Steinbrück von seinem Traum verabschieden, dank eines ausgeglichenen Haushalts als strahlender Held in die nächste Bundestagswahl zu gehen. Im Gegenteil, dann wird er unter Druck geraten, wieder mehr Schulden zu machen, um die Konjunktur ein wenig anzukurbeln. Dann braucht die Große Koalition einen Plan B.

[...] Stimmt er wirklich noch, der alte Spruch, wonach die Welt sich eine Erkältung holt, wenn Amerika niest? Muss eine Konjunkturdelle in den Vereinigten Staaten gleich Auswirkungen in Deutschland zeigen? [...]

Viele Unternehmen, die aus Deutschland in die USA exportieren – ob Konserven, Automobile oder Werkzeugmaschinen –, stellen sich darauf ein, dass die Mischung aus nachlassender Konsumlust in den Staaten und der starken europäischen Währung ihr Geschäft schrumpfen lässt. „Wenn der Dollar kurzfristig sinkt, geschieht nicht so viel, zumal sich viele Firmen mit Absicherungsgeschäften schützen", sagt Matthias Kühler, Konjunkturexperte am Zentrum für Europäische Wirtschaftsforschung in Mannheim. [...]

Die ganze Erklärung ist das aber noch nicht. Wenn man in die internationalen Handelsstatistiken schaut, erscheint Amerika gar nicht mehr so wichtig: schließlich gingen im vergangenen Jahr nur 8,7 Prozent aller deutschen Ausfuhren in die USA. In der ersten Jahreshälfte 2007 waren es bloß noch 7,5 Prozent, ein Rückgang, dem steigende Ausfuhren in den Nahen und Fernen Osten gegenüberstehen. Warum soll Amerika den deutschen Aufschwung zerstören können? [...]

Quelle: DIE ZEIT, 04.10.2007 Nr. 41, bearbeitet

2.1 Diskutieren Sie auch unter Einbeziehung der Materialien M 1 und M 2, ob „der alte Spruch, wonach die Welt sich eine Erkältung holt, wenn Amerika niest“ (M 4, Z. 22 f), in der gegebenen Situation für Deutschland zutrifft!

2.2 Schlagen Sie geeignete finanzpolitische Maßnahmen für den Fall eines konjunkturellen Einbruchs in Deutschland vor („Plan B“, M 4, Z. 19 f)! Begründen Sie Ihre Vorschläge!

[22 BE]

M 5

Quelle: Peter Bensch, Handelsblatt vom 17./18.3.2000, zu Prüfungszwecken aktualisiert

3.1 Erklären Sie die Aussage der Karikatur (M 5)!

3.2 Diskutieren Sie mögliche Auswirkungen der in der Karikatur (M 5) dargestellten Maßnahme auf die weiteren Ziele des „Magischen Vierecks“!

[16 BE]

Summe [60 BE]

Lösung GK 2008

1.1 Z. B. Frühindikator – Nr. 1: ifo-Geschäftsklimaindex zeigt die in die Zukunft gerichteten Erwartungen der Wirtschaft aufgrund der Entwicklung von Auftragseingängen z. B. . Der Höhepunkt der Produktion, was sich in der Entwicklung des BIP als Präsensindikator – Nr. 2 – widerspiegelt, muss zeitlich nach dem Maximum der Erwartungen liegen und niedriger ausfallen, da die Aufträge abgearbeitet werden müssen und u. U. netto aufgrund der Erwartungshaltung investiert wird. Sind Erwartungen und Produktionsentwicklung weiterhin positiv, so können zusätzliche Arbeitskräfte eingestellt und neue Arbeitsplätze geschaffen werden, was an der Entwicklung der Zahl der Erwerbstätigen – Spätindikator – ablesbar ist. Die Zahl der Erwerbstätigen steigt jedoch unterproportional zur Produktionsentwicklung um zu vermeiden, dass aufgrund staatlicher Vorgaben – siehe z. B. Kündigungsfristen – bei einem einsetzenden Abschwung Arbeitsplätze und damit Arbeitskräfte ohne zu große Kostenbelastung (siehe fixe Kosten) abgebaut werden können.

1.2 Das BIP stieg nach einem realen Rückgang in 2003 um – 0,2 % in den Jahren 2004 und 2005 leicht an (+ 1,1 bzw. + 08 %), um 2006 die höchste Steigerungsrate mit + 2,9 % in den Jahren 2003 bis 2007 zu erreichen; leichte Abflachung der Steigerung in 2007 um 0,4 % auf bisher hohem Niveau. Die deutsche Wirtschaft liegt demnach seit 2005 auf Wachstumskurs. Stützen der Entwicklung bis 2007 sind zunächst der Außenbeitrag, der von – 0,8 % in 2003 auf eine Zunahme von + 1,3 % in 2004 stieg, um sich nach einem leichten Einbruch in 2005 auf + 1,2 % in 2007 zu erholen, während die inländische Verwendung als Folge des BIP-Rückgangs in 2003 um – 0,2 % in 2004 abnahm, jedoch ab 2006 mit einer Steigerungsrate von 1,8 % zulegte, während der Außenbeitrag knapp über + 1 % relativ stabil blieb. Die eigentlichen Motoren zur Ankurbelung der Konjunktur waren ab 2005 der Staat, dessen Konsumausgaben stetig stieg und insbes. die Wirtschaft mit einem steigenden und hohen Wachstum bei den Ausrüstungsinvestitionen, hier von +1,2 % in 2003 bis + 10,1 % in 2007. Die Binnennachfrage der privaten Haushalte schwankte zwischen – 0,1 % und + 1,0 %, konnte also keine positive konjunkturelle Wirkung bis 2007 entfalten. Ein Grund dafür könnte der Arbeitsmarkt sein, der im Vergleich zur hohen investiven Tätigkeit der Unternehmen nur geringe Steigerungsraten aufwies. Die Verbraucherpreise stiegen zusammen mit der wirtschaftlichen Entwicklung, bis auf eine leichte Delle in 2006, von + 1,1 % in 2003 auf + 2,1 % in 2007, was ebenfalls die Kauflust der privaten Haushalte 2007 beeinträchtigt haben könnte. Auch die Erwartungen der Unternehmen gem. des ifo-Geschäftsklimaindex könnte die privaten Haushalte verunsichert und eine Kaufzurückhaltung hervorgerufen haben, was zu einem privaten Nachfragerückgang in 2007 führte. Insgesamt weist das Jahr 2007 auf die Fortführung einer konjunkturellen Aufschwungphase hin, die ab 2005 begonnen hat.

2.1 Das Zitat bescheinigt der Weltwirtschaft, dass sie von der wirtschaftlichen Entwicklung in den USA vollständig abhängig ist. Voraussetzung dafür ist, dass die nicht-amerikanischen Volkswirtschaften eng mit der Volkswirtschaft der USA verknüpft und von ihr als Absatzmarkt abhängig sind. Dies könnte in eingeschränktem Maße auf die deutsche Volkswirtschaft zutreffen. Da die amerikanische Binnennachfrage der privaten Haushalte aufgrund der Immobilienkrise rückläufig ist, werden auch weniger Importgüter nachgefragt, d. h. die deutschen Exporte in die USA nehmen ab. Dies kann zu einem negativen Multiplikatorprozess in Deutschland führen, denn sinkende Auslandsnachfrage in den exportorientierten Wirtschaftszweigen führt dort zu niedrigen Umsätzen, niedrigeren Gewinnen, sinkender Produktion und Abbau von Arbeitsplätzen, damit zu einem niedrigeren Volkseinkommen. Die deutsche Wirtschaft insgesamt ist jedoch nur in geringem Maße von der amerikanischen Nachfragerezession betroffen, da nur 8,7 % der deutschen Exporte die USA gehen mit sinkender Tendenz, während die Ausfuhren in den Nahen und Fernen Osten zulegen. Die wichtigsten Handelspartner der USA sind jedoch von der US-Krise stärker betroffen als die deutsche Wirtschaft, d. h. die Ausfuhren deutscher Waren in diese Länder nimmt u. U. spürbar ab. Damit wäre Deutschland indirekt von der Immobilienkrise betroffen – unabhängig von der Entwicklung des Bankensektors. Der gegenüber dem US-$ starke € könnte den Export in die USA schwächen, jedoch haben viele Unternehmen Kurs-Sicherungsmaßnahmen ergriffen, so dass die US-Krise über die Währung noch nicht durchschlagen konnte. Der Aufschwung in Deutschland scheint so robust zu sein, dass die Exportprobleme in den US-Raum aufgrund der $-Schwäche volkswirtschaftlich von noch nicht allzu großer Bedeutung sind. Der zitierte Spruch, wonach sich die Welt eine Erkältung holt, wenn Amerika niest, trifft für die deutsche Wirtschaft offenbar nur branchenabhängig bedingt zu.

2.2 Die Nachfrage der privaten Haushalte ist bisher als Konjunkturstütze nahezu ausgefallen. D. h. der Staat sollte die Nachfrage ankurbeln um von der Auslandskonjunktur etwas unabhängiger zu werden. Dazu sollten die Staatsbürger mehr Vertrauen in die Zukunft bekommen – Instrument: Moral suasion, also das Angstsparen zurückfahren und mehr konsumieren. „Mehr Netto vom Brutto“ würde bedeuten, dass die privaten Haushalte mehr von ihrem Einkommen nach Abzug von Steuern und Beiträgen behalten, d. h. die Lohn-/ Einkommensteuerprogression sollte abgeflacht werden (siehe „Mittelstandsbauch“ des Steuertarifs), die Beiträge zur Sozialversicherung sollten gesenkt werden. Damit könnte der Konsum der privaten Haushalte angekurbelt werden. Gleichzeitig sollten die direkten Unternehmenssteuern (z. B. Einkommen- und Körperschaftssteuer) gesenkt und eine mittelbare Steuersenkung, z. B. über die Verbesserung von Abschreibungsmöglichkeiten bei Unternehmen und privaten Haushalten, vorgenommen werden, damit die Betriebe mehr Mittel für Investitionen in Arbeitsplätze zur Verfügung haben und die privaten Haushalte langlebige Konsumgüter und Immobilienbesitz leichter erwerben könnten. Auch der Staat könnte durch eine wieder höhere Nettokreditaufnahme die wirtschaftliche Entwicklung fördern. Die Folge wäre ein positiver Multiplikatorprozess mit einem sich selbst tragenden Aufschwung, der dem Staat wiederum höhere Einnahmen erbringen würde.

3.1 Wenn Pflanzen genügend gegossen werden, dann gedeihen sie. Der Gärtner – erkennbar der EZB-Präsident Trichet – symbolisiert die EZB, die Pflanze den Euro. Ist das Wachstum der Pflanze gefährdet, also wird der Euro aufgrund mangelnder Preisstabilität schwächer, dann muss die Pflanze – der Euro – mit einer Zinserhöhungsmaßnahme gegossen – gestärkt – werden, um die Preisstabilität wieder herzustellen. Die Preisstabilität ist die Voraussetzung für einen starken Euro als Binnenwährung und muss dementsprechend beobachtet und gepflegt werden.

3.2 Auswirkung auf das Ziel „Hoher Beschäftigungsstand“: Die Zinserhöhung verteuert die Refinanzierung der MFIs bei der EZB. Das bedeutet höhere Kreditzinsen für die Kunden der MFIs aber auch höhere Einlagenzinsen. Somit kann eine Bremswirkung bei der wirtschaftlichen Entwicklung eintreten, die gesamtwirtschaftliche Nachfrage geht zurück, ein negativer Multiplikatorprozess mit negativen Auswirkungen auf die Beschäftigung kann eingeleitet werden. Jedoch kann eine Rückführung der Preissteigerungsraten auf das Niveau der Preisstabilität – also auf eine Steigerungsrate von unter 2 % - zu einer Erhöhung der Reallöhne und damit zu einer Stärkung der Kaufkraft führen. Dieser mittel- bis langfristige Prozess wirkt sich positiv auf die Entwicklung der Beschäftigung aus. --- Stetiges und angemessenes Wirtschaftswachstum: Das inflationäre Wirtschaftswachstum wird gebremst, das reale sinkt, wenn die Beschäftigung aufgrund des Bremseffekts der Zinssteigerung abnimmt, d. h. die gesamtwirtschaftliche Nachfrage geht zurück. Mittel- und langfristig jedoch wird das Wachstum wieder über positive Zukunftserwartungen, die sich in Investitionen niederschlagen und durch höhere Löhne angekurbelt. ---- Außenwirtschaftliches Gleichgewicht: Hohe Preissteigerungsraten führen zu einer Verteuerung europäischer Produkte in den Nicht-Euro-Raum und damit zu einem Rückgang der Exporte. Dies könnte durch eine restriktive Geldpolitik aufgefangen und ein Gleichgewicht wieder hergestellt werden. Bei einem starken Zinsgefälle zum Ausland würden jedoch Kapitalströme aus dem Nicht-Euro-Raum in den Euro-Raum fließen, wodurch der Euro aufgrund der steigenden Nachfrage aufgewertet werden würde. Eine Verteuerung der europäischen Waren wäre wiederum die Folge; das außenwirtschaftliche Gleichgewicht wäre gefährdet.

Abituraufgabe LK I 2009

M 1: Wirtschaftliche Entwicklung in Deutschland (Jahresdurchschnittswerte)

	1973	1974	1975	2006	2007	2008
Wachstum des BIP_{real} (in %)	4,8	0,9	- 0,9	3,0	2,5	1,3
Arbeitslosenquote (in %)[1]	1,2	2,6	4,7	12,0	10,1	8,9
Arbeitslose (in Tausend)	273	582	1.074	4.487	3.776	3.263
Inflationsrate (in %)	7,2	6,9	5,8	1,6	2,3	2,8
Ölpreis (in US $ pro Barrel)	3,05	10,73	10,73	61,08	69,08	99,75

[1] bezogen auf abhängige zivile Erwerbspersonen

Quelle: www.destatis.de, arbeitsagentur.de, opec.org, aufgerufen am 13.12.2008

1.1 Vergleichen Sie ausführlich die konjunkturelle Lage in Deutschland in den Jahren 1973 bis 1975 mit der wirtschaftlichen Entwicklung im Zeitraum von 2006 bis 2008 anhand der statistischen Daten (M 1)!

M 2:

Quelle: www.wiedenroth-Karikatur.de, aufgerufen am 20.10.2008, bearbeitet

1.2 Nehmen Sie vor dem Hintergrund der Karikatur kritisch zur Aussagekraft des Indikators Arbeitslosenquote Stellung!

[BE 18]

M 3:

Die Rückkehr der Stagflation

Die Notenbankchefs klangen nach ihrem Treffen am Montag in Basel beunruhigt. Nicht nur, dass Amerika längst in eine Rezession geschlittert ist. Auch die gestiegene Inflation in vielen Ländern macht ihnen zu schaffen. Wenn beides zusammenkommt, ist das der Albtraum der Ökonomen. Er heißt „Stagflation". Das Kunstwort aus „Stagnation" und „Inflation" hat der britische Finanzminister Iain Macleod 1965 geprägt. Er beschrieb damit eine Situation, in der die Preise steigen und die Wirtschaft nicht wächst. [...]

Die Stagflation ist deshalb so bemerkenswert, weil sie die Wirtschaftspolitik hilflos macht. [...] In Deutschland gab es diese Situation nach dem ersten Ölpreisschock 1973. [...] Bis dahin hatten Wirtschaftspolitiker in einer naiven Interpretation des britischen Ökonomen John Maynard Keynes geglaubt, man könne Wirtschaftswachstum und Beschäftigung durch Inflation erkaufen. Legendär ist der folgende Satz des damaligen Finanzministers Helmut Schmidt aus dem Jahre 1972: „Mir scheint, dass das deutsche Volk – zugespitzt – fünf Prozent Preisanstieg eher vertragen kann als fünf Prozent Arbeitslosigkeit." In der Stagflation bekam er beides.

Heute, mehr als drei Jahrzehnte nach der Stagflation der Siebziger, ist vieles gleich – aber manches eben doch auch ganz anders. [...] So können sich die Wechselkurse heute frei bewegen. [...] Außerdem ist das Ziel der Geldwertstabilität heute stärker in der Geldpolitik verankert. Auch die Höhe der Inflationsraten ist nicht vergleichbar.

Ein wichtiges Element der Stagflation in den siebziger Jahren war außerdem die Lohn-Preis-Spirale. [...] Der Deutsche-Bank-Ökonom Norbert Walter warnt: „Ich sehe Risiken, dass es [auch heute] zu solchen Zweitrunden-Effekten kommen könnte."

Quelle: Frankfurter Allgemeine Sonntagszeitung, 16.03.2008, Nr. 11, S. 45, bearbeitet

2.1 Erläutern Sie, warum eine Stagflation eine atypische Konjunkturlage darstellt (M1 und M 3), und begründen Sie, warum eine derartige Lage „die Wirtschaftspolitik hilflos macht" (M 3, Z. 8)!

2.2 Stellen Sie auch unter Einbeziehung des volkswirtschaftlichen Kreislaufmodells mögliche Gründe für die Aussage des damaligen Finanzministers Helmut Schmidt dar (M 3, Z. 13 f.)!

[BE 22]

M 4:

Bundestag billigt Konjunkturpaket

Anfang Dezember wurde ein erstes Konjunkturpaket der Bundesregierung zur Belebung der Wirtschaft verabschiedet.

„Wir wollen sicherstellen, dass möglichst viele Arbeitsplätze erhalten werden und möglichst viele Branchen ihre gute Entwicklung fortsetzen können. Dazu wird die Bundesregierung Investitionshilfen [...] geben – branchenspezifisch und auf schnelle Investitionsmöglichkeiten ausgerichtet“, sagte die Kanzlerin damals.

Auf wenig Gegenliebe stieß das geplante Konjunkturpaket bei Wirtschaftsexperten. Der Chef des arbeitgebernahen Instituts der Deutschen Wirtschaft (IW), Michael Hüther, sagte, das Programm sei „als Ganzes keine große Hilfe [...]“. Was völlig fehle, sei ein klares Signal an Konsumenten, monierte er. „Hier sollte man schnell durch die Abschaffung des Solidaritätszuschlags erkennbar ab Januar für jeden auf dem Lohnzettel etwas tun“, forderte Hüther. Dies würde für Konsumenten eine Entlastung von 12 bis 13 Milliarden Euro bringen. [...]

Im Einzelnen wird im Konjunkturpaket beispielsweise Käufern von Neuwagen die Kfz-Steuer zwölf Monate lang erlassen. Für besonders schadstoffarme Autos soll die Befreiung insgesamt maximal 24 Monate gelten. Ab 2011 soll die Steuer von Hubraum auf Schadstoffausstoß umgestellt werden.

Quelle: Autorentext, nach www.n24.de, aufgerufen am 16.01.2009

3.1 Diskutieren Sie die Entscheidung der Bundesregierung, mit Investitionshilfen einzelne Branchen zu fördern (vgl. M 4, Z. 4 ff.) im Vergleich zu dem Vorschlag, „für jeden auf dem Lohnzettel etwas zu tun“ (M 4, Z. 11 ff.)!

Im Rahmen des Konjunkturpakets wurde als eine Maßnahme der zeitlich begrenzte Erlass der Kfz-Steuer beschlossen (vgl. M 4, Z. 14 ff.).

3.2 Ordnen Sie die vorgeschlagene Maßnahme in eine Systematik umweltpolitischer Instrumente ein! Beziehen Sie zu diesem Instrument aus umwelt- und konjunkturpolitischer Sicht Stellung!

[20 BE]

Summe [60 BE]

Lösung LK I 2009

1.1 Vergleich der konjunkturellen Lage Deutschlands in den Jahren 1973 bis 1975 mit der Situation in den Jahren von 2006 bis 2008 anhand der angegebenen Konjunkturindikatoren: z. B.:

- Wachstumsraten des realen Bruttoinlandsprodukts (BIP): z. B.
  Grundsätzlich zeigen die Daten ähnliche Entwicklungen: Beide Zeitabschnitte weisen sinkende Wachstumsraten auf. Die Veränderungen in der aktuellen Situation sind im Verhältnis zu den 70er Jahren aber eher gering: Während z. B. 1975 eine negative Wachstumsrate vorliegt/das BIP real geschrumpft ist, bleibt die Veränderung des 2008 immer noch im positiven Bereich.

- Entwicklung des Indikators Arbeitslosenquote: z. B.
  Es zeigt sich eine unterschiedliche Tendenz: Während von 1973 bis 1975 die Arbeitslosenquote von 1,2 % auf 4,7 % ansteigt, sinkt sie in der aktuellen Situation von 12,9 % auf 8,9 %. Auch ist ein unterschiedliches Niveau der Arbeitslosenquote festzustellen: Von 1973 bis 1975 bleibt sie (trotz Anstiegs) immer noch gering, wohingegen sie aktuell (trotz Rückgangs) auf einem hohen Niveau verharrt.

- Entwicklung der Inflationsrate:
  Sie fällt im Zeitraum von 1973 bis 1975 von 7,2 % auf 5,8 %. Von 2006 bis 2008 ist sie dagegen von 1,6 % auf 2,8 % gestiegen.

- Entwicklung der Ölpreise:
  Starker Anstieg von 1973 bis 1974; danach verharrt er 1975 auf Vorjahresniveau. Von 2006 bis 2008 ist ein Anstieg um über 60 % zu verzeichnen. Allerdings ist bei der Bewertung des Preisunterschiedes bei den Ölpreisen die allgemeine Preisniveauentwicklung im jeweiligen Zeitraum mit zu berücksichtigen. [Auch zulässig: Hinweis auf den „Grundpreis“ für ein Barrel Rohöl in den Untersuchungszeiträumen].

Geeignete Zuordnung der Konjunkturdaten zu Konjunkturphasen:
Die Daten der Jahre von 1973 bis 1975 zeigen eine klar ausgeprägte Rezession an: Bei sinkenden Wachstumsraten steigt üblicherweise die Arbeitslosenquote. Atypisch verhält sich jedoch das hohe Niveau der Inflationsrate.

Der Zeitraum von 2006 bis 2008 weist auf eine zu Ende gehende Boomphase hin. Das Wirtschaftswachstum geht zurück. Bei den Spätindikatoren, wie z. B. Arbeitslosenquote, zeigt sich noch keine sehr deutliche (gleichgerichtete) Entwicklung.

1.2 Kritische Stellungnahme unter Beachtung der Karikatur: z. B.
Die Karikatur zeigt Bundeskanzlerin Merkel an einem Rednerpult, offensichtlich über das Thema Arbeitslosigkeit/Beschäftigung zum Publikum sprechend. Fallende Säulen mit der Beschriftung „Arbeitslosigkeit“ und dem Hinweisschild „Vollbeschäftigung“ lassen vermuten, dass die Bundeskanzlerin gerade Erfolge am Arbeitsmarkt bekannt gibt. Unter der Bühne regt sich aber Protest (ein Mann trommelt gegen die Bühnenabtrennung) und ein Zuhörer fragt die Bundeskanzlerin, was da unter der Bühne los sei.

Der Protest richtet sich gegen die Ermittlung der Arbeitslosenquote. Die Formel hierzu lautet
[(registrierte Arbeitslose x 100)] : [(beschäftige Arbeitnehmer + registrierte Arbeitslose)].

Die so genannte „stille Reserve“, Frührentner, Personen in Arbeitsbeschaffungsmaßnahmen und „1-Euro-Jobs“ werden in der Statistik nicht als Arbeitslose erfasst.

Die Arbeitslosenquote ist eine durchaus kritisch zu hinterfragende statistische Maßzahl, d. h. der Protest unter der Bühne durchaus gerechtfertigt.

2.1 Erläuterung der Stagflation:
Lt. Darstellung im Text ist eine Stagflation eine Verbindung von wirtschaftlicher Stagnation mit gleichzeitig hohen Inflationsraten. Es ist eine Sondersituation, da in der ökonomischen Theorie niedrige Wachstumsraten mit geringer Inflation einhergehen (bzw. umgekehrt). Die volkswirtschaftliche Theorie unterstellt, dass im Falle eines wirtschaftlichen Booms infolge hoher Nachfrage – insbesondere bei Erreichen der Kapazitätsgrenzen – die Unternehmen mit Preissteigerungen reagieren.
[Auch zulässig: In einer Rezession ist die Nachfrage im Verhältnis zum Angebot gering, auch senken die Unternehmen, die ihre Güter teils nicht absetzen können, ggf. die Preise.]

Eine hohe Inflation in Verbindung mit stagnierendem Wachstum entspricht nicht dem oben dargestellten Wirkungszusammenhang, d. h. stellt eine atypische Konjunkturlage dar.

Begründung für die Hilflosigkeit der Wirtschaftspolitik: Wirtschaftspolitik kann grundsätzlich auf geld- und fiskalpolitische Instrumente zurückgreifen. Sinnvolle Lösung: z. B.

- Argumentation aus Sicht der Zentralbank bzw. der Geldpolitik:
  Die Ursache der Inflation liegt im Falle der Stagflation nicht auf der Nachfrage- , sondern auf der Angebotsseite. Eine restriktive Geldpolitik bzw. eine Geldpolitik, die auf Erhöhung der Leitzinsen setzt, verstärkt die rezessive Wirtschaftslage: höhere Kreditzinsen führen (im theoretischen Modell) zu einem Rückgang kreditfinanzierter Konsumausgaben bzw. auch zu einer Tendenz, Einschränkungen bei Investitionen vorzunehmen.
- Argumentation bezüglich fiskalpolitischer Instrumente:
  Die Bundesregierung könnte auf Steuersenkungen oder Konjunkturprogramme zurückgreifen. Positive multiplikative Effekte würden dann kaum Anreize für eine Preiszurückhaltung geben, wenn infolge von Konjunkturprogrammen mehr Mitarbeiter eingestellt werden, diese ihr Einkommen konsumtiv ausgeben und durch die Stimulierung der gesamtwirtschaftlichen Nachfrage die Unternehmen ihre Preise erhöhen.

Obige Darstellung zeigt das Dilemma der Wirtschaftspolitik: Wirtschaftswachstum und Preisniveaustabilität befinden sich in einer konkurrierenden Beziehung und lassen sich nicht gleichzeitig erreichen.

2.2 Helmut Schmidt ging davon aus, dass für das deutsche Volk die Folgen eines (hohen) Preisanstiegs geringer ausfallen als die Folgen einer hohen Arbeitslosigkeit.

Hohe Inflationsraten entwerten zwar Sparguthaben und führen zu Realeinkommensverlusten bzw. Kaufkraftverlusten, doch solange es z. B. den Unternehmen gelingt, höhere Nominallohnforderungen über die Preise abzuwälzen, wird es unmittelbar keine Beschäftigungsprobleme geben.

Eine hohe Arbeitslosenquote bzw. hohe Arbeitslosigkeit belastet den Staat mit Sozialtransfers und der niedrigere Konsum der privaten Haushalte wird zu (weiteren) Entlassungen und nicht zuletzt zu geringeren Steuereinnahmen des Staates führen. [Zulässig auch Darstellung negativer multiplikativer Effekte].

Darüber hinaus hat Arbeitslosigkeit negative gesellschaftliche Folgen, wie z. B. Ausgrenzung der Arbeitslosen.

Nach dieser Argumentation wäre Inflation für die Arbeitnehmerhaushalte besser zu verkraften als (hohe) Arbeitslosigkeit.

3.1 Diskussion von zwei Maßnahmen: branchenspezifische Investitionshilfen bzw. branchenspezifische Konjunkturprogramme einerseits, steuerliche Entlastung der Verbraucher andererseits.

Diskussion von branchenspezifischen Konjunkturprogrammen: z. B.

- Vorteile:
  - gezielte Hilfe für die von der Krise besonders betroffenen Branchen;
  - Förderung grundsätzlich wettbewerbsfähiger Unternehmen in finanziellen Engpässen zur Überwindung der Wirtschaftskrise;
- Nachteile:
  - Unklarheit darüber, nach welchen Kriterien ggf. Leistungen vergeben werden;
  - Unterstützung des Staates von „Trittbrettfahrern“ führt zu Wettbewerbsverzerrungen.

Diskussion von steuerlichen Entlastungen der Verbraucher: z. B.

- Vorteile:
  - Erhöhung des verfügbaren Einkommens fördert den privaten Konsum;
  - Förderung verschiedenster Bereiche der Wirtschaft.
- Nachteile:
  - Angstsparen verhindert Nachfragewirksamkeit der Steuerentlastung;
  - Orientierung am Konsumniveau der Vergangenheit lässt Nachfrage unterdurchschnittlich wachsen.

Geeignetes abschließendes Fazit.

3.2 Einordnung des Erlasses der Kfz-Steuer für schadstoffarme Fahrzeuge in die Systematik umweltpolitischer Instrumente: Unterschieden werden grundsätzlich

- nicht fiskalische Instrumente: z. B. Gebote/Verbote, wie z. B. Einbau von Rußpartikelfiltern;
- fiskalische Instrumente: Einnahmen und Ausgaben, wie z. B. Ökosteuer. Der (befristete) Erlass der o. a. Kfz-Steuer ist hier einzuordnen, d. h. der Staat verzichtet hier auf die Einnahmen aus der Kfz-Steuer.
- marktorientierte Instrumente: z. B. Vergabe von Umweltzertifikaten.

Stellungnahme aus umwelt- und konjunkturpolitischer Sicht: z. B.

- Bewertung aus umweltpolitischer Sicht:
  Steuerliche Entlastung als Kaufanreiz könnte längerfristig dazu führen, dass Zulassungszahlen emissionsarmer Fahrzeuge steigen, während ältere PKW mit hohem Schadstoffausstoß verstärkt abgemeldet werden. Dadurch könnte die Emissionsbelastung der Umwelt verringert werden.
- Bewertung aus konjunkturpolitischer Sicht:
  In Relation zum Kaufpreis spielt die steuerliche Entlastung eher eine untergeordnete Rolle. Fraglich ist, ob dies denn tatsächliche einen Kaufanreiz darstellt, der zu einer umfassenden und langfristigen Förderung der Kraftfahrzeugindustrie beiträgt. Es ist eher wahrscheinlich, dass Autokäufe nur aus späteren Perioden vorverlegt werden.

Abituraufgabe LK II 2009

M 1:

Soziale Marktwirtschaft ist mehr als Hartz IV

Die aktuelle Krise auf den Finanzmärkten bringt marktwirtschaftliche Prinzipien generell in Verruf und damit auch die deutsche Wirtschaftsordnung, die soziale Marktwirtschaft. Lange Zeit ein Erfolgsmodell, hatte sie allerdings schon vor der aktuellen Krise viel Vertrauen verloren. Nur noch rund ein Drittel der Deutschen hatte in den letzten Jahren eine „gute Meinung" über die deutsche Wirtschaftsordnung, etwa ebenso viele lehnten sie ab. [...]

Ist die deutsche Wirtschaftsordnung nicht zureichend sozial? Woran kann man das überhaupt messen? Üblicherweise, aber sehr oberflächlich, wird das Soziale mit dem sozialen Netz gleichgesetzt. Ein Blick auf die Entwicklung der Ausgaben zeigt, dass von einem sozialstaatlichen „Abbau" nicht die Rede sein kann: [...] Die Sozialleistungsquote (also der Anteil der Sozialausgaben am Bruttoinlandsprodukt), die anfangs rund 15 Prozent betrug, stieg bereits bis Mitte der 70er Jahre auf 33 Prozent an. Seither debattieren wir schon über die „Grenzen des Sozialstaats"! [...]

Die Väter der sozialen Marktwirtschaft, die Freiburger „Ordoliberalen" um Walter Eucken, aber auch Ludwig Erhard, interpretierten das „Soziale" der sozialen Marktwirtschaft primär anders: Sie wiesen vor allem auf die sozialen Effekte einer wettbewerbsorientierten, weitgehend monopolfreien Marktwirtschaft hin: Freiheit der Entscheidungen für Konsumenten und Produzenten, die Orientierung der Produktion an den Wünschen der Verbraucher, eine durch Wettbewerb erzwungene hohe wirtschaftliche Effizienz – all das führe zu entsprechend hohen Pro Kopf-Einkommen und damit zum „Wohlstand für alle". [...]

Seit Beginn der sozialen Marktwirtschaft ruht das „Soziale" noch auf einer dritten Säule: Auch die Wirtschaftspolitik verfolgt soziale Ziele. So verlangt [beispielsweise] das Stabilitätsgesetz ein beständiges Preisniveau, einen hohen Beschäftigungsstand sowie angemessenes Wirtschaftswachstum. [...]

Woher dann das eingangs beschriebene Unbehagen an der deutschen Wirtschaftsordnung? Es ist zum einen die Folge einer kurzsichtigen Allianz von Politikern und Wählern, die sich von zusätzlichen Sozialausgaben beiderseitige Vorteile versprechen, ohne die langfristigen Folgen zu bedenken. Zum anderen beeinträchtigen zunehmend Konstruktionsfehler im deutschen Sozialstaat seine Effizienz und verursachen unnötig hohe Kosten. So lastet etwa die Finanzierung der Sozialausgaben seit Bismarck weitgehend auf dem Arbeitsverhältnis.

Der Reformbedarf bedeutet aber keine grundsätzliche Abkehr von der sozialen Marktwirtschaft, auch nicht vom Sozialstaat. Die marktwirtschaftliche Basis muss jedoch wieder mehr Dynamik erhalten, der Sozialstaat effizienter gestaltet werden, um im globalen Wettbewerb auf Dauer bestehen zu können. Dann könnte die soziale Marktwirtschaft sogar als europäisches Modell zwischen Laissez-faire-Kapitalismus und Staatskapitalismus neue Anziehungskraft gewinnen. Ihre Freiburger Väter forderten nämlich einen starken Staat, der wirksame Spiel- und Haftungsregeln für die marktwirtschaftlichen Akteure setzt und damit vor Entartungen schützt, wie wir sie auf den Finanzmärkten erlebt haben.

Quelle: www.suedeutsche.de, aufgerufen am 13.11.2008

1.1 Arbeiten Sie aus M 1 die drei Säulen heraus, auf denen nach Aussage des Autors „das Soziale“ in der sozialen Marktwirtschaft ruht, und erläutern Sie dabei ausführlich, inwiefern die im Text genannten Ziele des Stabilitätsgesetzes auch eine soziale Intention haben (M 1, Z. 21 ff.)!

1.2 Erläutern Sie, warum für die Umsetzung der drei Säulen des „Sozialen“ (vgl. 1.1) ein „starker Staat“ (M 1, Z. 36) gefordert wird. Gehen Sie auch darauf ein, inwieweit sich der Staat bei seinem Eingreifen Grenzen setzen sollte!

1.3 Zeigen Sie mögliche Probleme auf, die sich daraus ergeben, dass „die Finanzierung der Sozialausgaben [...] weitgehend auf dem Arbeitsverhältnis“ lastet (M 1, Z. 29 f.)

[BE 32]

Für die Erreichung des Zieles der Preisniveaustabilität ist seit Bestehen der Europäischen Währungsunion die Europäische Zentralbank (EZB) verantwortlich. In einem Umfeld, das durch die internationale Finanzkrise gekennzeichnet ist, wird die Umsetzung der geldpolitischen Strategie zunehmend schwieriger.

<u>M 2:</u>

Während der gegenwärtigen Finanzkrise befanden sich die Zentralbanken fortlaufend in enger Konsultation und arbeiteten bei bespiellosen gemeinsamen Maßnahmen – wie der Bereitstellung von Liquidität zur Verringerung von Engpässen an den Finanzmärkten – zusammen. [...]

Die jüngste Verschärfung der Finanzkrise hat zu größeren Abwärtsrisiken für das Wachstum geführt, wodurch die Aufwärtsrisiken für die Preisstabilität weiter abgenommen haben. Eine gewisse Lockerung der weltweiten monetären Bedingungen ist daher angebracht. [...]

Es ist [jedoch] nach wie vor zwingend erforderlich, breit angelegte Zweitrundeneffekte bei der Lohn- und Preissetzung, d. h. eine Lohn-Preis-Spirale, zu vermeiden.

Quelle: EZB Monatsbericht Oktober 2008, bearbeitet

<u>M 3:</u>

Obwohl die Regierungen rund um den Globus milliardenschwere Rettungspakete für den Finanzsektor geschnürt haben, kommen die Kreditgeschäfte zwischen den Banken nicht ins Rollen. Das gegenseitige Misstrauen ist so groß, dass sich die Institute untereinander kaum noch Geld leihen – stattdessen horten sie es massenhaft bei der Europäischen Zentralbank.

[...] Seit Wochen deponieren die Banken des Euro-Raums bis zu 240 Milliarden Euro bei der Europäischen Zentralbank (EZB) – das ist locker 500- bis 1.000-mal so viel wie in normalen Zeiten. [...]

Quelle: iwd, Nrd. 45, 06.11.2008; S. 6

M 4:

Schlüsselzinssätze der EZB (Zinssätze in % p.a.)				
mit Wirkung vom	Einlagen-fazilität	Hauptrefinanzierungsgeschäfte		Spitzenrefinanzierungs-fazilität
		Mengentender Festzinssatz	Zinstender Mindestbietungssatz	
14. März 2007	2,75	-	3,75	4,75
13. Juni 2007	3,00	-	4,00	5,00
09. Juli 2008	3,25	-	4,25	5,25
08. Okt. 2008	2,75	-	4,25	4,75
09. Okt 2008	3,25	-	-	4,25
15. Okt. 2008*	3,25	3,75	-	4,25
12. Nov. 2008	2,75	3,25	-	3,75

* Am 8. Oktober 2008 gab die EZB bekannt, dass die wöchentlichen Hauptrefinanzierungsgeschäfte beginnend mit dem am 15. Oktober abzuwickelnden Geschäft mit *vollständiger* Zuteilung zum Zinssatz für die Hauptrefinanzierungsgeschäfte durchgeführt werden.

Quelle: EZB Monatsbericht November 2008, Statistikteil: S. 7, bearbeitet

2.1 Erklären Sie das Instrument der ständigen Fazilitäten und deren Bedeutung für den Geldmarkt!

2.2 Erläutern Sie die im Herbst 2008 vorgenommenen geldpolitischen Maßnahmen (M 4) vor dem Hintergrund der Finanzkrise (M 2 und M 3)!

2.3 Stellen Sie dar, welche Bedeutung „Zweitrundeneffekte bei der Lohn- und Preissetzung" (M 2, Z. 7 f.) für die geldpolitischen Überlegungen der Europäischen Zentralbank (EZB) haben, und beurteilen Sie die derzeitige Gefahr von Zweitrundeneffekten vor dem Hintergrund der gegenwärtigen wirtschaftlichen Lage!

[28 BE]

Summe [60 BE]

Lösung LK II 2009

1.1 Herausarbeiten der drei Säulen „des Sozialen“ mithilfe der Textquelle:

- 1. Säule: Absicherung durch das „soziale Netz“: Es bemisst sich im Text z. B. durch die Sozialleistungsquote.

- 2. Säule: Verfügbarkeit über ein leistungsfähiges Wirtschaftssystem. Ein weitgehend monopolfreier Wettbewerb sichert die Entscheidungsfreiheit für Produzenten und Konsumenten und gilt als Garant für „Wohlstand für alle“.

- 3. Säule: Aktive staatliche Wirtschaftspolitik. Staatliche Eingriffe in das Wirtschaftsgegeschehen dienen der Verwirklichung der im Stabilitätsgesetz genannten wirtschaftspolitischen Zielvorstellungen. [Dabei werden auch soziale Ziele verfolgt].

Erläuterung, dass die im Text genannten wirtschaftspolitischen Zielvorstellungen Preisniveaustabilität, hoher Beschäftigungsstand und angemessenes Wirtschaftswachstum eine soziale Komponente haben. Sinnvolle Lösung: z. B.

- Die Gewährung von *Preisniveaustabilität* hat eine (positive) soziale Wirkung, weil vor allem Bezieher eher geringer Einkommen von Inflation relativ gesehen stärker belastet werden als die Bezieher hoher Einkommen. Vielfach hinken auch Nominallohnerhöhungen den Preissteigerungen hinterher und schaffen nur bedingt einen Ausgleich.

- Die Bekämpfung der *Arbeitslosigkeit* (*hoher Beschäftigungsstand)* besitzt eine soziale Komponente, da durch das Arbeitseinkommen der Bevölkerung ermöglicht wird, (durch Konsum) am wirtschaftlichen Wohlstand teilzuhaben. Gleichfalls kann nur derjenige, der über ein geregeltes Einkommen verfügt, planmäßig sparen und ggf. eigenverantwortlich zu seiner sozialen Sicherung beitragen.

- Die Förderung von *Wirtschaftswachstum* besitzt auch eine soziale Komponente: Das Wachstum des realen BIP führt zu einer besseren Güterversorgung und erhöht damit den materiellen Wohlstand in einer Volkswirtschaft, baut ggf. soziale Spannungen ab.

1.2 Erläuterung, weshalb für die Umsetzung der drei Säulen des „Sozialen“ ein starker Staat erforderlich ist und dennoch dieser Staat bei seinem Eingreifen Grenzen setzen sollte.

Für die Umsetzung des „Sozialen“ sind grundsätzlich staatliche Rahmenvorgaben erforderlich.

- 1. Säule „Soziales Netz“: Umverteilung kann nicht nur auf privater Ebene erfolgen, sondern setzt z. B. über den Bundeshaushalt staatliches Eingreifen voraus. Der Staat sollte für sein Handeln dort eine *Grenze* setzen, wo die Gefahr besteht, dass durch die Umverteilung die Primärverteilung des Einkommens außer Kraft gesetzt wird bzw. Kriterien wie das Leistungsprinzip, die Verfügbarkeit/der Einsatz von Produktionsfaktoren für die Einkommenserzielung keine (wichtige) Rolle mehr spielt.

- 2. Säule „Wettbewerb“: Die Umsetzung von Freiheit auf dem Markt setzt einen funktionierenden Wettbewerb voraus. Es ist ein starker Staat erforderlich, das gesetzliche Vorgaben, wie z. B. Kartellverbote, auch durchgesetzt werden müssen, um Wettbewerbsbeschränkungen zu vermeiden. Eine *Grenze* ist z. B. dort zu ziehen, wenn durch staatliche Eingriffe z. B. der technische Fortschritt behindert wird, der auch in der Lage sein kann, den Wettbewerb zu fördern.

- 3. Säule „aktive staatliche Wirtschaftspolitik“: Das Stabilitätsgesetz stellt eine zentrale Basis staatlichen Eingreifens dar, mit dem Ziel verbunden, gesamtwirtschaftliches Gleichgewicht z. B. in Krisensituationen wieder herzustellen. Ein Instrument könnte dabei sein, durch steuerliche Anreize die Konsum- bzw. Investitionsgüternachfrage anzuregen. Eine *Grenze* ist jedoch dort zu ziehen, wenn die Wirtschaftssubjekte durch staatliche Eingriffe ihrer (wirtschaftlichen) Entscheidungsfreiheit beraubt werden.

1.3 Aufzeigen möglicher Probleme, die dadurch entstehen, dass soziale Sicherung im wesentlichen auf dem Arbeitsverhältnis lastet.

Sozialausgaben sind in der Bundesrepublik Deutschland überwiegend beitragsfinanziert, d. h. kaum steuerfinanziert, und lasten daher auf Arbeitnehmer und Arbeitgeber. Aus diesem Finanzierungskonzept könnten sich folgende Probleme ergeben:

- Durch Beiträge zur gesetzlichen Sozialversicherung, insbesondere bei deren Erhöhung, wachsen die Personalzusatzkosten in den Unternehmen. Der Produktionsfaktor Arbeit wird dadurch zu teuer. Die Arbeitgeber sehen sich ggf. zu Rationalisierungsinvestitionen und/oder Standortverlagerungen veranlasst.

- Durch Beiträge zur gesetzlichen Sozialversicherung, insbesondere wenn diese eine steigende Tendenz zeigen, wächst die Schere zwischen Brutto- und Nettoeinkommen. Durch sinkendes Nettoeinkommen entzieht man den privaten Haushalten Kaufkraft, was zu sinkendem Konsum führt, ggf. negative multiplikative Prozesse auslösen kann.

- Die demographische Entwicklung in der Bundesrepublik Deutschland zeigt eine wachsende Überalterung der Gesellschaft. Die ältere Bevölkerung benötigt z. B. krankheitsbedingt mehr soziale Leistungen. Diese lassen sich aus den Beiträgen der aktuellen Einnahmen von der erwerbstätigen Bevölkerung nicht mehr finanzieren.

2.1 Erläuterung des Instruments der ständigen Fazilitäten und deren Bedeutung für den Geldmarkt:

Bei den ständigen Fazilitäten handelt es sich um ein Instrument der EZB zur Steuerung der Geldmenge. Es werden hierbei Einlagen- und Spitzenrefinanzierungsfazilität unterschieden.

Die Geschäftsbanken können z. B. über Nacht bei Liquiditätsengpässen gegen refinanzierungsfähige Sicherheiten Kredite bei der EZB aufnehmen und müssen dafür den Spitzenrefinanzierungssatz bezahlen. Im Falle von Liquiditätsüberschüssen können die Geschäftsbanken kurzfristig Geld bei der EZB zum Einlagensatz anlegen.

Die Geschäftsbanken werden nur auf diese Instrumente zurückgreifen, wenn es im internen Verkehr zwischen den Geschäftsbanken keine günstigeren Anlage-/Kreditmöglichkeiten gibt. Die Einlage- und Spitzenrefinanzierungsfazilität legt die Ober-und Untergrenze der Geldmarktzinsen („Zinskanal“) fest.

2.2 Erläuterung der im Herbst 2008 vorgenommenen geldpolitischen Maßnahmen vor dem Hintergrund der Finanzmarktkrise:

Beschreibung der in M 4 ersichtlichen Maßnahmen:

- Zinssatz für Hauptrefinanzierungsgeschäfte wurde ab Oktober 2008 von 4,25 auf 3,25 Prozent gesenkt.

- Im Zuteilungsverfahren für Hauptrefinanzierungsgeschäfte wurde ein Wechsel vom Zinszum Mengentender vollzogen.

- Der Zinssatz für die Einlagefazilität wurden nach einer zwischenzeitlichen Erhöhung wieder auf einen Wert von 2,75 Prozent gesenkt.

- Die Zinsdifferenz zwischen Einlagen- und Spitzenrefinanzierungsfazilität wurde ab Oktober 2008 kontinuierlich gesenkt.

Drei Argumente zur Begründung des geldpolitischen Kurses: z. B.

- Mit dem Abwärtstrend des Wirtschaftswachstums sank das Inflationsrisiko, weshalb die EZB ihren geldpolitischen Kurs lockern konnte.

- Mit der Senkung des Hauptrefinanzierungssatzes durch die EZB wird auch die Refinanzierung der Geschäftsbanken günstiger. Durch zinsgünstigere Kredite soll die kreditfinanzierte Konsum- und Investitionsgüternachfrage angeregt werden. [Bekämpfung der Rezession].

- Die Rückkehr bei der Zuteilung der Hauptrefinanzierungsgeschäfte zum Mengentenderverfahren führt dazu, dass die Geschäftsbanken zum Festzins, den die EZB fixiert, eine bestimmte Liquiditätsmenge zugeteilt gekommen. Dieses Verfahren begünstigt kleinere Banken, da beim Zinstenderverfahren die stärksten Bieter bei der Vergabe bevorzugt werden [Benachteiligung kleinerer Banken].

2.3 Darstellung, welche Bedeutung „Zweitrundeneffekte bei der Lohn- und Preissetzung" für die geldpolitischen Überlegungen der EZB haben: z. B.

Die Geldpolitik der EZB beruht auf der so genannten Zwei-Säulen-Strategie: Neben der Entwicklung der Geldmenge (M 3) werden auch realwirtschaftliche Größen, wie z. B. die Entwicklung der Löhne und Gehälter, als Indikatoren einer möglichen Inflationsgefahr berücksichtigt.
Steigt das Preisniveau werden die Gewerkschaften versuchen, höhere Tarifabschlüsse durchzusetzen. Können die Unternehmen z. B. aufgrund ihrer Marktmacht, die höheren Lohnkosten auf die Preise abwälzen, kann dies im Endeffekt zu einer Lohn-Preis-Spirale führen. Die EZB muss dies in ihrer geldpolitischen Strategie berücksichtigen.

Beurteilung der tatsächlichen Gefahr von Zweitrundeneffekten in der aktuellen Wirtschaftslage:

- Wir befinden uns in einer konjunkturellen Abschwungphase, in der idealtypisch und tendenziell die Gefahr von Preisniveausteigerungen an sich sinkt.

- Andererseits könnten die Gewerkschaften Tariflohnerhöhungen aber damit begründen, dass ein Nachholbedarf dadurch bestehe, die Arbeitnehmer am Unternehmenserfolg des vorausgegangenen Booms (bis etwa 2006) angemessen beteiligen zu müssen.

Darstellung eines abschließenden und geeigneten Fazits bzw. einer Einschätzung.

Abituraufgabe LK I 2010

M 1:

„Sonst steht die Welt bald wieder am Abgrund"

Interview mit dem Ifo-Präsidenten Prof. Dr. Hans-Werner Sinn - 27.10.2009

SZ: Herr Professor Sinn, die Wirtschaft zieht wieder an. Haben wir ein Jahr nach der Pleite der US-Investmentbank Lehman Brothers das Schlimmste hinter uns?

Prof. Sinn: Vieles deutet tatsächlich auf eine weltweite Erholung hin. Die Rezession in den USA, der weltgrößten Volkswirtschaft, ist vorbei. In Asien wächst die Wirtschaft wieder, in China sogar stürmisch. Und deutsche Firmen bekommen mehr Aufträge.

SZ: Waren Manager, Politiker, Wirtschaftswissenschaftler und Medien Ende 2008 zu pessimistisch? Sie selbst haben im Frühjahr noch eindringlich gewarnt: Die Krise kommt erst noch. [...]

Sinn: Damit meinte ich den Arbeitsmarkt. Da kommen die Probleme noch. [...]

SZ: Der Patient fühlt sich besser, aber der Erreger lebt weiter?

Sinn: Ich warne eindringlich vor der Haltung, die Krise sei überwunden. Das wäre zu früh. Ein Rückschlag ist möglich ...

SZ: ... zum Beispiel deshalb, weil die Banken nur noch wenig Geld verleihen und eine Kreditklemme droht?

Sinn: Die deutschen Kreditinstitute haben in der Krise große Teile ihres Vermögens verloren. Ihr Eigenkapital lag bei 300 Milliarden Euro. Davon waren bis zum Frühjahr schon mehr als 60 Milliarden weg. Weitere, hohe Abschreibungen stehen noch aus. Die Folge: Die Banken schrumpfen und vergeben nur noch wenige, teure Kredite. Das darf die Politik nicht mitmachen. [...]

SZ: Herr Professor Sinn, tun die Regierungen weltweit genug, um die Wirtschaft wieder anzukurbeln?

Sinn: Sie haben viel getan. Aber man muss jetzt auch ein gewisses Stehvermögen haben. So eine Krise ist nicht nach einem Jahr vorbei. Auch wenn weltweit die Staatsverschuldung vor allem in den USA und Japan dramatisch steigt: Regierungen dürfen jetzt nicht anfangen, die Ausgaben herunterzufahren, weil sie denken: Wir können uns das nicht mehr leisten. Das wäre gefährlich. Wir dürfen die Ausgaben im nächsten Jahr auf keinen Fall zurückfahren und müssen uns weiter verschulden.

SZ: Heißt das: Wir brauchen ein drittes Konjunkturpaket?

Sinn: Ich wäre froh, wenn wir das Niveau der Ausgaben hielten, sobald die Steuern, wie zu erwarten, wegbrechen. Die Kurzarbeit zum Beispiel hat wunderbar funktioniert und dafür gesorgt, dass die Zahl der Arbeitslosen längst nicht so schnell steigt.

SZ: Kurzarbeit allein wird die Wirtschaft aber nicht in Gang bringen. Was ist noch nötig?

Sinn: Sinnvoll wäre eine spürbare Steuerentlastung. Zudem sollte man es der produzierenden Wirtschaft erleichtern, Investitionen schneller abzuschreiben. Für vertretbar halte ich ein Programm in der Größenordnung von einem Prozent des Bruttoinlandsprodukts, etwa 25 Milliarden Euro.

SZ: Das ist ja ein ganz neuer Sinn, der hier spricht. Sie waren bisher nicht als Anhänger von Konjunkturprogrammen und viel Staat bekannt.

Sinn: Vielleicht war ich dafür nicht öffentlich bekannt. Aber fragen Sie meine Studenten. Seit einem Vierteljahrhundert lehre ich, wie Staaten nach der keynesianischen Theorie bei heftigen Krisen eingreifen sollten. Ich war nur in der Vergangenheit dagegen, die Rezepte in

Deutschland anzuwenden, weil eine solche keynesianische Krise nicht vorlag. Stattdessen hatten wir eine strukturelle Krise.

SZ: Noch mal: Sie gelten als neoliberaler, angebotsorientierter Ökonom. Und doch sind Sie dafür, Banken zeitweise zu verstaatlichen, die Finanzmärkte schärfer zu regulieren, die Konjunktur anzukurbeln ...

Sinn:... und den Arbeitsmarkt zu deregulieren ...

Sinn: Die Welt ist doch nicht schwarz und weiß! Es geht nicht um Kapitalismus pur gegen Kommunismus. Der Staat darf Preise und Löhne nicht beschränken, doch muss er die Rahmenbedingungen des Wirtschaftens setzen.

SZ: Was müssen wir also heute tun?

Sinn: Auf Mindestlöhne verzichten, mit Keynes die akute Krise bekämpfen, und die Banken regulieren. Wir können und dürfen allerdings die vielen Millionen Unternehmen in Deutschland nicht staatlich steuern. Es wird ja auch kein gutes Fußballspiel, wenn der Schiedsrichter die Spielzüge vorgibt. Das muss man schon den Spielern überlassen.

Quelle: www.sueddeutsche.de, aufgerufen am 30.10.2009, bearbeitet

M 2:

Ifo Geschäftsklimaindex Deutschland
Index 2000 = 100, saisonbereinigt

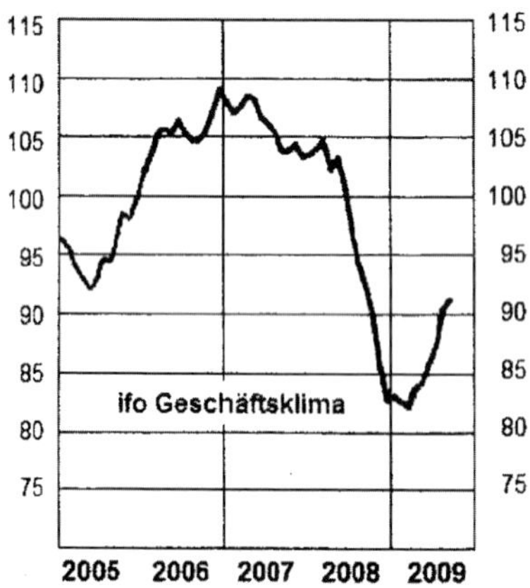

Auftragseingänge aus dem Ausland: Investitionsgüter (mit Trendlinie)
Index 2005 = 100

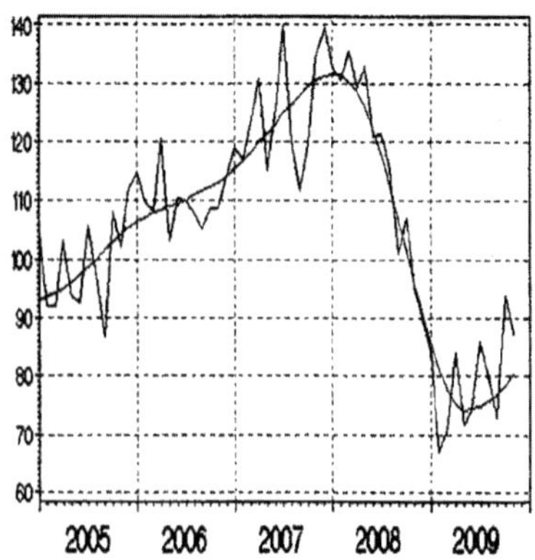

Quelle: www.destatis.de, www.ifo.de, aufgerufen am 03.12.2009, bearbeitet

M 3:

Geldmengenwachstum im Euroraum (in %)

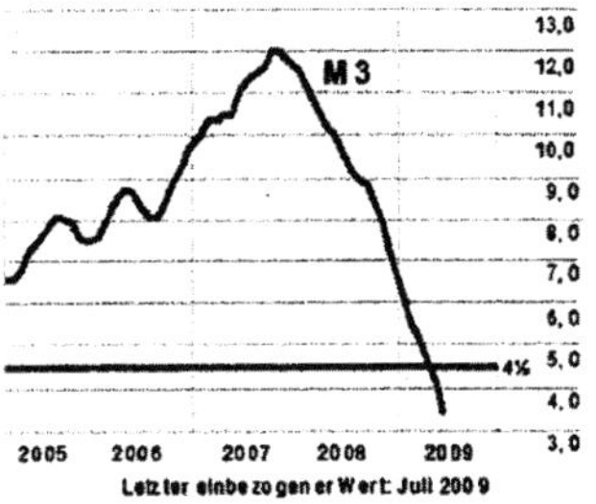

Zinsspread* bei Interbankkrediten mit 3 Monaten Laufzeit im Euroraum

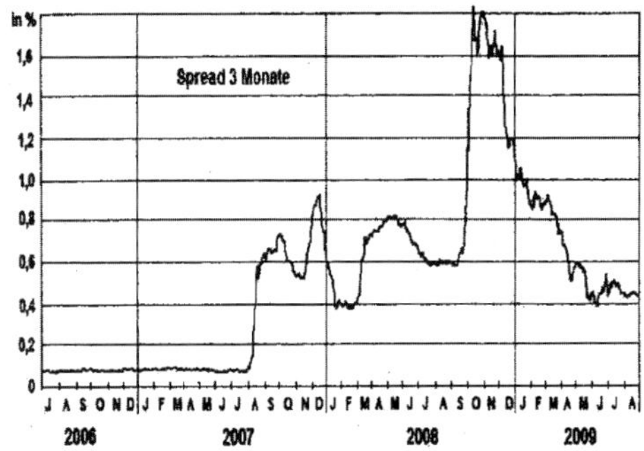

*Bei der Kreditvergabe zwischen den Banken gibt es unterschiedliche Zinssätze für besicherte (z. B. durch Wertpapiere) und unbesicherte Kredite. Der Spread beschreibt in Prozentpunkten den Unterschied zwischen dem Zinssatz für den unbesicherten und den besicherten Kredit.

Quelle: www.Bundesbank.de, aufgerufen am 03.12.2009, bearbeitet
www.fhvr-fm.bayern.de/aktuelles/Herrschinger_Notizen/ Mar_09.pdf, Seite 6, aufgerufen am 03.12.2009, bearbeitet

1.1 Begründen Sie, ausgehend von den Indikatoren in M 2 und M 3, dass die pessimistischen Prognosen Ende 2008 (M I, Z. 9 f.) berechtigt waren und einen besonders schweren Abschwung befürchten ließen!

1.2 Erläutern Sie mit Hilfe von M I Gründe, die neben dem Konjunkturprogramm der Bundesregierung möglicherweise dazu führten, dass die konjunkturelle Entwicklung in Deutschland im Jahr 2009 nicht so schlecht war wie befürchtet (M 1)!

1.3 Führen Sie anhand wesentlicher Risikofaktoren (M I, M 2) Professor Sinns These aus, dass „ein Rückschlag möglich" (M I, Z. 15) ist! [28 BE]

2.1 Erläutern Sie, was man unter einer „keynesianischen Krise“ versteht, und stellen Sie ausgewählte Ursachen einer „strukturellen Krise“ (M I, Z. 45) dar!

2.2 Zeigen Sie anhand von Beispielen aus dem Text (M 1), wie eine nachfrageorientierte Wirtschaftspolitik auf eine keynesianische Krise reagieren sollte!

2.3 Begründen Sie, warum in der beschriebenen Situation (M I bis M 3) eine Zinssenkung der EZB zur Stützung der Konjunktur nur eingeschränkt wirksam sein kann! [22 BE]

3. „Die Welt ist doch nicht schwarz und weiß!“ (M I, Z. 50)
Erklären Sie diese Aussage anhand der im Text angesprochenen Merkmale der sozialen Marktwirtschaft! [10 BE]

Lösung LK I 2010

1.1 *Begründung, ausgehend von M 2 und M 3, dass die pessimistischen Prognosen Ende 2008 berechtigt waren und einen besonders schweren Abschwung befürchten ließen: z. B.*

Der Abschwung kann an einem Rückgang des Wirtschaftswachstums gemessen werden, in der Regel verursacht durch eine Verringerung der gesamtwirtschaftlichen Nachfrage. Einige Indikatoren zeigten besonders beunruhigende Entwicklungen:

- *Deutliche Verschlechterung des Geschäftsklimaindex seit 2008 (Tiefpunkt). Die Geschäftserwartungen wirken sich nicht nur auf die Nachfrage/Produktion von Konsumgütern aus, sondern auch auf das Investitionsverhalten der Unternehmen. Hinweis ggf. auf negative multiplikative Prozesse bzw. kontraktiven Effekt.*

- *Sehr deutlicher Einbruch der Auftragseingänge aus dem Ausland in 2008. Die Nachfrage nach Investitionsgütern sank sehr stark, was sehr bedenklich ist, das die deutsche Wirtschaft in diesem Bereich sehr exportabhängig ist. Hinweis auf die Bedeutung als Schlüsselbranche oder Kennzeichnung als Frühindikator der Konjunktur.*

- *Rückgang des Wachstums der Geldmenge seit 2007, teils unterhalb des Richtwertes der EZB. Vermutet wird eine Einschränkung der Geldschöpfung infolge der Finanzkrise. Damit würde auch die Kreditvergabe (an Haushalte und Unternehmen) eingeschränkt werden.*

- *Die Zinsen für unbesicherte Interbankenkredite mit drei Monaten Laufzeit lagen im Herbst 2008 deutlich über den Zinsen für besicherte Kredite, während es im Sommer 2007 noch kaum einen Unterschied gab. Dadurch wird die Geldschöpfung behindert und somit die Geldversorgung der Unternehmen, was gerade in einer wirtschaftlichen Krise (Abhängigkeit vom Fremdkapital) wichtig ist. Gefahr negativer Multiplikatorwirkungen.*

Fazit: Es war im Dezember 2008 ein besonders schwerer Abschwung zu befürchten, weil sich nicht nur wichtige bzw. wesentliche Indikatoren erkennbar verschlechtert hatten, sondern auch weil das Finanzwesen – Lebensnerv der Wirtschaft – stark davon betroffen war.

1.2 *Erläuterung der Gründe (M 1), die neben dem Konjunkturpaket der Bundesregierung dazu führten, dass die konjunkturelle Entwicklung in Deutschland im Jahre 2009 nicht so schlecht war wie befürchtet: Erwartet werden mindestens drei Beispiele: z. B.*

- *Konjunkturelle Erholung in USA und Asien (M 1, Z. 5 ff): Ein wieder zunehmender Export bewirkt mehr Aufträge in Deutschland und damit weitere Impulse für Produktion und Beschäftigung.*

- *Konjunkturpakete des Auslands (M 1, Z. 23 ff): Wichtige Handelspartner stabilisieren sich wieder und die deutsche exportorientierte Wirtschaft profitiert mit.*

- *Wirkung der Kurzarbeit (M 1, Z. 34 ff): Die Kurzarbeit hat verhindert, dass die Arbeitslosigkeit (mit ihren negativen Auswirkungen) weiter anstieg. Einbruch z. B. von Volkseinkommen und Konsum wurden verhindert.*

- *Ggf. Geldpolitik der EZB: EZB versorgte die Geschäftsbanken zu sehr niedrigen Zinsen mit Liquidität, um die „Kreditklemme" der Wirtschaft zu vermeiden.*

1.3 *Ausführung anhand wesentlicher Risikofaktoren, dass ein wirtschaftlicher Rückschlag möglich ist, wobei M1 und M 2 zu beachten sind: z. B.*

- *Hohe Abschreibungen bei den Geschäftsbanken führen zu einem Rückgang des Vermögens und damit auch des Eigenkapitals, welches eine wichtige Grundlage der Kreditvergabe darstellt (M 1, Z. 18 ff).*

- *Zunehmende Staatsausgaben in der Krise und rückläufige Steuereinnahmen haben das Finanzierungsdefizit des Staates deutlich erhöht, was ggf. ein vorzeitiges Rückführen der Konjunkturprogramme zu Lasten von Produktion und Beschäftigung bewirkt (M 1,Z. 25 ff).*

- *Sollte die Kurzarbeiterregelung vor dem Ende der Krise erfolgen, könnte die Arbeitslosigkeit drastisch ansteigen (M 1, Z. 33 ff).*

- *Es haben zwar die Auftragseingänge für Investitionsgüter aus dem Ausland zugenommen, doch noch nicht das Niveau von 2007 erreicht (M 2).*

2.1 Erläuterung, was man unter einer keynesianischen Krise versteht und Darstellung ausgewählter Ursachen einer „strukturellen Krise": z. B.

Eine „keynesianische Krise" geht von der Nachfrageseite der Volkswirtschaft aus, insbesondere vom Konsum der privaten Haushalte. Die gesamtwirtschaftliche Nachfrage bestimmt jedoch Beschäftigung und Volkseinkommen. Marktungleichgewichte entstehen primär durch Schwankungen des privaten Konsums, dann durch eine Veränderung der Bruttoinvestitionen, wodurch negative multiplikative Prozesse ausgelöst werden. Nach der Theorie von Keynes stabilisiert sich die Wirtschaft nicht von selbst, Geldpolitik ist ziemlich wirkungslos, Haushalte sparen aus Angst vor dem Arbeitsplatzverlust, Unternehmen investieren bei schlechter Wirtschaftslage trotz niedriger Zinsen nicht, so dass der Staat den Nachfrageausfall durch Staatsnachfrage kompensieren muss (theoretische Basis: Multipliktoreffekt).

Eine strukturelle Krise wird durch tiefgreifende Veränderungen in der Wirtschaft ausgelöst: Hinweis z. B. auf

- *Verschiebung der Bedeutung einzelner Wirtschaftssektoren;*
- *regionale strukturelle Unterschiede (z. B. Probleme altindustrialisierter Regionen);*
- *Veränderung der Wettbewerbsbedingungen infolge der Globalisierung.*

2.2 Zeigen anhand des Textes (M 1), dass eine nachfrageorientierte Wirtschaftspolitik den Einsatz folgender Maßnahmen fordert: Erwartet werden mindestens drei Beispiele:

- *Staatsausgaben sollen trotz rückläufiger Steuereinnahmen auf hohem Niveau gehalten werden, um durch zusätzliche Staatsnachfrage krisenbedingte Nachfrageausfälle zu kompensieren.*
- *Steuerentlastungen und Abschreibungserleichterungen soll die Investitionstätigkeit anregen.*
- *Zur Finanzierung fiskalpolitischer Maßnahmen muss sich der Staat verschulden, ein Finanzierungsdefizit in Kauf nehmen.*
- *Kurzarbeit verhindert einen deutlichen Anstieg der Arbeitslosigkeit und reduziert somit einen Nachfrageausfall bei den Haushalten.*

2.3 Begründung, warum in der beschriebenen Situation (M 1 bis M 3) eine Zinssenkung der EZB zur Stützung der Konjunktur nur eingeschränkt wirksam sein kann: Sinnvolle Lösung: z. B.

- *Haushalte sparen aus Angst, Unternehmen investieren wegen unsicherer Zukunftserwartungen trotz niedriger Zinsen nicht.*
- *Investitionen sind nur bedingt zinsreagibel, andere Faktoren wie die Marktentwicklung oder die Kostensituation des Unternehmens spielen eine größere Rolle.*
- *Geschäftsbanken geben die großzügige Liquiditätsversorgung durch die EZB nicht an ihre Kunden weiter. Unter anderem besteht die Gefahr, dass trotz niedriger Leitzinsen nur wenige, teure Kredite vergeben werden.*

Es zeigen sich deutliche Wirkungsgrenzen der Geldpolitik.

3. Erklären am Text „Die Welt ist nicht schwarz und weiß“, dass die soziale Marktwirtschaft als ein „dritter Weg“ zwischen Freier Marktwirtschaft und Zentralverwaltungswirtschaft zu sehen ist. Sinnvolle Lösung: z. B.

Textzitat	Kurze Erläuterung:
„Rahmenbedingungen des Wirtschaftens setzen“, „Staat als Schiedsrichter“, „Banken regulieren“	Wirtschaftssubjekte sind in ihren Entscheidungen zwar grundsätzlich frei, der Staat setzt jedoch einen Rahmen, damit Märkte funktionieren können.
„Unternehmen nicht staatlich steuern“, „Spielzüge den Spielern überlassen“, „Arbeitsmarkt deregulieren“, „Preise und Löhne nicht beschränken“, „auf Mindestlöhne verzichten“	Die Koordination in einer Marktwirtschaft erfolgt grundsätzlich über Märkte, d. h. durch Angebot und Nachfrage. Eingriffe des Staates sind grundsätzlich abzulehnen; er greift nur da ein, wo dies nötig ist.
„Banken zeitweise verstaatlichen“	Grundsätzlich ist das Privateigentum garantiert. Es kann jedoch die Sozialbindung des Eigentums zu Eingriffen in die wirtschaftliche Entscheidungsfreiheit führen (ggf. sogar Verstaatlichung).
„mit Keynes die aktuelle Krise bekämpfen“, „Steuerentlastungen“	Der Staat greift über seinen Staatshaushalt in die Wirtschaft ein, z. B. indem er „Konjunkturpakete“ schnürt, doch liegt die Konsum-/Investitionsentscheidung letztlich bei den Wirtschaftssubjekten.

Register (Stichwortverzeichnis)

Notizen

Notizen